职业教育**经济管理类**
新形态系列教材

网店运营实务

ECONOMICS AND MANAGEMENT

赵丽英 聂淼 / 主编
李淑君 杨昆 胡涛 / 副主编

人民邮电出版社
北京

图书在版编目（CIP）数据

网店运营实务 ：微课版 / 赵丽英，聂淼主编. -- 北京 ：人民邮电出版社，2022.9（2023.7重印）
职业教育经济管理类新形态系列教材
ISBN 978-7-115-59428-0

Ⅰ. ①网… Ⅱ. ①赵… ②聂… Ⅲ. ①网店－运营管理－职业教育－教材 Ⅳ. ①F713.365.2

中国版本图书馆CIP数据核字(2022)第096413号

内 容 提 要

本书以淘宝平台为依托，系统地介绍了网店运营与推广的相关知识。全书共分为 9 个项目，包括网店规划与准备、淘宝网店开通与运营管理、网店设计与装修、网店推广、网店促销活动与营销工具、网店客服、网店运营数据分析、跨境电商的运营，以及其他平台网店的运营等内容。本书每个项目都精心安排了“知识巩固与技能训练”“任务实训”等板块，可提高读者的网店运营能力和技巧。

本书提供电子教案、教学大纲、PPT 电子课件、习题参考答案、模拟试卷等资料，用书教师可在人邮教育社区免费下载。

本书可作为电子商务专业和其他经济管理类专业网店运营相关课程的教材，也可作为电子商务培训班的教材，还可作为网店创业人员和电商企业基层人员的参考用书。

◆ 主　　编　赵丽英　聂　淼
副 主 编　李淑君　杨　昆　胡　涛
责任编辑　孙燕燕
责任印制　李　东　胡　南

◆ 人民邮电出版社出版发行　　北京市丰台区成寿寺路 11 号
邮编　100164　　电子邮件　315@ptpress.com.cn
网址　https://www.ptpress.com.cn
大厂回族自治县聚鑫印刷有限责任公司印刷

◆ 开本：700×1000　1/16
印张：14　　2022 年 9 月第 1 版
字数：298 千字　　2023 年 7 月河北第 3 次印刷

定价：49.80 元

读者服务热线：(010)81055256　印装质量热线：(010)81055316
反盗版热线：(010)81055315
广告经营许可证：京东市监广登字 20170147 号

前 言

PREFACE

我国电子商务经过逾20年的发展，2021年全国网上零售额达到130 884亿元，2022年1～2月，全国网上零售额占社会消费品零售总额的比重为22%，电子商务行业规模急速扩张，但企业却陷入用人难的困境。目前，整个电子商务行业对电子商务专业人才的需求缺口很大，人才总量不足、专业人才缺乏的情况日益严峻。电子商务行业人才的培养、职业能力的有效认证、新兴岗位的标准制定都亟待解决。为深入贯彻党的二十大精神以及《国务院关于印发国家职业教育改革实施方案的通知》（国发〔2019〕4号），实施好教育部等四部门联合印发的《关于在院校实施“学历证书+若干职业技能等级证书”制度试点方案》，积极稳妥地推进“1+X”证书制度试点工作，编者根据《网店运营推广职业技能等级标准》特编写了本书。

本书以网店运营为主线，以提高读者的网店运营实战能力为核心，系统、全面地介绍了网店运营的相关知识，从而帮助读者全方位地了解网店运营的基本方法和技巧，为其以后在网上开店做准备。本书共分为9个项目，具体内容如下。

项目一是网店规划与准备，主要介绍了网店运营规划、网店开设平台的选择、网店商品的选择、网店商品定价等内容。

项目二是淘宝网店开通与运营管理，主要介绍了注册淘宝网店、设置网店、发布商品、商品交易管理、订单管理等内容。

项目三是网店设计与装修，主要介绍了网店装修工作准备、网店商品图片的拍摄、PC端店铺装修、无线端店铺装修等内容。

项目四是网店推广，主要介绍了网店搜索引擎优化、网店站内付费推广工作、其他推广方式的应用等内容。

项目五是网店促销活动与营销工具，主要介绍了网店促销活动基础知识、具体的网店促销活动、网店营销工具等内容。

项目六是网店客服，主要介绍了网店客服认知、客户问题处理、交易促成、客户关系管理等内容。

项目七是网店运营数据分析，主要介绍了网店数据分析概述、销售数据分析、客户数据分析、竞争数据分析等内容。

项目八是跨境电商的运营，主要介绍了跨境电商认知、跨境电商的进出口流程、全球速卖通的运营等内容。

项目九是其他平台网店的运营，主要介绍了抖音小店的运营、拼多多网店的运营、京东网店的运营等内容。

本书特色具体如下。

（1）立足实用，具有指导性。本书基于“以应用为中心、以实用为落脚点”的编写原则，通过具体的操作流程图展示，系统地讲解了网店运营的重要知识点，具有很强的指导性。

（2）注重实操，实训教学。本书注重对读者实战操作技能的培养，书中配备了大量案例和任务实训，可以帮助读者在实践中学以致用，举一反三。

（3）教学资源丰富。本书提供配套的高清微课视频、PPT课件、教学大纲、电子教案、习题参考答案等教学资源，用书教师可在人邮教育社区（www.ryjiaoyu.com）免费下载。

本书由赵丽英、聂淼担任主编，李淑君、杨昆、胡涛担任副主编。在编写本书的过程中，编者得到了众多网络卖家的支持，在此表示衷心的感谢。由于编者水平有限，书中难免存在欠妥之处，因此，编者希望广大读者朋友和专家学者能够提出宝贵的修改建议。

编者

目 录

CONTENTS

项目六 网店客服 ……………… 124

项目七 网店运营数据分析 … 147

项目一

网店规划与准备

电子商务的普及给年轻人以更多的工作机会。辞去朝九晚五的枯燥工作，全职开网店创业成为越来越多年轻人的全新选择。通过对本项目的学习，读者可以掌握网店的规划与准备工作，包括网店运营规划、网店开设平台的选择、网店商品的选择、网店商品定价。

【学习目标】

知识目标	☑ 熟悉网店市场分析 ☑ 熟悉网店目标人群画像 ☑ 掌握网店用户需求分析
技能目标	☑ 掌握网店开设平台的选择 ☑ 掌握网店商品选择的渠道 ☑ 掌握商品定价策略
基本素养	☑ 具备网店运营规划制定能力 ☑ 具备网店的商品定价能力

【任务导入】

淘宝村开网店，贫困村脱贫致富

随着网购的快速普及，如今人们对“淘宝村”这个字眼已经并不陌生，在电商潮流席卷城市的同时，一个个村庄也因此被改变。2021年10月11日，阿里研究院公开数据显示，2021年全国淘宝村数量突破7 000个大关达到7 023个，而2009年全国淘宝村数量总计只有3个。淘宝村在数量迅猛增长的同时，不断发展，不断向欠发达地区渗透，并呈现出集群化的发展态势。

菏泽市有516个淘宝村，是全国拥有淘宝村数量最多的地级市。其下属的曹县拥有175万人口，曾是工业基础薄弱、贫困人口数量全省第一的农业县，如今依靠168个淘宝村，成为全国最大的演出服饰产业基地及全球最大的木制品跨境电商基地。

自2013年年初以来，电子商务经济如星火燎原般在曹县大集乡发展壮大。据统计，大集乡的丁楼村300户家庭就有280户开设淘宝网店，占全村总户数的90%以上；张庄村400余户家庭中80%以上的人员从事网络营销。

越来越多的人在网上开店创业，那么怎样才能在网上开店呢？如何做好在网上开店的规划与准备工作呢？

思考：

1. 淘宝村为什么在中国能迅速发展壮大？
2. 淘宝村能否带动贫困村民巩固脱贫成果，助力乡村振兴？

任务一 网店运营规划

正确的网店运营规划是建立在科学的分析与理性的思考之上的。细致、缜密地做好网店市场分析、网店目标人群画像、网店用户需求分析、网店运营规划制定是网店运营成功的关键。

网店运营规划

一、网店市场分析

网店市场分析是指卖家为了实现销售目的，通过科学的方法，对市场的规模、结构、周期及消费者进行经济分析的行为。

专家指导

第一，市场分析必须要围绕销售这一目的，只有这样才能让市场分析有的放矢、更加高效。这就要求卖家在进行市场分析之前构建好分析模型，然后根据分析模型进行数据采集。

第二，市场分析需要借助系统、科学的数据统计分析方法，在采集数据时要注意数据来源的准确性。

一般针对网店，可以从以下几个方面展开市场分析。

1. 分析市场规模的大小及其变化

市场规模的大小决定了行业的天花板，一切商业行为都有一定的目标，而制定目标的第一步是了解市场规模的大小。同时，因为市场的发展是动态的，所以必须要实时地监控市场的变化。

2. 分析品类的发展方向

品类的发展方向受3个方面的影响。

（1）消费者的需求。在进行市场分析时，我们会发现随着行业的发展，消费者的需求会发生结构性的变化，有的需求会增长，有的需求会衰退。

（2）电商平台的引导。电商平台在发展时，会基于市场竞争的考虑，或者是从规范市场的角度出发，对部分品类进行引导，这时可能会造成某些类目的需求出现增长。

（3）商家的商业竞争。商家为了利润及长远的发展，可能会重点投资某些类目，特别是某些依赖新品研发的品类，新品往往会加速整个行业的发展。

3. 分析消费者的需求

在市场的发展过程中，消费者的需求也会发生变化，部分品类的需求会上升，部分品类的需求会下降。不同的消费者的需求代表着不同的竞争环境，分析消费者的需求有利于更精准地定位市场，有利于卖家发现蓝海市场。

4. 寻找行业发展的周期规律

行业发展具有一定的周期性，有的是围绕季节而变化，如服装类目；有的是围绕节日在变化，如一些儿童用品；还有的则是在大促销中变化非常大，所以卖家需要对行业的发展周期进行分析，这有利于卖家安排全年的经营计划及营销节奏。

二、网店目标人群画像

在电商平台中，可以通过数据分析工具来快速进行用户画像定位，如淘宝的生意参谋就提供了“搜索人群画像”定位功能。它不但能够帮助用户分析搜索人群的特征、行为偏好等，还能对不同的关键词进行对比。

淘宝的生意参谋通过对搜索人群进行多维度分析，筛选出社会属性、购买偏好、行为偏好等多个标签视角的人群特征，以帮助商家在店铺装修、商品风格、商品定价、文案撰写等方面更准确地触达目标用户，搜索人群画像如图1-1所示。

搜索人群画像
一款帮助商家多维度分析人群特征的工具。
属性分析
通过分析搜索人群的社会属性、淘宝属性等帮您了解潜在买家的特征，助您更有针对性地进行商品优化及营销推广！
行为分析
通过分析搜索人群的优惠偏好、支付偏好等数据，帮您更好地规划店铺的营销策略！
购买偏好
通过分析搜索人群对品牌及类目的购买偏好，帮您更好地了解潜在买家的偏好商品特征！
对比分析
通过对多个不同搜索词对应人群的对比分析，帮您更有针对性地掌握不同人群的不同特征，提高商品的转化率！

图1-1　搜索人群画像

（1）属性分析。通过分析搜索人群的社会属性、淘宝属性，得到潜在的消费者特征，帮助商家更有针对性地进行商品优化及营销推广。

（2）行为分析。通过分析搜索人群的优惠偏好、支付偏好等数据，帮助商家更好地规划店铺的营销策略。

（3）购买偏好。通过分析搜索人群对品牌及类目的购买偏好，帮助商家更深入地了解潜在买家的偏好商品特征，更好地制定营销策略和文案。

（4）对比分析。通过对比分析多个不同搜索词所对应的人群，帮助商家更清楚地了解不同人群的不同特征，以便更好地制定营销策略，提高店铺转化率。

三、网店用户需求分析

一般情况下，在进行市场规划和商品规划的细分市场中，商家可以从多个维度、不同权重来分析市场的需求，进而确保商品的精准化营销。

通常，主要以马斯洛需求理论作为用户需求分析的理论指导，它是行为科学的理论之一。该理论将人类的需求分为5个层次，分别是生理需求、安全需求、归属和爱的需求、尊重需求和自我实现需求，如图1-2所示。

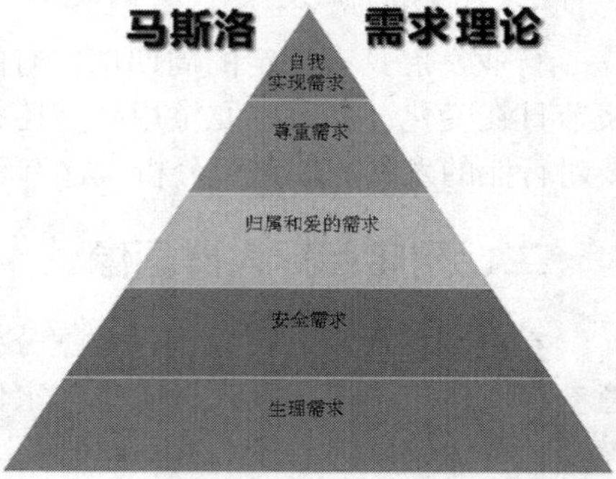

图1-2　马斯洛需求理论

怎样才能明确用户的需求呢？发现用户需求的方式主要有以下几种。

1. 问卷调查

问卷调查作为常见的调查方法，主要通过制定一系列详细、严密的问卷，要求被调查者进行回答，以此帮助调查者搜集资料。除了传统的纸质问卷调查，借助互联网来发放及回收网络调查问卷已经越来越普遍。目前，主要的在线问卷调查平台包括腾讯问卷、问卷星等。

2. 深度访谈

深度访谈是指由专业访谈人士发起的，在某一较长的时间内和被调查者针对某一个话题展开的一对一谈话。由于访谈的深度、细节和丰富程度是其他方法无法企及的，所以深度访谈能够获取高质量的数据。在营销领域，深度访谈常常被用于了解个人是如何认识品牌及选购商品的等。

3. 百度数据分析工具

这里主要指百度指数和百度关键词分析工具。之所以提到这两类工具，是因为大多数网民遇到问题时都会习惯性地使用百度搜索答案，而这些需求都被百度记录了下来。

百度指数是以海量网民的行为数据为基础的数据分析平台，通过这个工具可以研究关键词搜索趋势、洞察网民兴趣和需求、监测舆情动向、定位受众特征等。

使用百度关键词分析工具能看出网民对哪些关键词的查询次数多，对哪些长尾关键词感兴趣。

4. 电商分析工具

这里的电商分析工具主要是指淘宝的生意参谋。作为阿里巴巴商家端口统一数据商品平台，其提供的市场行情模块具有5大功能，即市场监控、供给洞察、搜索洞察、客群洞察、机会洞察。借助平台提供的数据，网店运营者能够很快地找到用户的需求点，尽快地实现引流变现。

5. 爬虫工具

如果要单独地了解某细分领域的用户需求，网店运营者还可以使用爬虫工具，如八爪鱼采集器、火车头采集器等。网店运营者使用这些工具能够抓取指定网页的指定栏目中的内容，并且导出内容。

四、网店运营规划制定

网店运营规划就是通过前瞻性的任务拆解、目标规划，将整体的运营目标拆解成各个细分模块的目标，给予各部门、各岗位明确的工作目标，并形成费用、赢利、人员等模块的需求预测。

网店运营规划要结合市场情况，主要从产品、价格、销售目标、推广、促销活动等方面来制定。

（1）产品方面。刚开始的时候，先确定好一个种类的产品，多类经营并不一定能做好。以市场竞争相对较小、卖家具备优势的商品为切入点，培养独立的电商运营团队，规划在一年内使卖家产品上升至同行业销售前10。

（2）价格方面。根据卖家自身情况，确定新品上市时是打价格战，还是定位于中高端价位。

（3）销售目标方面。先确定年度销售额，按照时间，可以拆分出季度销售额目标、月度销售额目标；按照产品，可以分出引流款销售额、活动款销售额、日常款销售额、利润款销售额和形象款销售额。

（4）推广方面。确定了月销售额目标后，就需要制定出所对应的推广规划。网店平台提供了很多推广工具和途径，如卖家最常用的直通车、超级推荐。另外，网店的商品搜索排名、店铺搜索排名，更能带来大量精准用户，这需要卖家精心研究平台搜索排名的规则，然后对网店进行针对性的优化。

（5）促销活动方面。制定店铺的促销活动规划，参加平台官方的各种促销活动。

做完运营规划后，在实际的执行中各个模块会产生数据，据此可以得知执行过程中是否存在问题。如果存在问题，那么网店运营者可以通过这些数据发现问题具体出现在哪个模块上，这个模块是由哪个部门负责的，是由谁负责的，再通过行业数据来判定究竟是目标制定得过高，还是这个模块的相关负责人工作能力有问题。所以，网店运营者通过运营规划可以将整体的运营目标拆解到各个岗位的细分模块上，同时也形成了各个岗位的工作目标。

专家指导

最后网店运营者还可以通过实际完成的数据，对工作进行总结，分析哪些模块在下次的规划中可以进行改进，哪些模块被忽视了，以及哪些模块是目前运营的短板。

任务二 网店开设平台的选择

目前，网店开设平台有很多，常见的有淘宝、拼多多、京东商城、抖音小店等。

网店开设平台的选择

一、淘宝

由于淘宝的用户门槛极低，几乎所有人都可以注册成为淘宝的用户，在淘宝中进行买卖交易。而淘宝商品种类的繁杂特性，使得无论是一把扫帚，还是一台电视机，都可以在淘宝上买到，从而极大地方便了人们的生活。淘宝也由此得到了大众的支持与喜爱。图1-3所示为淘宝首页。

课堂讨论

说一说你知道的网店开设平台。它们各有什么特点？

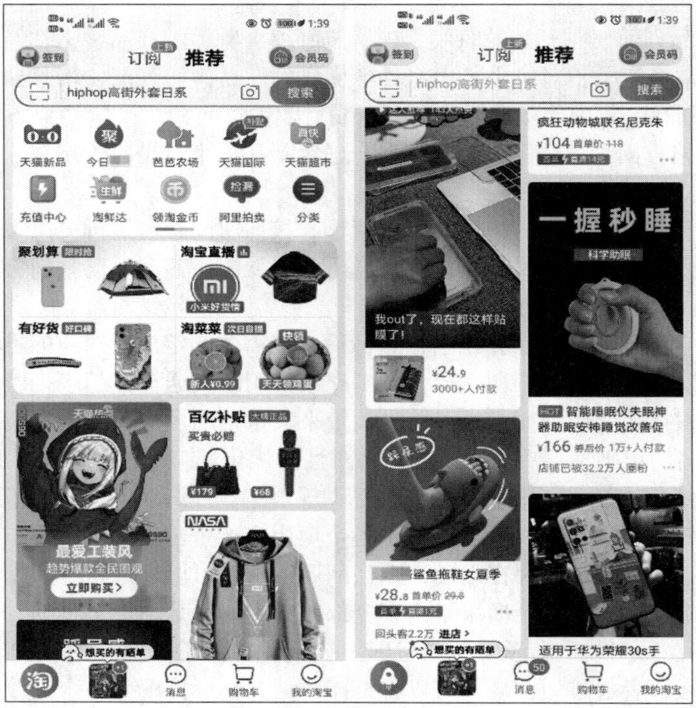

图1-3 淘宝首页

淘宝致力于推动“货真价实、物美价廉、按需定制”网货的普及，帮助更多买家享用海量且丰富的网货，获得更高的生活品质。淘宝通过提供网络销售平台等基础性服务，帮助更多企业开拓市场、建立品牌，实现产业升级，也帮助更多人通过网络来创业、就业。

二、拼多多

相比于淘宝，拼多多属于社交电商平台，其主要优势在于依靠微信，轻而易举地获得淘宝难以获得的巨大社交流量。同时，拼多多的交易门槛非常低，买家可以通过App、公众号及小程序等多个渠道进入拼多多购物。

拼多多的开店优势重在拼团和实惠多多，能让更多的买家获得实惠并分享实惠。从“拼多多”本身的字意来理解，我们可将其拆分为“拼”团和实惠“多多”两层意思，即鼓励买家“拼团”分享，享受更多优惠。图1-4所示为拼多多首页。

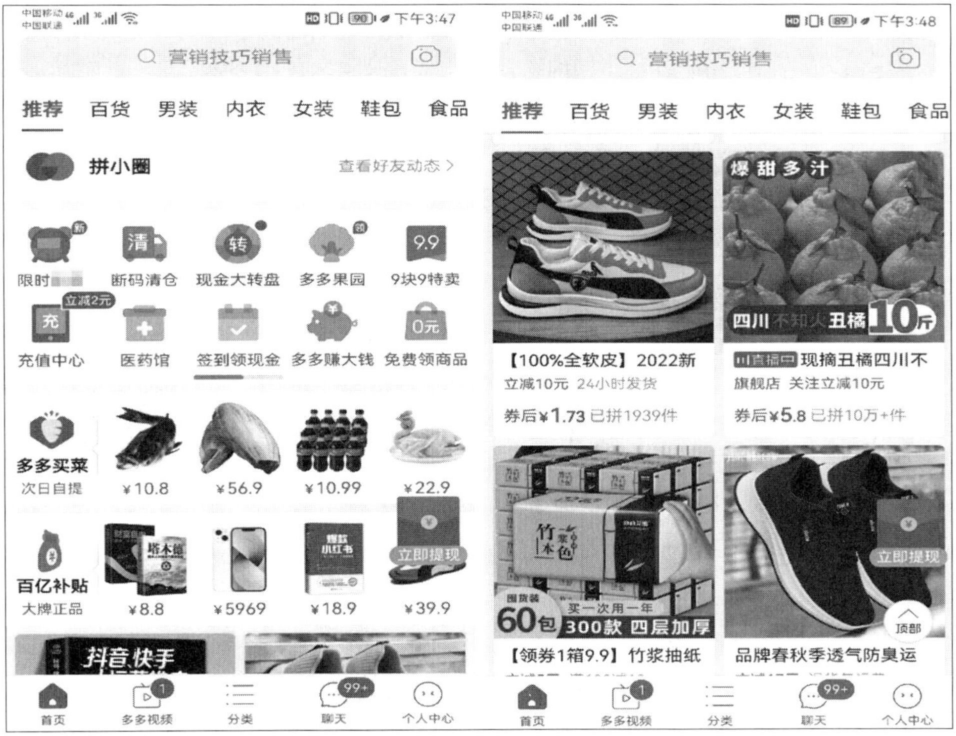

图1-4　拼多多首页

拼团活动使用裂变方式，促使参与者积极自发地传播。在限定的时间内，用户邀请参与拼团购买的人越多，价格就越低。拼团的发起人和参与者可以通过微信转发的方式完成交易，由于可以拿到超低价格甚至免费，这种促销方法可以极大地激发买家的积极性，让买家自发传播。

三、京东商城

京东是自营式电商企业，在线销售计算机、手机及其他数码产品、家电、汽车配件、服装与鞋类、家居百货等各类商品。京东迅猛的发展速度，吸引了不少商家入驻京东商城。图1-5所示为京东商城。

京东为买家提供愉快的在线购物体验。通过内容丰富、人性化的网站和移动客户端，京东以富有竞争力的价格，提供具有丰富品类及卓越品质的商品和服务，并将其以快速、可靠的方式送达客户，同时提供灵活多样的支付方式。另外，京东还为第三方卖家提供在线销售平台和物流等一系列增值服务。

四、抖音小店

抖音于2018年5月正式启动电商业务，目前以短视频、直播带货为主。随着直播电商的爆发式发展，抖音加大力度自建抖音小店，平台开始签约带货主播，未来抖音电商必将迎来更大的发展机遇。抖音小店是抖音平台为电商商家实现一站式经营的平台，为商家提供全链路服务，帮助商家长效经营、高效交易，实现生意的新增长。抖音小店和淘宝店铺性质相同，都可以卖货。图1-6所示为抖音小店中的商品。

图1-5　京东商城

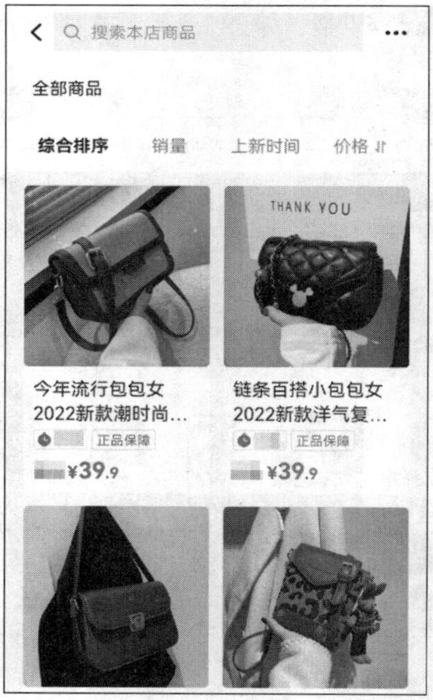

图1-6　抖音小店中的商品

相比于把流量给淘宝或者被“达人”将流量转化到微信端，抖音平台更期望能够将大量的精准流量沉淀在自有商品生态下，它竭力打造小店就是想将“抖商”的概念下沉到普通人身上。

任务三　网店商品的选择

商品与网店的动态评分有着直接关系，并影响着网店的运营。因此，商品选择原则、商品选择渠道、选择合适的供应商，对于新手卖家来说至关重要。

网店商品的选择

一、商品选择原则

商品选择的基本原则有以下几点，即选择高性价比的商品、选择有利润空间的商品、选择有独特性的商品、选择需求及时的商品、选择流行应季的商品、选择品质有保障的商品、选择新国潮商品。

1. 选择高性价比的商品

人们选择网店平台购物，大多第一要方便，第二要便宜。所以，高性价比的商品一般更加符合消费群体心理的商品定位。不管在哪个平台，高性价比的商品都会更占优势。很多网店会给买家“打折促销”且“七天无理由退换”的福利，这一方面最大限度地保证了买家的权益，另一方面也让买家对店铺产生了极高的信任感，回头率高。所以，网店运营者在挑选商品时要做好调查，选择出性价比高的商品。

2. 选择有利润空间的商品

有利润空间是选择商品的关键，只有存在利润空间，才能进行后续的网上销售业务。一般而言，商品利润率高，卖家赚的钱就更多。所以，应选择利润率高的商品。价值越高的商品，利润率一般也越高。质量好、款式好、用户体验佳的商品会比同类商品更有购买价值。选择销售市场竞争相对更小的商品，可保证它有一个合理的售价，从而使得利润率更高。

3. 选择有独特性的商品

商品的独特性是指商品的卖点。卖家要熟悉商品的特性，找出该商品与其他商品的差异，要巧妙别致、给人以美感，同时能够体现出商品品牌和特质，只有这样才能吸引更多买家。面对网上众多的商品，卖家可以用“商品特征+商品优势+买家利益”来描述商品，如“面料更透气，衣服可以正反穿，穿上感觉很独特、很有个性，是限量版独家销售，现在下单买一送一等”。

4. 选择需求及时的商品

卖家选择的商品要满足活动趋势和买家的需求。满足活动趋势是指卖家要在核心销售日如“双11”、品牌日等目标消费人群集中、购买力和销售价值最高、影响力最大的时间段，把商品准备充足，并保证商品符合活动的主题，如七夕节的浪漫、中秋节的团圆和亲情。另外，卖家要多关注买家的需求，留意和搜集买家想要在网店购买的商品，然后根据这些需求补充商品品类，及时满足买家的需求。

专家指导

了解买家需求的前提是已经确定了用户人群，了解买家需求的方式有很多，如可以去查看一些数据分析报告，目前常用的数据分析工具有卡思数据、飞瓜数据等。

5. 选择流行应季的商品

每一个季节都有相应畅销的商品，买家到这个季节刚好要买这些东西。如果在夏天售卖冬季才会使用的商品，肯定是不会有多少销量的，所以最好选择应季的商品，如夏天推荐空调小风扇、凉席等商品，冬天推荐保温杯、羽绒服等商品。

把握旺季，选对商品是其中的关键。团队可以根据市场趋势、买家使用习惯及多平台近期的历史销售纪录，挑选出最具销售潜力的商品。例如，夏季防晒需求高涨，买家对防晒霜的需求瞬间提高，防晒霜销量自然大增。

6. 选择品质有保障的商品

要想抓住年轻消费群体，在选择商品时可以选择品质较好、质量过硬的商品。卖家需要对商品本身进行深入地了解与分析，包括企业的发展历史、商品的特点、消费者群体、竞争对手、行业信息等情况，只有用户反馈好的商品才能持续得到买家的青睐。

7. 选择新国潮商品

国潮消费不断打破固有印象，除了服饰、化妆品、3C、文化外，新功能、高品质、联名品牌已经成为消费主流。国产老字号焕新、新品牌崛起、众多中国品牌纷纷“国潮化”，它们凭借过硬的产品质量与丰厚的文化底蕴，在国内外圈粉无数。数据显示，2021年“双11”期间，1.3万多个国产品牌在某电商平台成交额增速超两倍，200多个国产老字号品牌成交额翻番。服装品牌中，安踏、李宁、太平鸟、波司登等国产品牌销量创新高，与之形成鲜明对比的是，在运动服饰领域，耐克榜首的位置悄然让给了安踏，阿迪达斯大中华区的销量持续低迷。

知识拓展

你抢到冰墩墩、雪容融了吗？2021年3月21日12点，线上奥林匹克官方旗舰店开始预售冰墩墩和雪容融，吸引众多网友蹲点下单。冬奥会结束后，冰墩墩、雪容融还是非常畅销，不仅线上抢不到，在店里也要排队几个小时才能买到。

冬奥会吉祥物热销，是因为它非常“中国”。冰墩墩和雪容融冲上国潮顶流。“新国潮”将传统与现代相融合，用创新的方式表达对传统文化的理解与传承，国潮崛起的背后是民族自信、文化自信的提升。

阿里研究院发布的《2020中国消费品牌发展报告》显示，中国本土品牌线上市场占有率已经达到72%。同时，根据《百度2021国潮骄傲搜索大数据》报告，国潮在过去10年里的关注度上升了528%。国货正当“潮”，国潮消费越来越成为新一代消费者的重要选择。

知识拓展

中国国力越来越强盛，文化也在日益崛起，这样的大背景给当代年轻人一种很强的时代感召，年轻人愿意去建立属于这个时代的文化归属感，彰显自己所在群体和其他社会群体的不同。

越来越多中国商品在海外成功圈粉的同时，也有越来越多的中国服务在更多国家生根、越来越多的中国标准在国际舞台崭露头角。国货当自强，期待整个行业不断增品种、提品质、创品牌，满足国内外消费市场的需求，也期待更多国货品牌内外兼修、形神齐备，带来更多新的惊喜。

二、商品选择渠道

对于网上开店来说，货源的选择是一个很重要的环节，如何寻找货源，如何选择物美价廉的货源，对于卖家来说至关重要。下面介绍常见的商品选择渠道。

课堂讨论

1. 说一说你所知道的商品选择渠道。
2. 如果要在网上开店，你会选择通过哪种渠道进货，请说明原因。

1. 阿里巴巴

阿里巴巴批发网（1688）是国内最大的线上采购批发平台，为数千万网商提供了海量商业信息和便捷、安全的在线交易市场，也是网商互动的社区平台，如图1-7所示。目前，阿里巴巴已覆盖原材料、工业品、服装服饰、家居百货、小商品等12个行业大类，提供原料、生产、加工、现货等一系列的产品和服务。

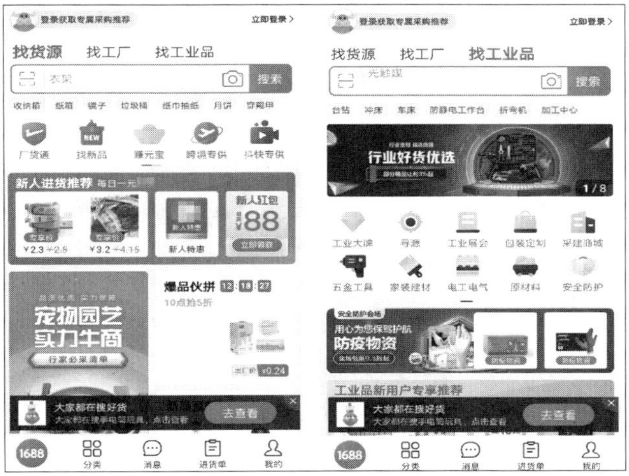

图1-7　阿里巴巴批发网

阿里巴巴平台商家众多、地区覆盖面广，各商家的商品品质、供应链情况参差不齐。因此，商家在阿里巴巴平台挑选货源要看厂家的销量、评价和复购率，图片质量（是否为原图），网店单品和销售情况，响应速度和发货速度，诚信通年限，是否有金牛标志等信息；另外，商家还需要查看厂家的联系方式、地址等信息。

2. 天猫供销平台

天猫供销平台只有在注册后才可以进入，该平台提供的是品牌商品，商品品质相对较好，但厂家对销售商有一定的要求，如信用等级须达到一个钻的级别、好评率达到99%等，通常，在厂家的招募书中可以看到详细的要求。另外，厂家对销售价格也有控制，因此销售商的利润空间有限。按“卖家中心”→“货源中心”→“分销管理”的顺序可进入图1-8所示的天猫供销平台界面。

图1-8　天猫供销平台界面

3. 分销网站

有很多提供批发服务的分销网站适合中小卖家选择货源，如购途网、爱买卖、四季星座网、杭州女装网、生意网、美美淘、中国制造网等。在这些平台上，应尽量选择满足以下条件的货源：提供图片或数据包、可以直接上传产品、价格有优势、可以一件代发、售后服务良好。

4. 产业带工厂

产业带是一条带状的链条产业集中区域，是相关或相同产业的基地。在此区域内可以形成产业集聚效应，从而更好地壮大产业，如杭州的女装、镇江的眼镜、扬州的毛绒玩具、深圳的3C数码产品、佛山的卫浴产品等。

如果卖家直接从产业带厂家进货，且有稳定的进货量，无疑可以争取到理想的进货价格。而且正规的厂家货源充足、款式多样、信誉度高，如果长期合作，卖家一般都能争取到商品调换和退货还款服务。但是，一般能从厂家拿到商品的创业者并不多，因为多数厂家不屑与经营规模小的卖家打交道。一般来说，厂家要求的起批量非常大，卖家如果达不到要求是很难争取到合作机会的。

5. 线下批发市场

一些线下批发市场也是卖家寻找货源的不错选择，如杭州的四季青批发市场、义乌小商品城等。批发市场商品更新快、品种多，但是容易断货，品质难以得到保障。

从批发市场进货一般有以下特点。

（1）批发市场的商品数量多、品种全、挑选余地大且容易“货比三家”。

（2）批发市场很适合兼职卖家，在这里进货可自由选择进货时间和进货量。

（3）批发市场的价格相对较低，对于网店来说容易实现薄利多销。

找到货源后，创业者可以先订购少量的货在网上试卖，如果销量好再考虑增大进货量。如果卖家和批发商关系很好，甚至可在商品卖出后再去进货，这样既不会占用资金又不会造成商品的积压。

6. 其他货源

除了以上货源渠道外，卖家还可以通过以下渠道找到合适的货源。

（1）库存积压或清仓处理的商品。这类商品因为急于处理，卖家通常可以以一个较低的价格买下，然后零售给需要的买家，也能获得不错的利润。

（2）外贸商品。在外贸订单剩余商品中有不少好货，这部分商品大多每款只有几件，款式常常是现在或将来最流行的，而价格却可能只有商场的一半左右，因此卖家销售起来也会很紧俏。

（3）国外打折商品。在重大的节日前夕，国外的一线品牌通常会有很大的折扣，如果卖家可以在国外购买到折扣商品，适当提高价格在网上销售，也将获得一定的利润。

（4）当地的特色农产品。特色农产品在主要产地出产量大，方便直接和农户对接，从而容易得到一个合理的成本价。另外，卖家通过网络平台对接各种农产品并进行销售，可以降低农村商业成本、扩大农村商业领域，这也是发展农村电子商务的契机。

三、选择合适的供应商

作为网店卖家，一般从以下几个方面来选择供应商。

（1）行业类目。申请分销的商品最好是卖家熟悉的或者是比较新奇、独特、有创意、有个性的东西。选好分销商品、定位好目标客户群及加大力度有效地进行针对性的宣传，是店铺流量提升和销售业绩飙升的前提。对于供应商的选择，分销商也要选择自己熟知的行业，供应商是促进自身成长及提高订单量的必备条件。

（2）商品种类。由于不同供应商的发货地、运费、配送时间有所不同，分销商在供应商选择方面会有数量上的局限，挑选最匹配的商品线是选择供应商的一个重要因素。在供销平台上，我们会看到很多不同商品的供应商，有专注于某一个商品方向的供应商，也有商品整合较为全面的供应商，分销商根据自己的发展需要，挑选与店内所售商品最匹配的代销商品和最符合店内商品搭配的分销商品，甚至可以让供应商的商品覆盖整个店铺。

（3）商品款式。商品款式应该充分满足买家需求，能深得众多买家喜欢的商品才能有好的销量。

（4）利润空间。注意分析业内商品价格走势，结合供应商的分销价和渠道政策，分销商要在同品牌或同类商品中进行比较，确保“有利可图”。

（5）商品质量。商品质量好，可以有效地减少退换货和中差评，重要性不言而喻。保障消费者权益、保证商品质量，是分销商和供应商合作的前提。分销商务必就商品质量问题与供应商深度交流，尽量避免后续出现纠纷。

（6）售后服务。注意售后供应商的重要服务项目，分销商要确保消费者在收货后的商品质量问题或运输问题能够得到很好的解决。

（7）配送时间。分销商要了解供应商大致的订单处理流程、配送时间，结合自身经营习惯，做好对接。

（8）渠道激励。供应商成熟与否体现在除商品毛利之外的销售收入或资源支持上。供应商在配合分销商进行销售的同时，还要考虑自身的长足发展。渠道激励目前大体分为销售返点、推广支持、节假日促销等。

（9）商品描述。网络市场中商品销量极大地取决于商品描述，当消费者看不到实物时，商品描述对销量的影响将发挥重要作用。所以，供应商在提供完整、详细的细节图的同时，后期自身的描述修饰也是非常有必要的。

任务四 网店商品定价

在商海缤纷变幻的时代，卖家要把自己的商品成功地销售出去，必须掌握商品的定价方法。

网店商品定价

一、商品定价的基本要素

商品定价是市场营销学中最重要的组成部分之一，主要研究商品的价格制定和变更策略，以求得最佳的营销效果和收益。商品定价时需要考虑的要素有很多，具体来说，卖家要特别注意以下要素。

1. 市场竞争情况

为商品定价时应该考虑市场上其他商品是如何定价的，可以利用比较购物网站，在上面输入自己要经营的商品名称，在查询结果中就可以知道同类商品在网上的报价，再仔细权衡，从而为自己的商品定价。

2. 商品定价拉开档次

商品诱惑力的高低，直接决定着买家购买意愿的大小及数量的多少。如果商品具有一定的吸引力，那么此商品的销售数量会大大增加；如果商品没有吸引人的地方，那么不论如何促销、降价，该商品都难以成功售出。商品定价可以拉开档次，有高价位的商品，也有低价位的商品。有时为了促销，卖家甚至可以将一两款商品按成本价出售，以吸引眼球、增加人气。

3. 是否包含运费

定价一定要清楚、明白，如卖家应标明定价是否包含运费，否则可能会引起麻烦，影响自己的声誉，模糊的定价甚至会使原本有意愿购买商品的客户放弃购买。

4. 销售策略

卖家要根据商品性质、企业形象及店铺的特性制定商品销售策略。例如，销售品质优良的名牌商品时，只有定高价，人们才觉得物超所值；一些流行性十分强的商品，也需要定高价，因为一旦流行期过后，就会降价；如果销售过时的商品则需要定低价，以使商品顺利打开销路。

5. 商品形象

一些历史悠久的品牌店铺，商品品质优良、服务周到，已经有一定的知名度，消费者在逢年过节要买礼品送人时，一定会想到它，因此其商品定价可以稍高。

二、商品定价策略

商品价格是影响买家下单的重要因素。定价策略直接影响买家的消费意愿，奇特的定价策略会给买家带来心理刺激。一般来说，常见的定价策略有以下几种。

1. 阶梯定价

阶梯定价是指按照不同的购买数量给出的价格不同。购买一定数量之内，是一个价格，超过一定数量之后，又是另一个价格，买得越多，价格越便宜。

一些网店经常会出现阶梯定价的情况，如4件商品107元，他们会描述为第1件商品49元（原价）；第2件商品减10元，只要39元；第3件商品再减20元，只要19元；第4件商品免费。

在阶梯定价方式下，商品看着便宜很多，但实际上和直接打包出售的价格一样，但“第3件商品19元，第4件商品免费”的超低折扣，特别能刺激买家的神经。采用阶梯定价对于一些想要冲击销量的商品来说是非常有效的。阶梯定价策略往往用于成套出售的商品，在冲击销量的同时，也适合为商品促销。

知识窗

关于运用阶梯定价策略，需要注意以下问题。

① 优惠金额不等比，每一层都不是等比变化的。因为购买的数量越多，交易的难度也就越大，这样的话，优惠幅度也应该越大，这样交易才更容易达成。

② 上限保持吸引力。阶梯定价的上限不能设得太高，否则买家一看这个上限根本够不着，就不会形成购买冲动，如某款衣服第2件8折，第3件5折，但如果要500件才5折就没什么吸引力了。

2. 商品组合定价

组合定价法是指为了迎合买家的心理，特意将某些商品的价格定高一些，将另外一些商品的价格定低一些，以取得整体经济效益的定价方法。这种方法一般将互补商品或关联商品进行组合定价。

组合定价中的赠品和商品应有关联，这样很容易给买家带来对商品最直接的价值感。如果赠品与商品相互依存并配合得当，其效果较佳。

例如，某款卸妆水在传统商场卖200元/瓶，但在网店买家以同样的价格可以得到两份商品：1瓶卸妆水，再赠送一盒卸妆棉。虽然卖家也可以赠送给买家其他商品，如奶茶粉、水果等，但不如送卸妆棉实用。因为买家在使用卸妆水的过程中，一定会用到卸妆棉。卖家这样做可以给买家带来一种关怀感，在保证质量的前提下，即使商品定价稍微高些，买家也能接受。

专家指导

不要选择次品、劣质品作为赠品，否则会起到适得其反的作用。赠品也应重质量，体现商家诚信的宗旨。不要以为“赠”就是“白送”，便可随意“忽悠”买家。

3. 批量购买引导定价

批量购买引导定价是指根据买家购买量的差异来制定不同的价格，随着买家购买量的增加，单位商品的价格在不断地降低。

卖家可以通过套装搭配将几种商品组合在一起设置成套餐来销售，用搭配套餐组合商品的价格优势，让买家一次性购买更多的商品，提升销售业绩，提高店铺转化率，节约人力成本。例如，一套夏季出街装一般包括T恤、短裤或裙子、墨镜、帽子和配饰。如果对以上服装、配饰进行单独购买，总价可能会超过300元。但卖家在网店给出的套餐价格会非常实惠，同样是T恤、短裤或裙子、墨镜、帽子和配饰，T恤88元，短裤或裙子49元，墨镜19元，帽子、配饰免费赠送，总价只需156元。

4. 成本加成定价

成本加成定价是以收回经营成本为基础的一种定价方法，即以单位商品成本加上按一定盈利率确定的销售利润定价，这是商家通常采用的一种定价方法，其优点是计算方便。而且在正常情况下，即在市场环境的许多因素趋于稳定的情况下，运用这种方法能够保证商家获取正常利润。同时，同类商品在各店的成本和利润率都比较接近，定价不会相差太大，相互间的竞争不会太激烈。此外，这种定价策略会给买家带来一种合理公平的感觉，很容易被买家接受。

5. 竞品对比定价

竞品对比定价即通过与其他商家进行同类商品价格对比后再定价。

买家在决定消费时都会有一个常态的心理，会将与要购买的商品有密切关联的同类商品作为价格参照物，进行价格比较。因此，了解竞品的定价区间有助于帮助商家制定一个更加有竞争力的定价策略，但是研究竞品不代表一味地效仿竞品，竞品的价格只是一个行业参考基准，具体需要结合品牌定位、目标消费人群等因素去考查。

6. 非整数定价

“差之毫厘，失之千里。”这种把商品零售价格定成带有零头的价格的做法称为非整数价格法。实践证明，采用非整数价格法确实能够激发出买家良好的心理呼应，获得明显的经营效果。例如，一件本来值10元的商品，定价9.9元，肯定能激发买家的购买欲望。这里的非整数定价法并不是一定要定价为非整数，如商品本来价值400元，定价399元来销售，也是采用了非整数定价法。图1-9所示为商品采用了非整数定价。

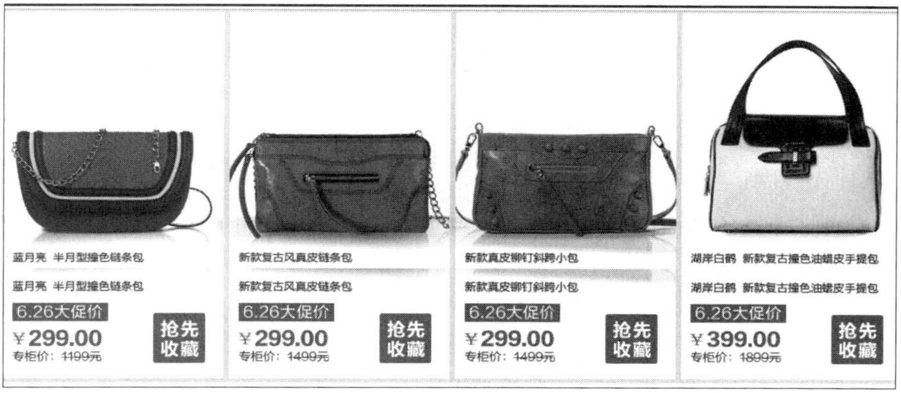

图1-9　商品采用了非整数定价

非整数价格虽与整数价格相近，但它给予买家的心理信息是不一样的。例如，某商家进了一批货，以100元/件的价格销售，购买者并不踊跃。无奈该商家只好决定降价，但考虑到进货成本，每件只降了2元，价格变成98元/件。想不到就是这2元之差，购买者络绎不绝，商品很快销售一空。

三、不同生命周期的商品定价

商品生命周期是指商品的市场寿命，也就是某一种新的商品从开始进入市场到被市场淘汰的整个过程。在市场营销学中，一款商品的生命周期曲线被分成了4个部分：导入期、成长期、成熟期和衰退期，如图1-10所示。

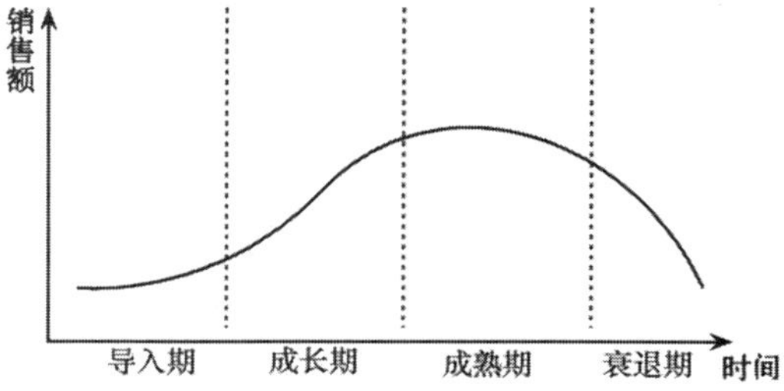

图1-10　商品生命周期

1. 导入期

导入期也可视为新品上新期。商品刚上架时，如果优势很明显，能解决消费者痛点，那么卖家可以将价格设定得高一些，待商品热度消退后，再逐步降价。而有些商品刚上架时，自身优势不明显，商品竞争力较弱，短期内很难累积起有说服力的数据，在这种情况下，为了让商品快速进入市场，卖家可将价格设得低一些，但也不能将价格设得太低，否则非但赚不到利润，反而会让买家低估商品的价值，甚至怀疑卖家是在卖假货。

2. 成长期

当商品在销量、好评、星级分数等各项指标上有了一些基础，销量处于上升阶段，但忠实客户还是少量时，商品处于成长期。在该阶段卖家可以稍微提升一点价格，或者将价格控制在比竞品价格稍微偏低一点的范围。

3. 成熟期

当商品销量已经很稳定了，排名、流量、星级评分等各方面的指标都很不错，或各方面的数据都显示该商品销售较好，此时商品更多的是代表品牌形象与店铺定位，卖家可以将价格设得比市场价高一点。

4. 衰退期

当商品在市场上火爆过后，就会慢慢进入衰退期，买家的忠诚度也会下降，市场需求会逐渐减弱，销量与利润将大不如从前，此时卖家没必要继续强推该商品。如果还有库存，卖家可以通过降价等方式将该商品销售出去。

知识巩固与技能训练

一、填空题

1. ____________是指卖家为了实现销售目的，通过科学的方法，对市场的规模、结构、周期及消费者进行经济分析的行为。

2. 马斯洛需求理论是行为科学的理论之一，该理论将人类的需求分为5个层次，分别是__________、__________、__________、__________、__________。

3. ____________是通过前瞻性的任务拆解、目标规划，将整体的运营目标拆解成各个细分模块的目标，给予各部门、各岗位明确的工作目标，并形成费用、赢利、人员等模块的需求预测。

4. ____________作为常见的调查方法，主要通过制定一系列详细、严密的问卷，要求被调查者进行回答，以此帮助调查者搜集资料。

5. ____________是根据买家购买量的差异来制定不同的价格，随着买家购买量的增加，单位商品的价格在不断降低。

二、选择题

1. 拼多多属于（　　）电商平台。

A. 社交　　B. O2O　　C. B2B　　D. 跨境

2. 通过分析搜索人群的优惠偏好、支付偏好等数据，帮助商家更好地规划店铺的营销策略，这种分析是（　　）。

A. 属性分析　　B. 行为分析

C. 购买偏好　　D. 对比分析

3. 下列选项中不是商品定价基本要素的是（　　）。

A. 市场竞争情况　　B. 销售策略

C. 商品颜色　　D. 是否包含运费

4. （　　）是指按照不同的购买数量给出的价格不同。购买一定数量之内，是一个价格，超过一定数量之后，又是另一个价格。

A. 组合定价　　B. 批量定价

C. 优惠定价　　D. 阶梯定价

5. 当商品在销量、好评、星级分数等各项指标上有了一些基础，销量处于上升阶段，但忠实客户还是少量时，商品处于（　　）。

A. 导入期　　B. 成长期

C. 成熟期　　D. 衰退期

三、思考题

1. 可以从哪些方面展开市场分析？
2. 发现用户需求的方式主要有哪几种？
3. 网上开店时商品选择的原则有哪些？
4. 怎样选择供应商？
5. 商品定价要考虑的基本要素有哪些？

四、技能训练

登录阿里巴巴批发网，结合自己的网店定位，从阿里巴巴平台中选择适合自己的货源，具体操作步骤如下。

（1）登录阿里巴巴批发网首页，在搜索框中输入要查找的商品，如图1-11所示。

图1-11　输入要查找的商品

（2）可以按照综合、成交额、价格排列顺序显示货源商品，如图1-12所示。

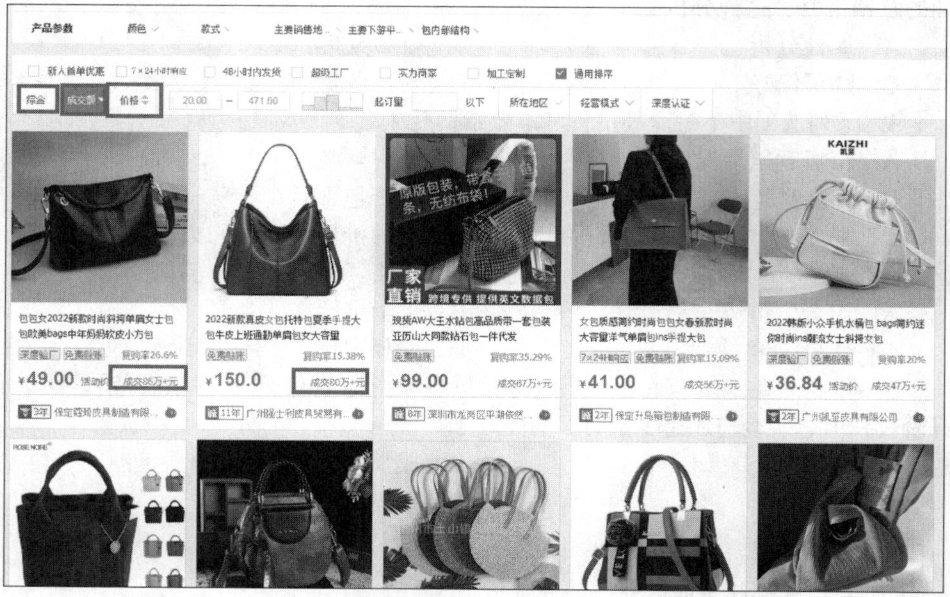

图1-12　显示货源商品

（3）单击选择其中一个商品，进入商品详情页面，如图1-13所示。

图1-13　商品详情页面

（4）还可以查看公司信息，选中后即可订购货物。

任务实训——对比选择网店开设平台

实训目标

掌握不同网店开设平台的特点，通过具体的任务实训来加深对网店开设平台的认识和理解。

实训要求

1. 登录常见的网店开设平台，熟悉各个不同网店开设平台的店铺前台环境，如类目导航、大型促销活动、商品展示区、搜索区等。

2. 分析不同网店开设平台的开店资质要求。

3. 查询不同平台开设网店的资费标准，如保证金、软件服务年费情况等。

实训练习

对比各种网店开设平台（如淘宝、天猫、京东、拼多多、快手小店、抖音小店）的不同特点，选择适合自己的网店开设平台。

实训分析

网上开店选对平台就成功了一半。现在网店开设平台很多，新手选择网店开设平台不仅要看前景，还要看是否适合自己的行业和自己本身的资金资源等。目前，主流的电商平台可以分成两类：第一类是传统电商平台，如淘宝、天猫、京东、拼多多；第二类是短视频直播类的电商平台，如抖音、快手等。

对于传统电商平台，新手首先要选择门槛比较低的平台，这样起步会容易一点，像京东、天猫入驻门槛比较高，对于新手来说，如果资金不是很充足的话不建议去做。目前拼多多是一个比较火的平台，拼多多上基本上都是一些低价产品，打价格战，商品有价格优势的可以选择这个平台。淘宝已经发展很多年了，规则比较完善，市场容量也很大，低端、中高端商品都有，用户信赖度也比较高。从传统电商平台来看，选择淘宝会更好一点。

短视频直播电商平台的潜力较大，目前也处于爆发期。快手2021年财报显示，快手全年电商交易总额达6 800亿元，第4季度快手小店贡献了交易总额的98.8%，快手电商已经具备扎实的闭环基础。但是短视频直播电商不是所有人都适合做，一般适合于有优质的一手货源、充足的资金、优质的主播和一定粉丝基础的卖家。

项目二

淘宝网店开通与运营管理

本项目主要介绍淘宝网店开通与运营管理。在淘宝免费注册成功，并拿到网络交易的身份证——支付宝之后，就有了在淘宝开设网店的基本资格，可以发布商品卖东西了。通过对本项目的学习，读者可以掌握淘宝网店开通与运营管理，包括注册淘宝网店、设置网店、发布商品、商品交易管理、订单管理等主要知识和基本技能。

【学习目标】

知识目标	☑ 熟悉企业开店和个人开店的区别 ☑ 熟悉发布商品的细节及注意事项 ☑ 掌握淘宝店铺的基本设置 ☑ 掌握网店的商品交易管理 ☑ 掌握淘宝网店的注册与开通能力
技能目标	☑ 掌握支付宝的认证过程 ☑ 具备淘宝店铺基本设置的能力 ☑ 具备在淘宝网发布商品的能力
基本素养	☑ 具备商品交易管理能力 ☑ 具备网店的订单管理能力

【任务导入】

淘宝开店卖家乡土特产

孙某某是一个普普通通的淘宝卖家，出售的产品是甘肃老家的土特产，开店3个多月以来，已经卖了50万元的特产。

2019年，21岁的孙某某刚大学毕业1年。她说："我是学外事管理的，到底回不回家乡工作，一度成为摆在我面前的一道难题。"孙某某一方面想留在大城市找一份自己喜欢的销售工作，另一方面想为家乡做点什么。

"读书的时候，经常给同学们带家乡的土特产，发现很多人知道自己家乡的木耳、竹荪、香菇、核桃很好，却不知道该到哪里去买。"有一天，孙某某在和好友聊天中突然想到"为什么不在网上销售这些特产呢？"带着一股倔强的冲劲，孙某某毅然地回到了家乡。产品找到了，可是这么多电商平台，选择哪个平台开店呢？最终她选择了在淘宝平台开店，因为淘宝网有专门的土特产频道，主打地方特色食品和手工艺品。淘宝"特色中国"展示的都是中国各地具有区域特色的商品，商家如果能够成功地入驻此平台,其带来的流量是不可估量的。

孙某某在淘宝开店第一个月就赚了5万多元，开店3个多月，已经卖了50万元的特产。孙某某笑着说，通过在淘宝开店，她一方面获得了稳定就业，另一方面带动周围生产农副产品的农户获得了收入。

为了与网友一起分享自己在创业过程中的得失与经验，她专门在网上发帖讲述自己的"淘金"故事。她笑着说，严把质量关、发货速度快和服务细致周到是她制胜的三大"法宝"。

思考：

1. 你知道有哪些常见的网店开设平台吗?
2. 怎样在淘宝开设店铺?

任务一　注册淘宝网店

无论是在淘宝网上开店还是购物，首先都要注册成为会员，只有淘宝网会员才能享受其提供的各种服务。

一、企业店铺和个人店铺的区别

在淘宝平台开店的时候，会面临两个选择：一个是开设个人店铺；另一个是开设企业店铺。个人店铺是指通过支付宝个人认证，并以个人身份证开设的店铺。企业店铺是指通过支付宝企业认证，并以工商营业执照开设的店铺。

企业店铺和个人店铺的区别如下。

（1）店铺的注册条件不同。注册个人店铺提供个人身份证（要求未开过店）和手机号即可，而注册企业店铺要提供营业执照、社会信用代码（注册号）、法定代表人及店铺负责人的身份证件和手机号。

（2）淘宝店铺名称使用不同。企业店铺名称可以使用公司、企业、集体、官方、经销这类词，而个人店铺却不可以使用这类词。

（3）淘宝企业店铺有更多的特权。因为企业店铺是以一个组织为代表的，比个人更加有实力，所以享受的特权也更多，如在上架的宝贝数量限制上，企业店铺能够上架更多宝贝。企业店铺在很多页面上会有“企”字标识，作为买家，对具有该标识的店铺信任度更大。

（4）参加推广活动的门槛不同。在直通车或者橱窗推荐等推广活动上，企业店铺可以获得更优先的推荐、更低的门槛；相比而言，个人店铺不仅特权少，而且需要满足的条件更多。

二、开通淘宝网店

下面以开设个人店铺为例讲述淘宝网店的开通，具体操作步骤如下。

（1）打开淘宝网首页，单击页面左上角的“免费开店”按钮，如图2-1所示。

图2-1 单击“免费开店”按钮

（2）进入“淘宝免费开店”页面，单击“个人开店”按钮，如图2-2所示。

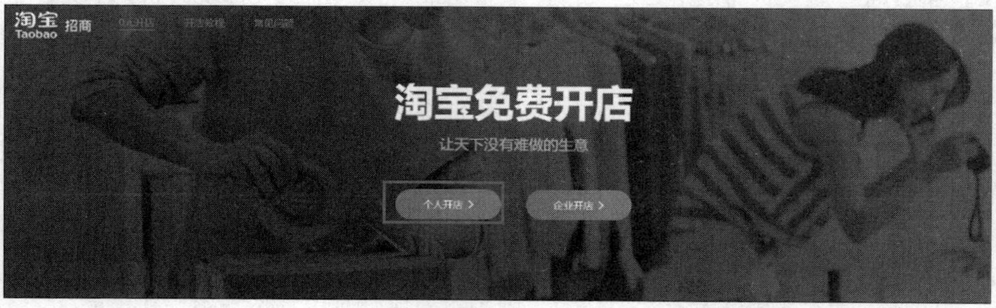

图2-2 单击“个人开店”按钮

（3）打开图2-3所示的“个人开店”页面，输入“店铺名称”和“手机号码”，单击“验证码”文本框右侧的“发送”字样，手机即刻收到短信验证码，输入验证码后，单击“0元开店”按钮。

（4）打开图2-4所示的页面，单击“获取短信校验码”按钮即可获取校验码，输入验证码，单击“确定”按钮，即可免费开通淘宝店铺。

图2-3　“个人开店”页面

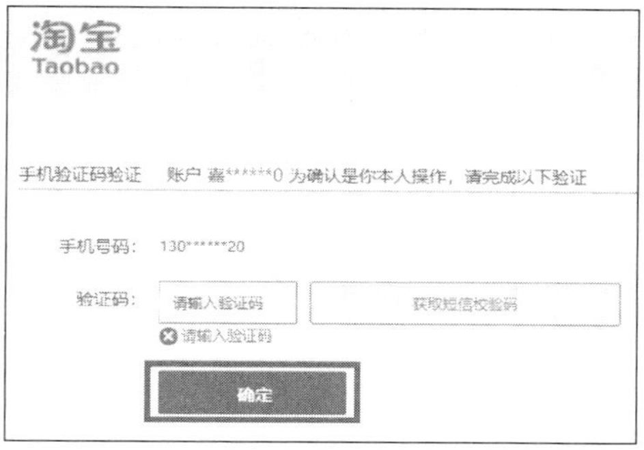

图2-4　输入验证码

三、开通支付宝认证

支付宝解除了买卖双方的后顾之忧，最大限度地保证了交易安全。同时，支付宝也是买家和卖家的私人银行，提供支付货款、提款、设置商品红包等功能。

专家指导

为什么要使用支付宝，使用支付宝有哪些好处？

① 货款先由支付宝保管，买家收货满意后才付钱给卖家，安全放心。

② 买家不必去银行汇款，网上在线支付，方便简单。

③ 买家付款成功后，卖家立刻发货，快速、高效。

④ 买卖双方交易手续费全免，经济实惠。

开通支付宝认证的具体操作步骤如下。

（1）登录淘宝网，打开图2-5所示的页面，单击“开店认证”下面的“支付宝认证”方法一下面的“去认证”按钮。

（2）进入“支付宝身份认证”页面，输入“姓名”和“证件号码”，单击“确认并提交”按钮，如图2-6所示。

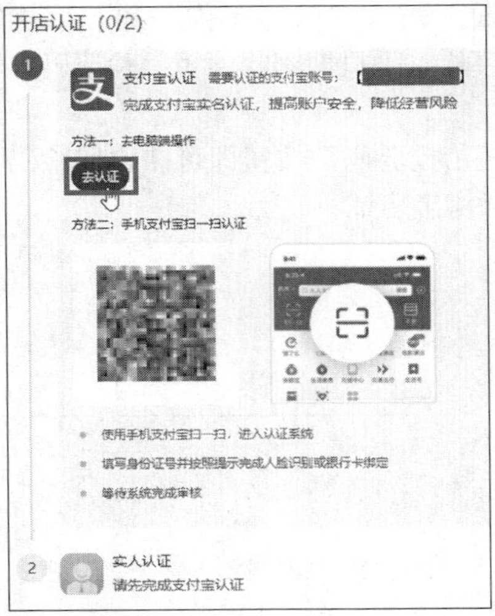

图2-5　支付宝认证

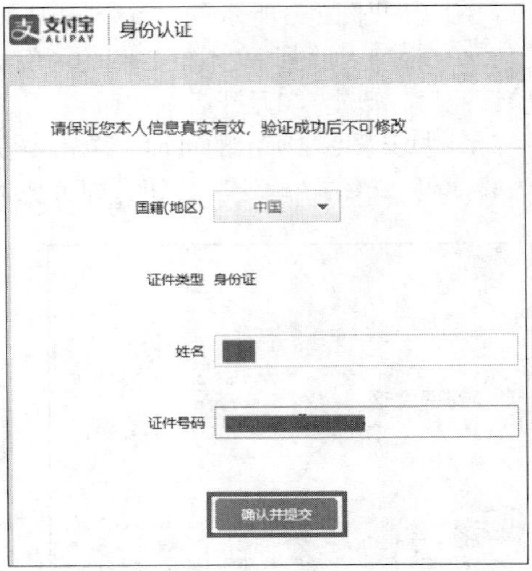

图2-6　身份验证

还有一种方法是新注册支付宝账户，具体操作步骤如下。

（1）在浏览器中打开支付宝首页，单击“我是个人用户”按钮，如图2-7所示。

（2）单击“立即注册”按钮，如图2-8所示。

图2-7　单击“我是个人用户”按钮

图2-8　单击“立即注册”按钮

（3）弹出“服务协议、隐私权政策及开户意愿确认”对话框，单击“同意”按钮，如图2-9所示。

（4）输入“手机号”后，单击“获取验证码”按钮，收到验证码后，输入6位数字短信校验码，单击“下一步”按钮，如图2-10所示。

（5）设置登录密码、支付密码、身份信息后，单击“确定”按钮，如图2-11所示。至此，支付宝注册成功。

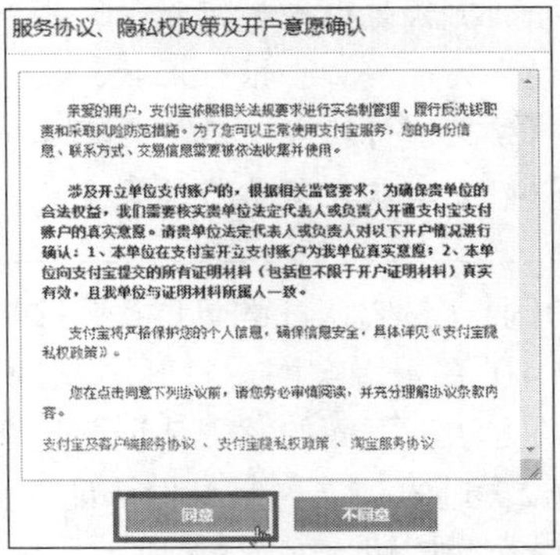

图2-9　“服务协议、隐私权政策及开户意愿确认”对话框

图2-10　输入验证码

图2-11　支付宝注册

任务二 设置网店

对网店进行设置不仅可以使卖家的店铺更加美观，而且还能体现出卖家对店铺的重视程度，使买家觉得卖家是在用心经营，从而提高买家对店铺的好感度。下面讲述网店的设置，包括设置店铺风格、设置店铺公告、店铺基本设置、设置宝贝分类等。

一、设置店铺风格

店铺风格是店铺的背景颜色和元素基调，决定了店铺给人的直观印象，所以选择一个合适的店铺风格很重要。设置店铺风格的具体操作步骤如下。

设置店铺风格

（1）登录淘宝网，进入“千牛卖家中心”页面，单击“店铺管理”下面的“店铺装修”超链接，如图2-12所示。

（2）单击页面顶部的“店铺装修”按钮，如图2-13所示。

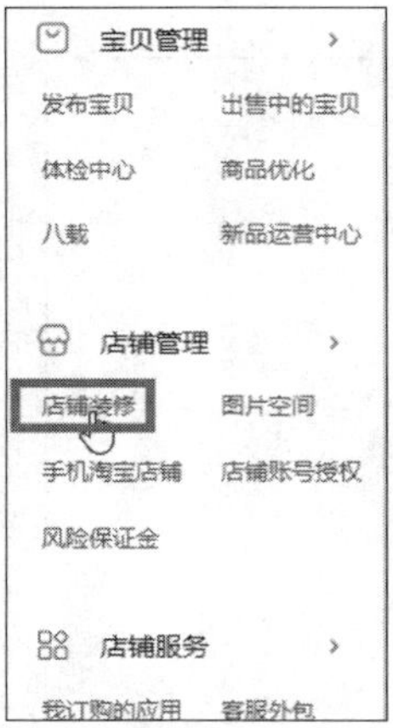

图2-12 单击“店铺装修”超链接

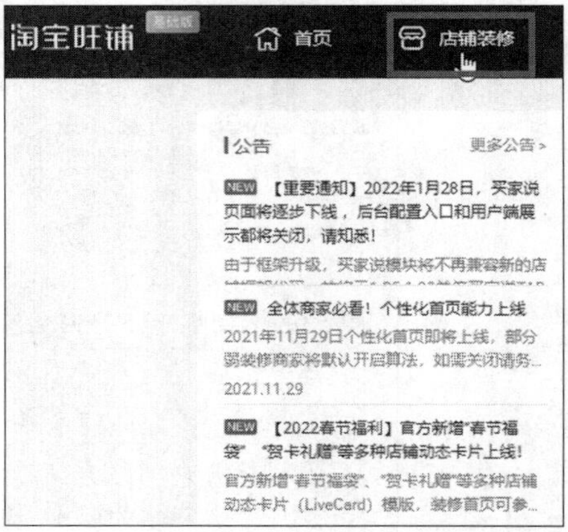

图2-13 单击“店铺装修”按钮

（3）在“手机店铺装修”页面中，单击“新建页面”按钮，如图2-14所示。

（4）弹出“新建页面”对话框，在“页面名称”文本框中输入名称，单击“确认”按钮，如图2-15所示。

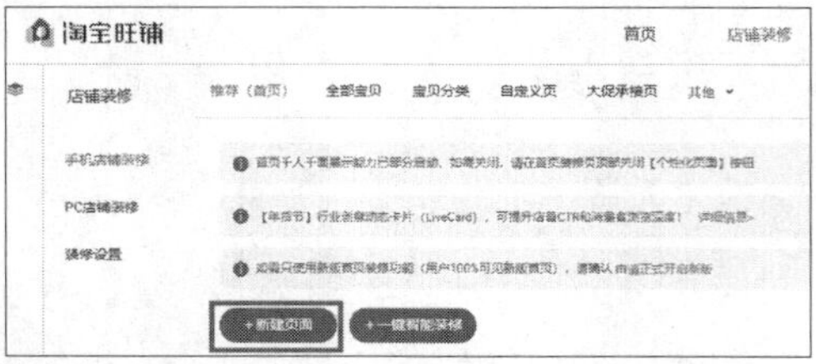

图2-14 单击“新建页面”按钮

图2-15 输入页面名称

（5）单击“新款包包超级点”后面的“装修页面”超链接，如图2-16所示。

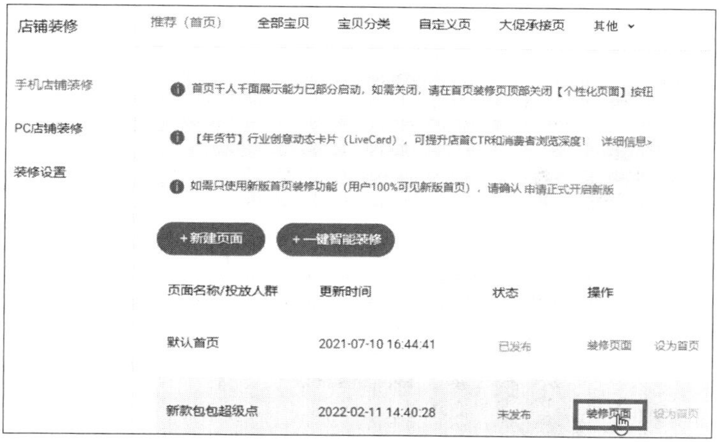

图2-16　单击“装修页面”超链接

（6）可以在弹出的页面中进行页面装修，选择网店模块风格，如图2-17所示。

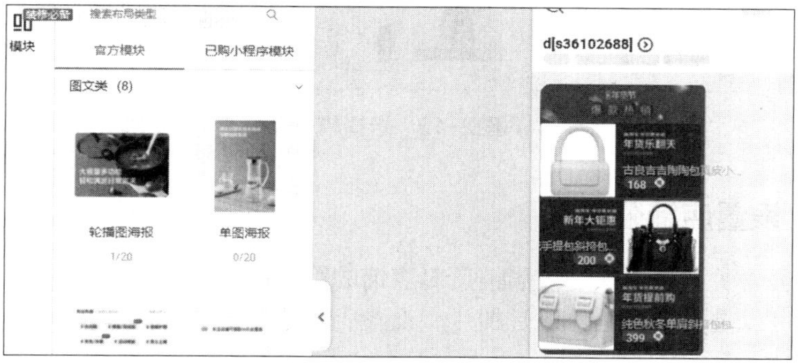

图2-17　装修页面

（7）单击“PC店铺装修”按钮，切换至“PC店铺装修”页面，单击顶部的“装修模板”超链接，如图2-18所示。

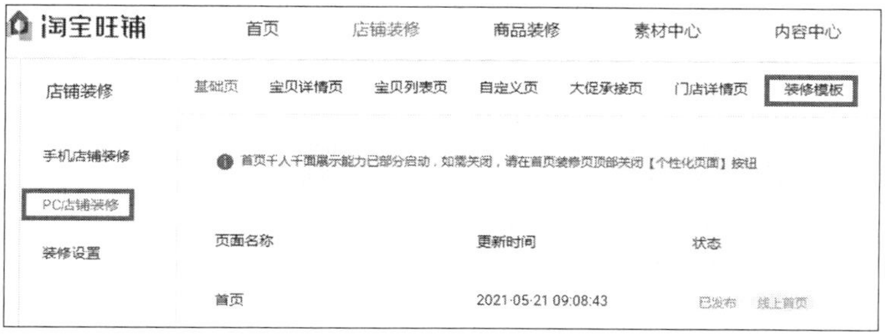

图2-18　“PC店铺装修”页面

（8）进入“电脑端模板”页面，在此可以选择适合的模板，如图2-19所示。

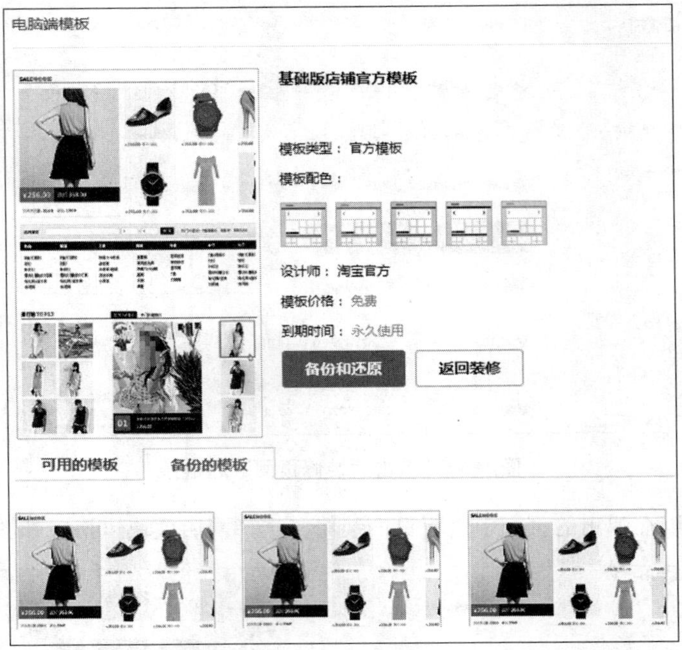

图2-19 选择模板

二、设置店铺公告

店铺公告关系到买家进入店铺后对店铺的第一印象，店铺公告中的内容可以是文字，也可以是图片。设置店铺公告的具体操作步骤如下。

设置店铺公告

（1）打开“淘宝旺铺”页面，单击顶部的“店铺装修”超链接，在打开的页面中单击左侧列表中的“PC店铺装修”，单击“首页”右侧的“装修页面”超链接，如图2-20所示。

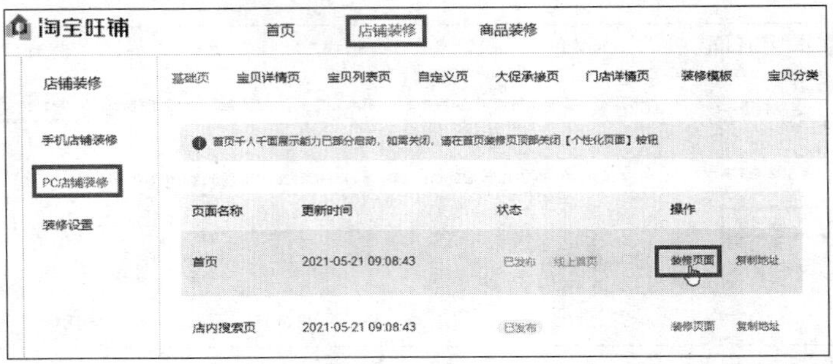

图2-20 店铺装修

（2）打开图2-21所示的页面，单击“店铺公告”里的“编辑”按钮。

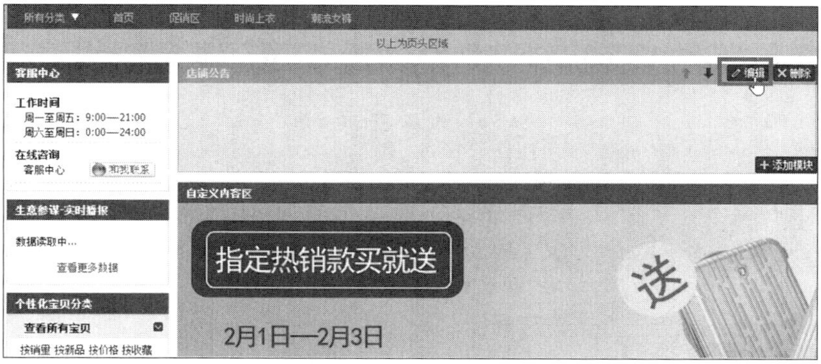

图2-21　单击“编辑”按钮

（3）弹出“店铺公告”页面，在这里可以设置字体样式、颜色和超链接，如图2-22所示。

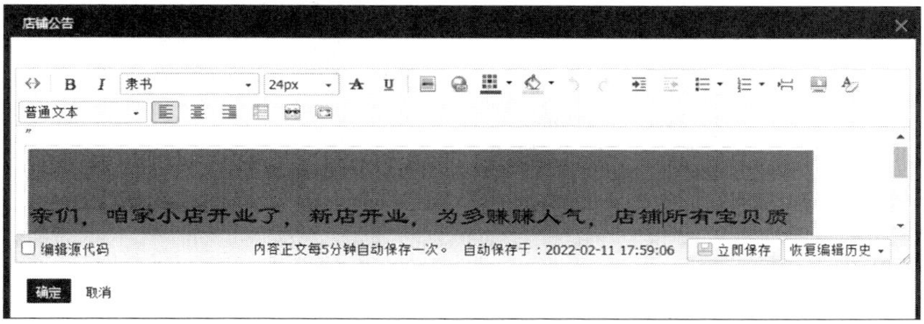

图2-22　设置字体样式、颜色和超链接

（4）单击“插入图片”按钮，弹出“图片”对话框，如图2-23所示。

图2-23　“图片”对话框

（5）还可以单击“插入图片空间图片”按钮，插入图片空间图片，如图2-24所示。

图2-24　插入图片空间图片

专家指导

可以自己做一个店铺公告图片，写上店铺公告内容如发货快递、发货时间等，放在店铺首页最醒目的地方，让每个进店的买家都能看到。

三、店铺基本设置

店铺基本设置包括店铺介绍和店标设置。店铺的基本设置步骤如下。

店铺基本设置

（1）登录千牛卖家工作台，单击顶部的“千牛卖家中心”超链接，进入“千牛卖家工作台”界面，单击“店铺管理”中的“店铺基本设置”超链接，如图2-25所示。

（2）打开“淘宝店铺”界面，单击“店铺标志”下面的“上传图标”按钮，如图2-26所示。

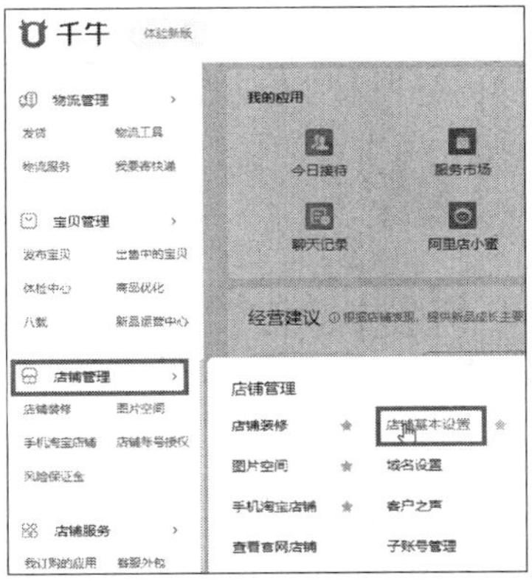

图2-25　单击“店铺基本设置”超链接

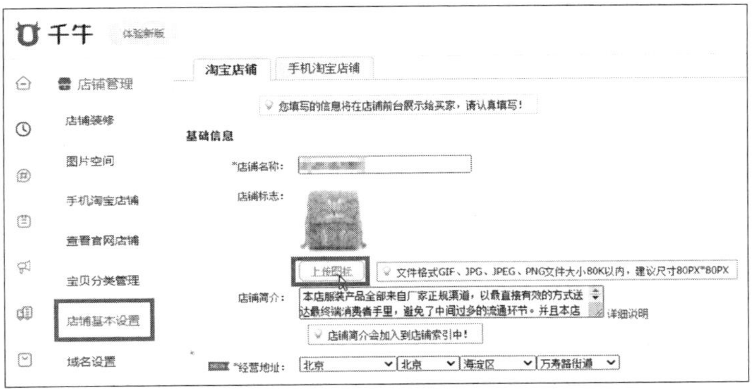

图2-26　“淘宝店铺”界面

（3）在“打开”对话框中，选择店标文件，单击“打开”按钮，即可成功上传店标，如图2-27所示。

图2-27　选择店标文件

（4）还可以选择主要货源，输入店铺简介、店铺介绍等信息，设置好相关信息后，单击底部的“保存”按钮，即可成功设置店铺基本信息，如图2-28所示。

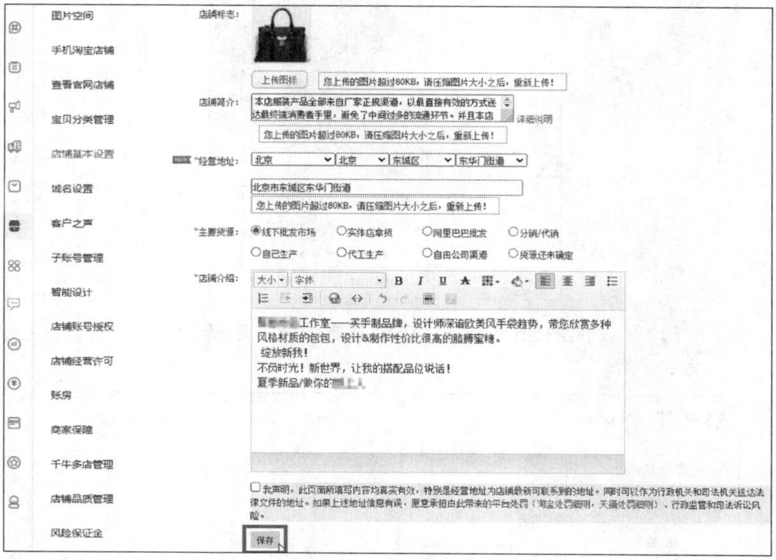

图2-28　设置店铺基本信息

四、设置宝贝分类

合理的宝贝分类可以使店铺的商品更清晰，方便买家快速浏览与查找自己想要的宝贝。如果店铺发布的宝贝数目众多，合理的分类就显得尤为重要，具体操作步骤如下。

设置宝贝分类

（1）登录淘宝，单击“千牛卖家工作台”中“店铺管理”下面的“宝贝分类管理”超链接，如图2-29所示。

（2）在“宝贝管理”页面中，单击“添加手工分类”按钮，将会出现一个新的宝贝分类文本框，在该文本框中输入分类的名称，如图2-30所示。

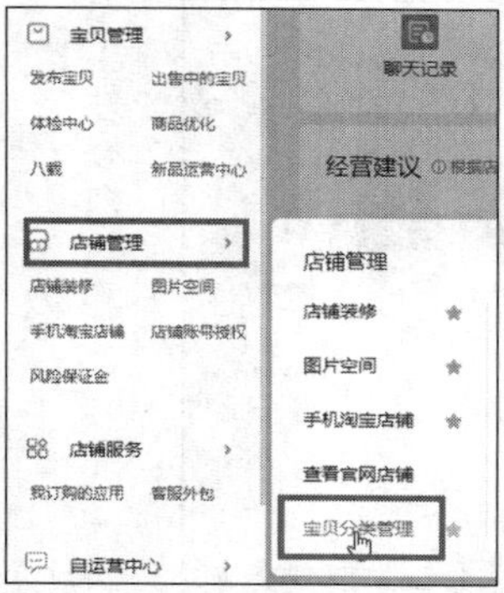

图2-29　单击“宝贝分类管理”超链接

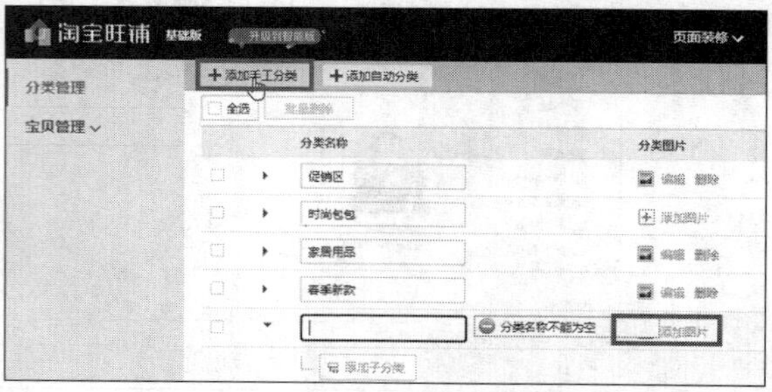

图2-30　宝贝分类管理

（3）单击“添加图片”按钮，将出现一个对话框，如果添加的是网络图片，直接在文本框中输入图片的地址即可，单击“确定”按钮，也可以选择“插入图片空间图片”单选按钮插入图片空间的图片，如图2-31所示。

（4）如果要添加子分类，单击“添加子分类”按钮，填写子分类的内容，如图2-32所示。

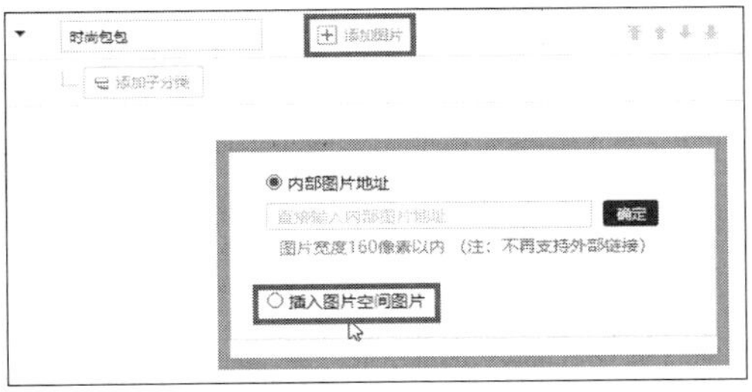

图2-31　插入图片

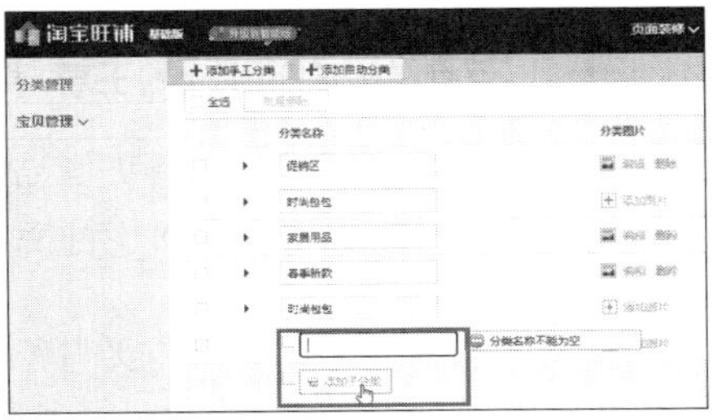

图2-32　添加子分类

（5）单击上箭头和下箭头可以将宝贝分类上移或下移，如图2-33所示。

（6）设置完毕，保存即可，在“店铺管理”中单击“查看官网店铺”超链接，如图2-34所示。

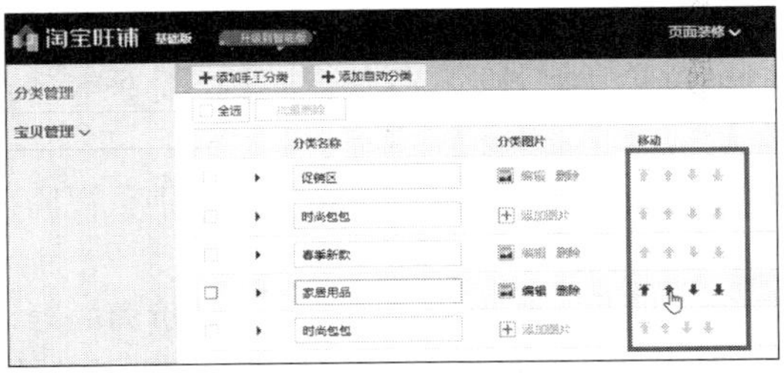

图2-33　将宝贝分类上移或下移

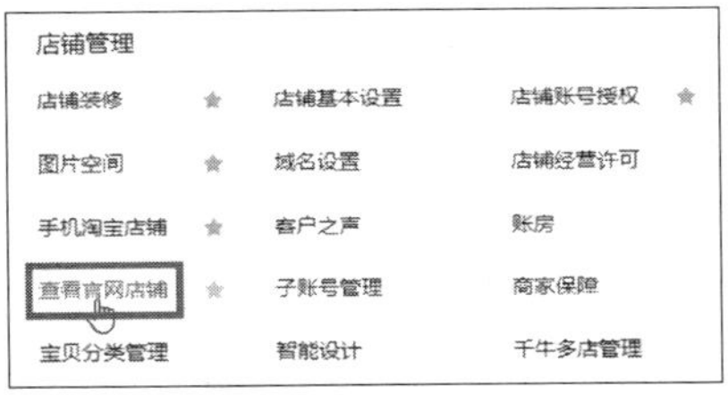

图2-34　单击“查看官网店铺”超链接

专家指导

宝贝有哪些分类方式？

① 按照产品种类分类：最为常见，比较适合于产品种类较多的店铺。

② 按照品牌分类：比较适合于销售多品牌产品的专营店。

③ 按照产品风格分类：一般用于买家对风格比较敏感的商品的分类，如装修行业商品。

④ 按照价格分类：通常用于同一品类商品的价格跨度较大时。

⑤ 按材质或款式分类：如果商品的材质和款式是商品的重要卖点，并且买家多数通过它们来识别商品，就可以用此分类方法。

⑥ 按照活动或者折扣分类：当店铺有多重活动时，可以用此方法分类，但多数情况下该分类方法不会独立存在，一般和别的分类方法同时使用。

任务三 发布商品

在淘宝网注册完会员和开通支付宝后，就可以发布商品到店铺了。店铺里面有商品，才可以开张，在发布商品之前，首先应写好商品描述。

> **课堂讨论**
>
> 说一说商品发布前有哪些注意事项。

一、发布商品细节及注意事项

在网上开店，最重要的是把商品信息准确地传达给买家。图片传达给买家的只是商品的形状和颜色信息，对于性能、材料、产地、售后服务等，必须通过文字方面的描述来说明。

在网上购物，影响买家购买与否的一个重要因素就是商品描述中是否把商品的优势和特色详细地描述了出来，很多卖家会花费大量精力在商品描述上，但效果可能还是不好，店铺转化率还是不高，原因是什么呢？发布商品细节及注意事项如下。

（1）要向供货商索要详细的商品信息。商品图片不能反映的信息包括材料、产地、售后服务、生产厂家、商品性能等。供货商一定要将相对于同类产品有优势和特色的信息详细地描述出来，这本身也是产品的卖点。

（2）商品描述一定要能够全面概括商品的内容、相关属性，最好能够介绍一些使用方法和注意事项，更加贴心地为买家考虑。

（3）商品应该以文字+图像+表格的形式来描述，这样买家看起来会更加直观，增加了购买的可能性。

（4）参考同行网店。可以参考皇冠级别的店铺中的商品描述。应特别重视同行中销量大的网店。

（5）在商品描述中也可以添加相关推荐商品，如本店热销商品、特价商品等，让买家更多地接触到店铺的商品，增加商品的宣传力度。

（6）在商品描述中要注意服务意识，同时应规避纠纷。

发布商品流程

二、发布商品流程

下面介绍发布商品的流程，具体操作步骤如下。

（1）登录淘宝网，单击页面右上角的“千牛卖家中心”超链接，如图2-35所示。

（2）进入“千牛卖家工作台”页面，单击“宝贝管理”下面的“发布宝贝”超链接，如图2-36所示。

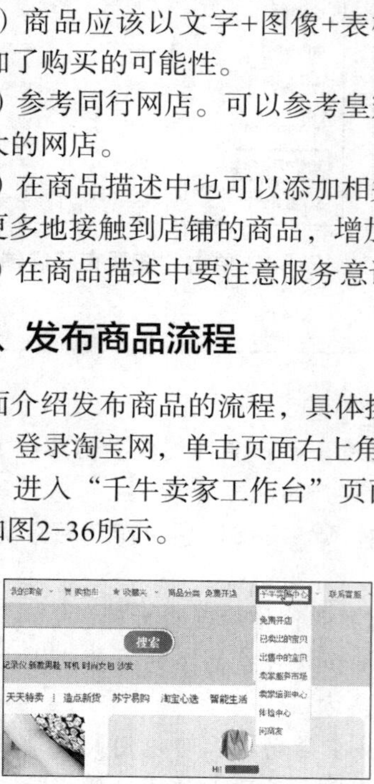

图2-35 单击“千牛卖家中心”超链接

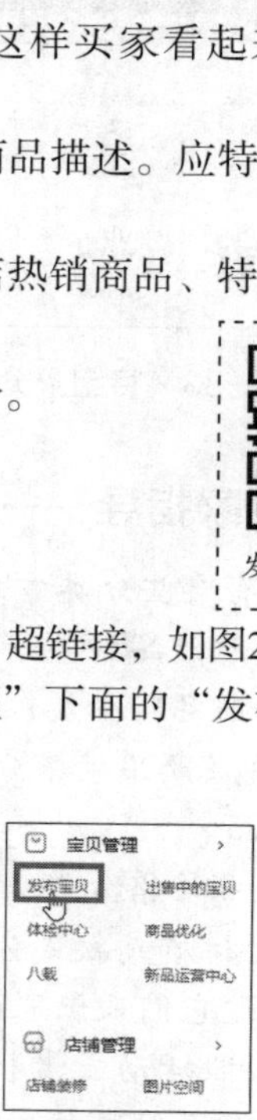

图2-36 单击“发布宝贝”超链接

（3）在打开的网页中，选择要发布宝贝的类目，然后单击“下一步，完善商品信息”按钮，如图2-37所示。

图2-37　单击“下一步，完善商品信息”按钮

（4）在打开的网页中，根据提示输入发布宝贝的宝贝标题、类目属性等基础信息，如图2-38所示。

图2-38　填写宝贝的基础信息

（5）填写宝贝的销售信息，如图2-39所示。

图2-39 填写宝贝的销售信息

（6）填写宝贝的支付信息，如图2-40所示。

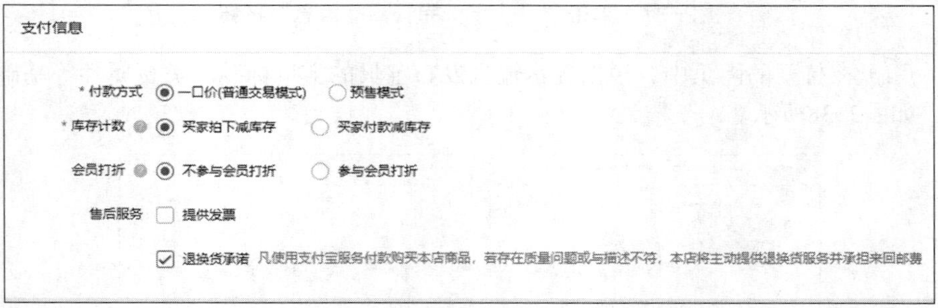

图2-40 填写宝贝的支付信息

（7）填写宝贝的物流信息，如图2-41所示。

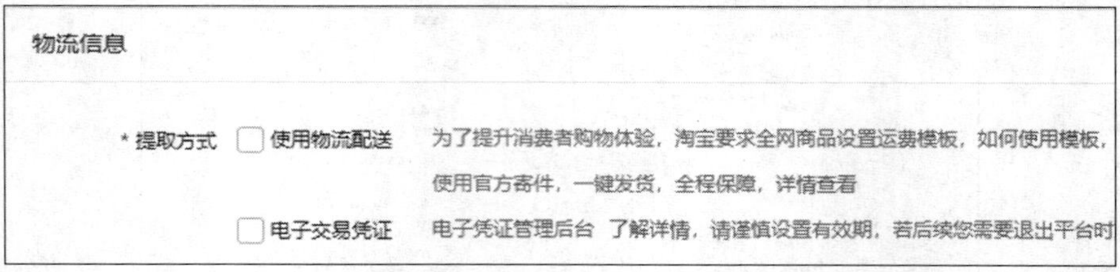

图2-41 填写宝贝的物流信息

（8）填写宝贝的图文描述信息，如图2-42所示。

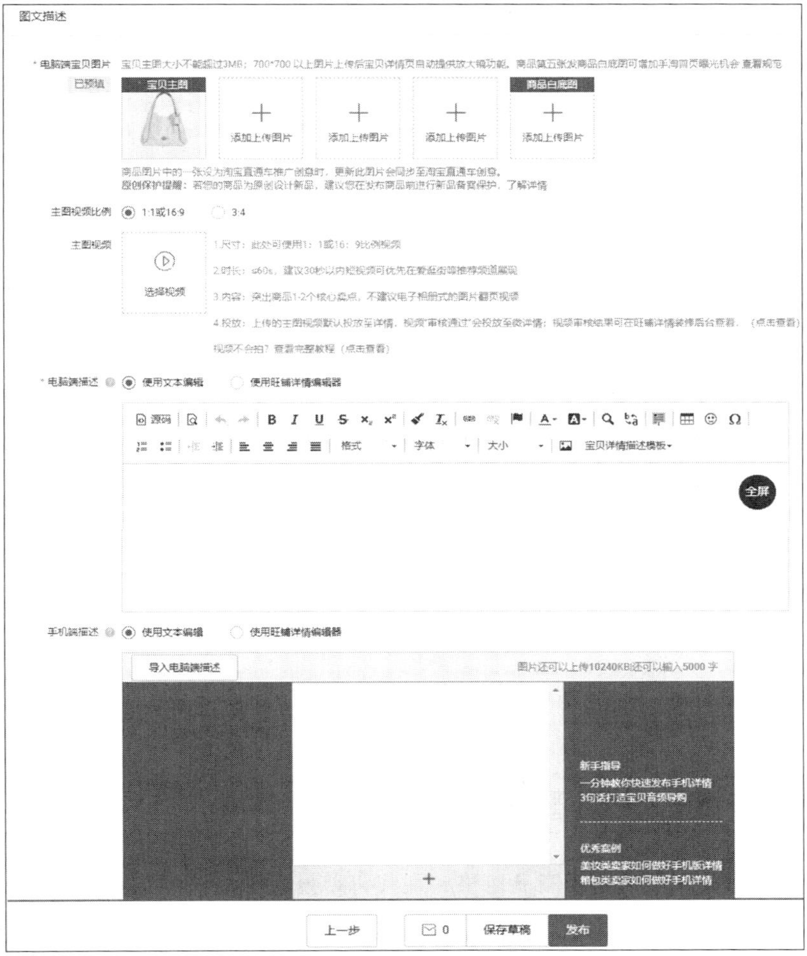

图2-42　填写宝贝的图文描述信息

（9）单击“发布”按钮，宝贝发布成功，如图2-43所示。

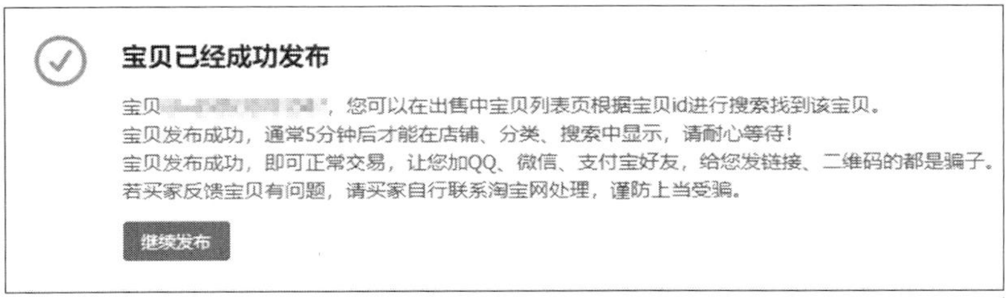

图2-43　宝贝发布成功

知识拓展

淘宝网为了给卖家和买家提供更好的服务环境，不断规范整改平台规则。如今在淘宝网上不管是购物还是开店，无论是买家还是卖家都要遵守淘宝网规则。

淘宝网上涉及的违规行为分为一般违规行为和严重违规行为，两者分别扣分、分别累计、分别执行。卖家因出售假冒伪劣商品的严重违规行为扣分将单独累计，不与其他严重违规行为合并计分。

严重违规行为是指严重破坏淘宝网经营秩序或涉嫌违反国家法律、法规的行为，包括发布违禁信息、侵犯知识产权、盗用他人账户、泄露他人信息、骗取他人财物等；一般违规行为是指除严重违规行为外的违规行为，包括滥发信息、虚假交易、延迟发货、描述不符、违背承诺、竞拍不买、恶意评价、恶意骚扰、不当注册、未依法公开或更新营业执照信息等。

在对会员进行违规处理期间，淘宝网对会员不同的违规情形采取不同的处理措施，如屏蔽网店、屏蔽评论内容、评价不累计、销量不累计、删除销量信息，严重者限制其发布商品、限制买家行为、限制发货、限制使用阿里旺旺、限制网站登录、限制解冻保证金、关闭网店、公示警告、查封账户等。

所以，卖家一定不要销售不符合国家标准、行业标准的产品，不要销售掺杂、掺假、以次充好等假冒伪劣产品。只有产品质量过硬，网店才会获得可持续发展。

任务四 商品交易管理

商品交易管理包括修改商品价格、在线订单发货和给买家评价3个部分。

修改商品价格

一、修改商品价格

与实体店一样，网店也经常会遇到讨价还价的买家，这时可以修改最初设定的商品价格，从而促成宝贝的交易，具体操作步骤如下。

（1）登录“我的淘宝”，进入“千牛卖家工作台”，单击“已卖出的宝贝”超链接，进入“已卖出的宝贝”页面，单击宝贝价格下面的“修改价格”超链接，如图2-44所示。

（2）在弹出的列表框中修改宝贝的价格，输入折扣信息，或者单击“免运费”按钮，都可以修改宝贝价格，单击“确定”按钮，如图2-45所示。

（3）宝贝价格被成功修改，如图2-46所示。

图2-44　单击“修改价格”超链接

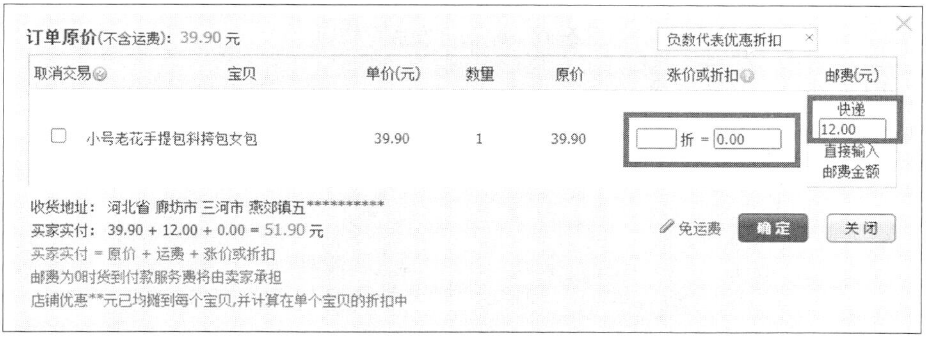

图2-45　修改宝贝价格

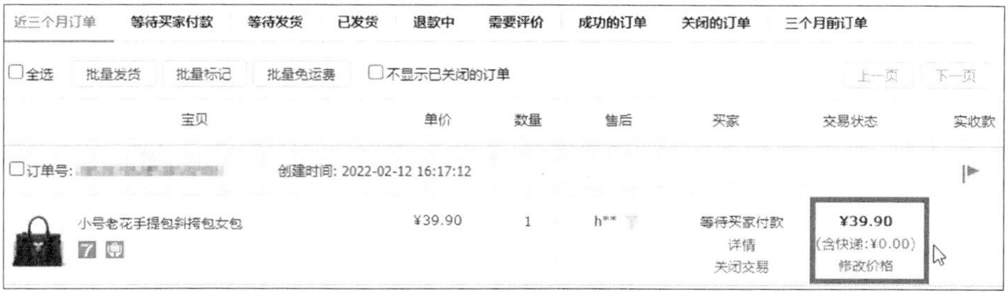

图2-46　成功修改宝贝价格

二、在线订单发货

买家付款后，宝贝的交易状态变成“买家已付款”，此时卖家可以联系物流公司，在线发货，具体操作步骤如下。

（1）登录“我的淘宝”，进入“千牛卖家工作台”，单击“交易管理”下的“已卖出的宝贝”超链接，进入“已卖出的宝贝”页面，单击需要发货的商品后面的“发货”按钮，如图2-47所示。

图2-47 单击“发货”按钮

（2）进入“开始发货”页面，确认完毕，单击“确认并发货”按钮，即可成功发货，如图2-48所示。

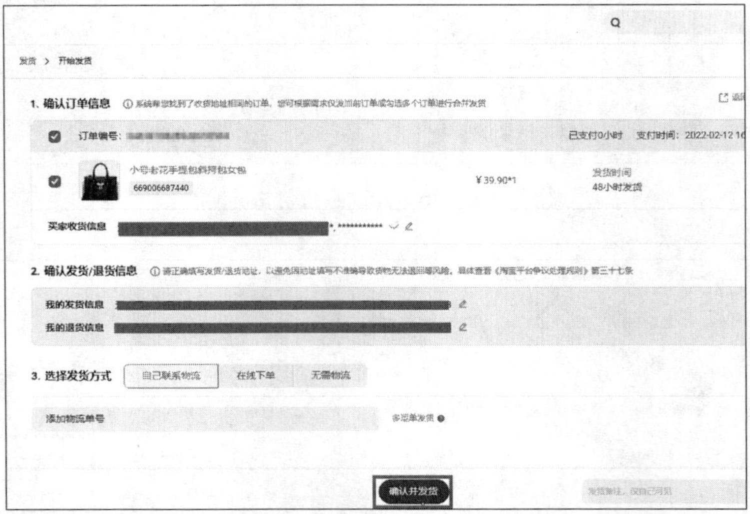

图2-48 确认收货信息及交易详情页面

三、给买家评价

淘宝网会员在个人交易平台使用支付宝服务成功完成每一笔交易后，双方均有权对对方交易的情况进行评价，这个评价也称为信用评价。双方已互评的交易，会员如要投诉须在交易对方做出评价的30天内进行，未在规定时间内投诉的，不予受理。

给买家评价

买家收到货并将货款支付给卖家后，卖家应及时对买家做出评价，具体操作步骤如下。

（1）登录“我的淘宝”，进入“千牛卖家工作台”，单击“交易管理”下的“已卖出的宝贝”超链接，打开已卖出的宝贝页面，可以看到对方已经评价，单击“评价”超链接，如图2-49所示。

图2-49　对方已经评价

（2）进入评价页面，选择“好评”单选按钮，输入评价内容后，单击“发表评论”按钮，如图2-50所示。

图2-50　评价页面

（3）商品评价成功，如图2-51所示。

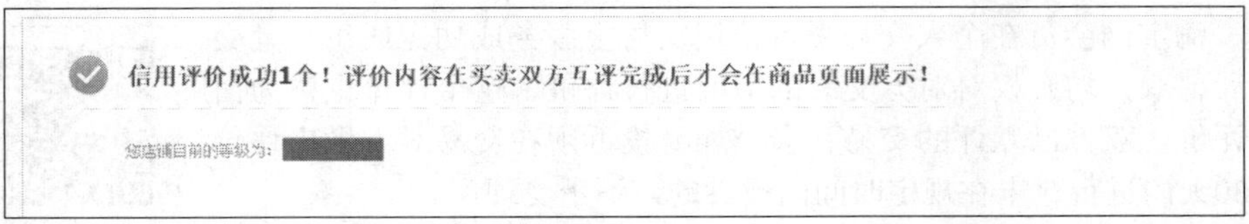

图2-51　成功评价商品

任务五　订单管理

订单管理是卖家的一个核心业务流程，包括查找订单、订单处理方式等。

一、查找订单

在线客服的日常工作中，可能会遇到这样的买家：“我之前在你家买过一个包，现在还想再买一个，但是链接找不到了，不知还有吗？”

这时，作为卖家首先需要知道买家之前买的是哪款包，最快速的方法就是通过查找买家的历史购买订单，在订单中找到答案。查找订单有两种方式：一是在卖家中心后台查找；二是在千牛中查找。

1. 在卖家中心后台查找

进入卖家中心，按照路径“我是卖家”→“交易管理”→“已卖出的宝贝”查找，如图2-52所示。

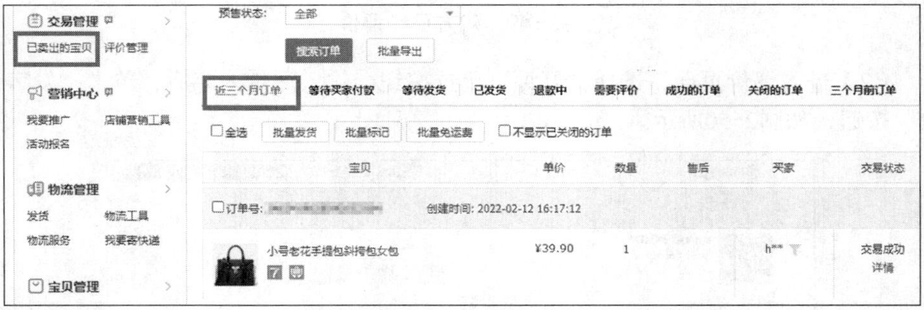

图2-52　在卖家中心后台查找订单

可以选择查找的时间段，也可以通过宝贝名称、买家昵称、订单编号等来查找。特别需要注意的是，如果不选择时间段，默认查找结果是近三个月订单。

2. 在千牛中查找

在千牛工具中，可以根据商品ID、宝贝名称、买家昵称、订单编号、创建时间等关键词去查找订单，如图2-53所示。

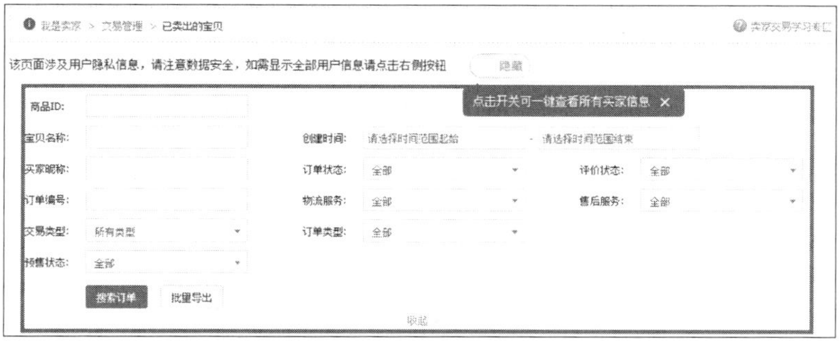

图2-53　在千牛中查找订单

在日常工作中，淘宝网店在线客服人员还会遇到很多种情况需要去查找订单，应根据需求去选择合适的查找方法。

二、订单处理方式

从买家进店拍下商品开始，就会产生很多个订单节点，我们称之为订单状态，每种状态下的订单都有需要卖家去做的工作。

1. 买家已付款

在卖家中心，买家已付款的订单状态如图2-54所示。

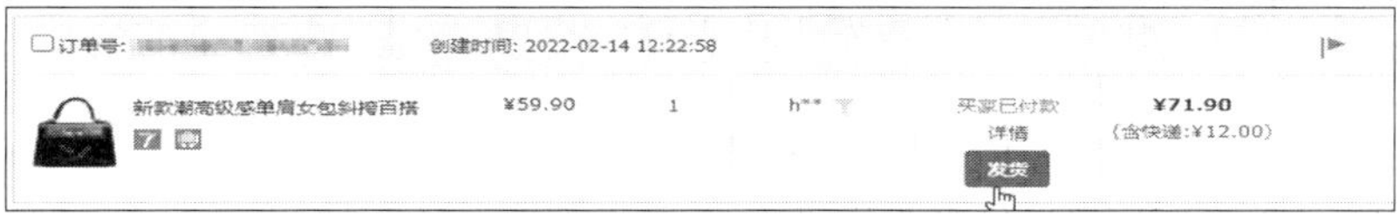

图2-54　买家已付款的订单状态

买家已付款后，就是等待卖家发货。在淘宝交易中有不少订单因为买家地址留错或者商品拍错，导致出现退换货情况，所以在发货前卖家有义务跟买家进行订单信息核对，包括收货地址信息及商品信息。

也偶尔会有买家直接申请了退款，但做好安抚与解释工作后，该买家又想继续购买此商品，此时客服人员只需要单击“发货”按钮，订单就会正常进入下一个环节，即进入卖家已发货的状态。

2. 卖家已发货

在卖家中心，卖家已发货的订单状态如图2-55所示。

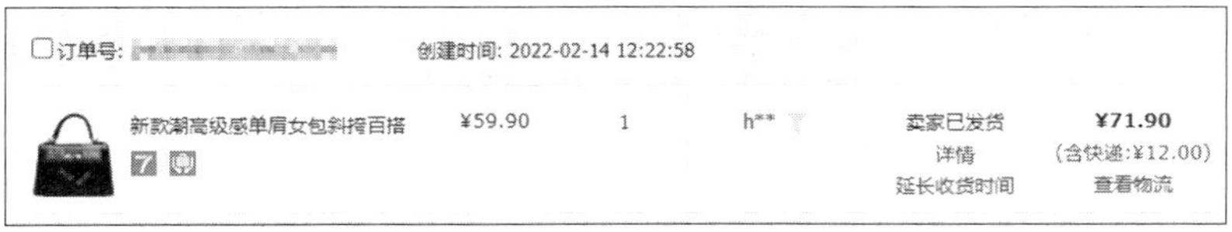

图2-55　卖家已发货的订单状态

付完款后，有部分买家会来询问发货了没有、快递到哪儿了这类问题。如果已经发货且已经在后台录入单号单击“发货”按钮了，卖家就可以单击“查看物流”超链接，调出该订单的物流信息，如图2-56所示，再将物流信息告知买家。

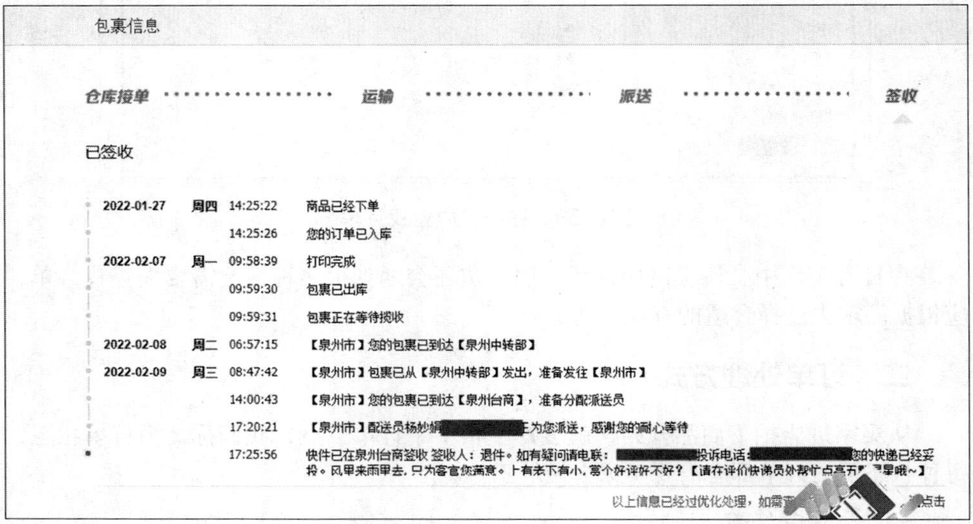

图2-56　查看物流信息

卖家发货后，在一定时间内如果买家没有单击“确认收货”按钮，淘宝系统会自动帮买家确认收货，如果遇到物流不能及时送达等问题时，会出现买家还没有收到货，但是订单已经确认收货的情况，这时在与买家协商后，在线客服人员可以延长收货时间，让买家有更多的时间来确认收货，如图2-57所示。

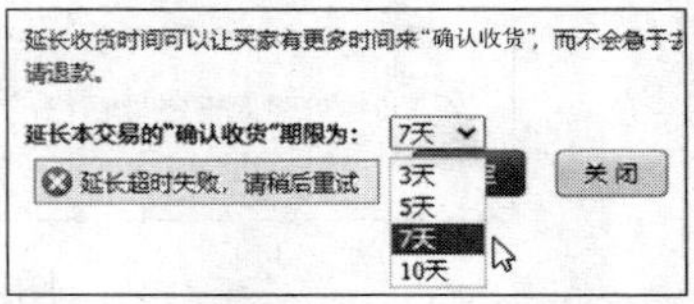

图2-57　延长收货时间

3．交易成功

当买家收到商品，确认收货后，交易状态会变为交易成功，在卖家中心，交易成功的订单状态如图2-58所示。

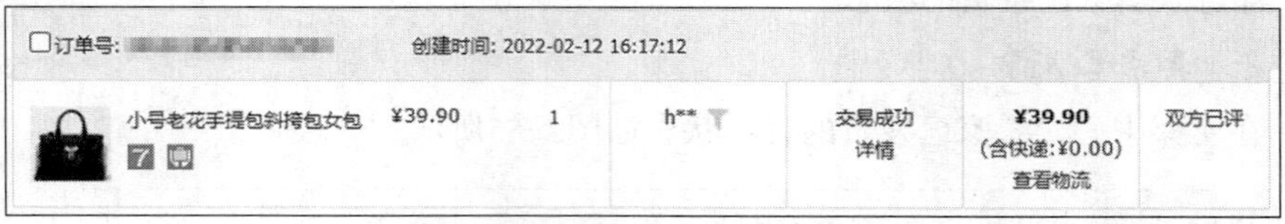

图2-58　交易成功的订单状态

交易成功不代表交易结束，卖家还可以对买家进行回访，如通过询问买家在使用商品方面是否有困惑等来体现对买家的关怀，以此提升店铺回购率及口碑。

4. 交易关闭

因为卖家缺货、少货等或者买家对服务不满意、不想购买、退款等，都有可能产生“交易关闭”状态，如图2-59所示。

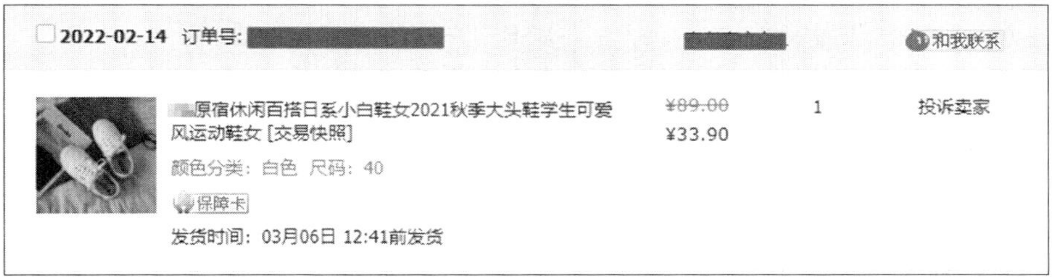

图2-59　交易关闭订单状态

此时卖家需要分析交易关闭的原因，优化产品和服务，降低交易关闭率。当已经有解决方案时，卖家需要积极地促成买家重新下单。

知识巩固与技能训练

一、填空题

1. ____________在网络营销中起着至关重要的作用，不但可以增加商品在商品搜索列表中被发现的概率，而且直接影响买家的购买决策。

2. 在网上购物，影响买家是否购买的一个重要因素就是____________中是否把商品的优势和特色详细地描述了出来，很多卖家也会花费大量的心思在____________上。

3. 商品可以在淘宝网上直接发布，也可以使用____________发布。

4. 淘宝网会员在个人交易平台使用支付宝服务成功完成每一笔交易后，双方均有权对对方交易的情况进行评价，这个评价也称为____________。

5. 订单管理是卖家的一个核心业务流程，包括____________、____________、____________等。

二、选择题

1. 下列商品信息不允许在淘宝网上发布的是（　　）。

A. 代办毕业证、文凭　　B. 地方特产

C. 自家用过的二手商品　　D. 图书

2. 下列关于商品描述的说法中不正确的是（　　）。

A. 商品描述一定要能够全面概括商品的内容、相关属性

B. 商品描述最好介绍一些使用方法和注意事项

C. 在商品描述中也可以添加相关推荐商品

D. 商品描述必须是文字，不能使用图片

3．双方已互评的交易，会员须在交易对方做出评价的（　　）天内进行投诉，未在规定时间内投诉的，不予受理。

A．7　　B．30　　C．15　　D．60

4．交易结束后，一方给出好评，且另外一方在评价期内未给出评价，则（　　）。

A．系统默认为中评　　B．系统不做出任何评价

C．系统会默认为好评　　D．系统取消评价

三、思考题

1．什么是好的商品图片？

2．如何设置店铺公告？

3．如何给淘宝店铺添加商品分类？

4．怎样修改商品价格？

5．怎样查找订单？

四、技能训练

淘宝助理是一个功能强大的客户端工具软件，它可以编辑宝贝信息、快捷批量上传宝贝，并提供方便的管理界面。下面通过技能训练掌握淘宝助理批量修改宝贝信息，具体操作步骤如下。

（1）登录淘宝助理，单击“出售中的宝贝”超链接，如图2-60所示。

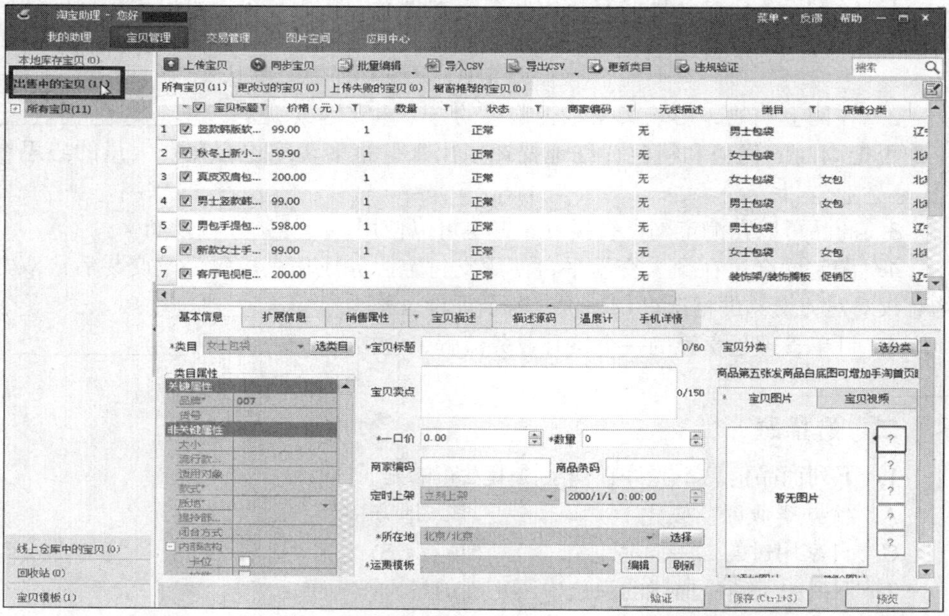

图2-60　单击“出售中的宝贝”超链接

（2）打开“宝贝管理”页面，单击勾选多个宝贝，单击“批量编辑”→“宝贝数量”超链接，如图2-61所示。

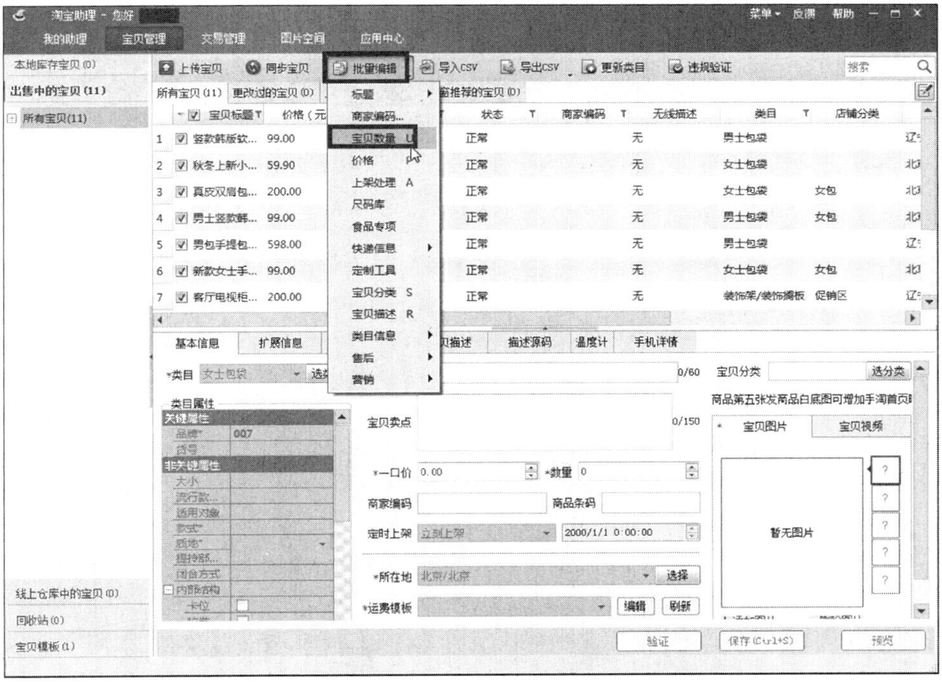

图2-61　单击勾选宝贝

（3）打开“宝贝数量”对话框，在“新的数量”文本框中输入新增加的数量，如图2-62所示。

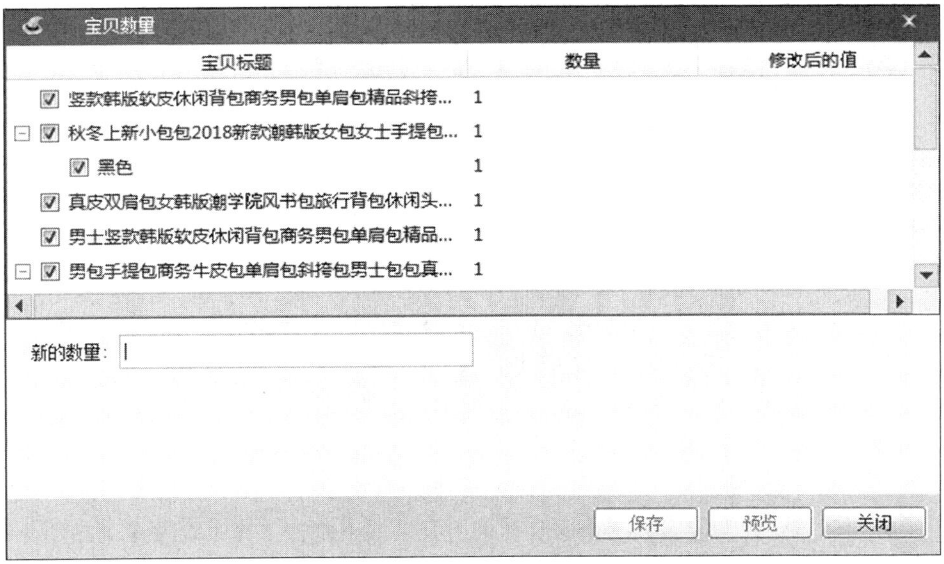

图2-62　输入新增加的数量

（4）单击“保存”按钮，即可对选中的宝贝批量增加数量，如图2-63所示。

图2-63　批量增加数量

任务实训——发布商品并设置店铺

实训目标

掌握在淘宝网店发布商品并设置店铺的方法，通过具体的任务实训来加深对淘宝商品的发布和店铺设置的认识和理解。

实训要求

1. 准备高质量的商品图片，包括商品的整体图和细节图。
2. 写好宝贝描述，包括吸引人的商品名称和详细的商品描述。
3. 在淘宝店铺发布商品图文描述信息。
4. 设置店铺名称、店铺简介、经营地址、主要货源、店铺介绍。

实训练习

假如你需要在淘宝开设一个服装店铺，开展网上销售工作，要发布商品图片和文字信息，并进行店铺的设置。

实训分析

发布商品时应注意商品标题、商品图片和商品描述信息。

编写商品标题时最重要的是要把商品最核心的卖点用精练的语言表达出来。可以列出四五个卖点，然后选择最重要的两三个卖点，将其融入商品标题中。

商品图片是客户的第一感官接触，要突出重点、保证图片的清晰度，同时要拍摄好商品的细节图。

在商品描述信息中一定要把商品的优势和特色详细地描述出来，这本身也是商品的卖点。这个卖点是打动客户下单的重要因素，需要从商品的特点中去挖掘。一定要站在买家的角度去思考，如果你要买这件商品，你关心的问题可能包括材质、尺寸、市场价、颜色、适合人群、使用与保养注意事项、相关文化、基础知识、真假辨别、赠品、服务承诺、支付方式等。

项目三

网店设计与装修

电子商务时代，由于网络的虚拟性，图片、文字及视频成为展示商品与传达信息的主要途径，所以视觉因素在交易过程中起到的作用是非常重要的。美观、专业的网店装修会给买家带来美感，使买家浏览网页时不易疲劳，从而更加细心地查看网页。在商品本身较好的前提下，成功的网店设计与装修是增加商品销量的重要因素。通过对本项目的学习，读者可以掌握网店装修工作准备、网店商品图片的拍摄、PC端店铺装修、手机端店铺装修等知识。

【学习目标】

知识目标	☑ 熟悉网店装修需要的软件 ☑ 熟悉网店装修的主要工作内容 ☑ 熟悉商品图片拍摄准备
技能目标	☑ 掌握PC端店铺装修 ☑ 掌握手机店铺的首页装修 ☑ 掌握手机店铺商品详情页装修
基本素养	☑ 具备商品拍摄构图能力 ☑ 具备中国风网店设计素养

【任务导入】

开网店想赚钱，设计装修是关键

在上大学时，刘某某看到很多不懂店面装饰、装修的同学都开了网店。但因为店面不美观，他们的网店营业额一直不高。刘某某心想，要是能为网店提供装修服务，那不就能实现双赢？刘某某眼睛一亮，感觉自己找到了新商机。

刚开始由于刘某某的网店装修效果并不理想，很多卖家都不愿多花这份装修钱。刘某某提出卖家先试用装修效果，盈利后再从销售额中抽成作为其劳务费用的合作模式，这帮他提高了在圈内的知名度。刘某某逐步拓展业务，从帮卖家建立淘宝店铺，再到装修推广，逐渐打开市场。慢慢地，找刘某某装修网店的卖家越来越多。

刘某某的工作主要是为在淘宝网等网站上开店的卖家设计模板，帮助其对网店进行装修，使店铺页面更加美观、更方便买家浏览、能汇聚更多人气。由于售卖的主要是创意，刘某某往往还身兼设计师的职能。与实体店的装修一样，网店装修也要体现店铺的独特风格，网店装修得好，将对树立店铺品牌起到关键作用。

买家对网店的第一印象会对其认知产生相当大的影响，可见网店装修的重要性。毕竟购买之前买家无法看见真实的商品，只能通过网店中的文字描述和商品图片来了解店铺和产品，所以装修好的店铺能增加买家的信任感。

思考：

1. 为什么要做网店装修？
2. 你知道网店装修需要做好哪些准备工作吗？

任务一　网店装修工作准备

网店装修在网店运营过程中不可或缺，一家优秀的网店不仅要有高质量的商品，还要有好的装修支持。那么，在网店装修前需要做好哪些准备工作呢？

一、网店装修需要掌握的软件

网店装修主要包括网店的页面装修及图片处理方面的工作。进行网店装修需要掌握以下软件的使用方法。

1. Photoshop

Photoshop可以用来对商品图片进行加工处理，以及运用一些特殊效果，其重点在于对图像进行加工处理。Photoshop是所有设计软件中最基础的软件，因其简单的界面、强大的图片处理功能而越来越受到大家的喜爱。如果要成为一名合格的网店美工，就必须熟练掌握处理图片的技能，因为图片的美观度会直接影响网店的销量。在网络的虚拟环境下，买家是触摸不到真实商品的，只能通过图片、动画或小视频来判断该商品是不是自己想要的，所以网店美工的工作非常重要。

2. Dreamweaver

在进行网店装修时，除了要学会使用Photoshop设计、处理图像外，网店美工还需要掌握网店页面排版软件Dreamweaver，但只需掌握Dreamweaver的表格排版、链接和基础代码等功能即可。

二、网店装修的主要工作内容

网店装修的主要工作内容包括网店页面装修设计、图片处理、促销海报设计等。

1．**网店页面装修设计**

网店页面装修设计的对象是首页、活动页及商品详情页。

（1）首页是网店的门面，可引导买家找到需要的商品。通过首页的装修，可以使买家对网店有直观的了解，首页的海报、公告能够让买家迅速获取店内的促销信息，并引导其进入活动页。

（2）活动页通过活动海报营造促销氛围，介绍活动内容及商品，引导买家参与活动。

（3）商品详情页主要用来展示商品的具体信息，让买家对商品的基本属性、销售情况及评价信息有充分的了解。

通过卖家中心或千牛工作台的“店铺管理”→“店铺装修”，可以对PC端页面或者手机端页面进行装修。“PC店铺装修”页面包括基础页、宝贝详情页、宝贝列表页、自定义页、大促承接页、门店详情页、装修模板、宝贝分类，“PC店铺装修”页面如图3-1所示。

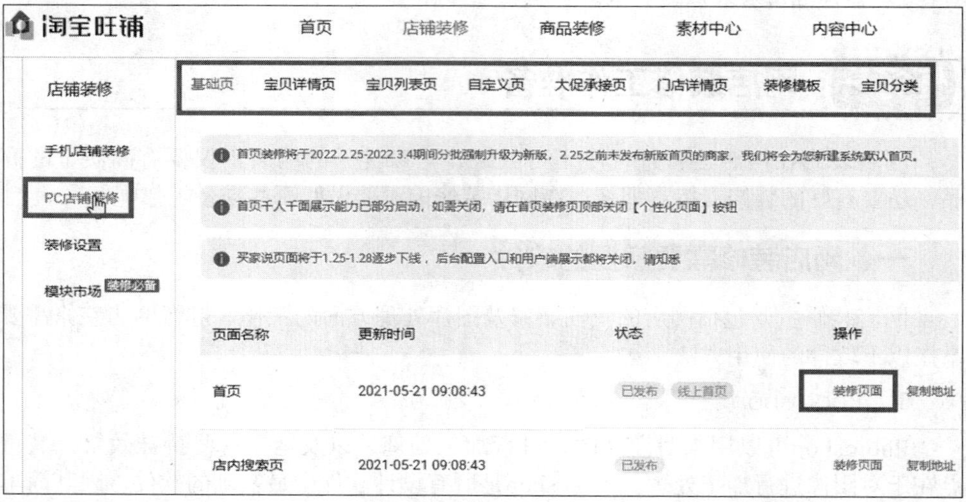

图3-1　“PC店铺装修”页面

“手机店铺装修”页面包括推荐（首页）、全部宝贝、宝贝分类、自定义页、大促承接页、其他，如图3-2所示。

2．**图片处理**

拍摄出来的宝贝图片一般是不能直接使用的。为了让买家赏心悦目，网店美工通常需要运用图片处理软件对宝贝图片做一些局部处理，以美化图片。需要谨记的是，网店美工不是单纯的艺术家，买家能够接受你的商品才是最重要的。因此，网店美工要做到以下两点。

（1）根据需要对商品的图片进行美化。

（2）适当添加文字描述，但不要过多地插入广告，否则容易导致买家厌烦。

图3-2　“手机店铺装修”页面

3. 促销海报设计

在不同的时期，网店会推出一些不同的活动，如优惠券、“满就送”等，这些活动需要通过促销海报来吸引买家。

任务二　网店商品图片的拍摄

一张美观的商品图片可以让店铺的商品脱颖而出，为店铺带来人气，让买家心情愉悦、怦然心动。下面介绍商品图片拍摄准备和商品拍摄构图方法。

> **课堂讨论**
>
> 网店进行商品拍摄前需要做的准备工作有哪些?

一、商品图片拍摄准备

绝大多数卖家都知道，拍摄高质量的图片对店铺生意起着至关重要的作用。如何利用现有器材和资源拍摄好图片，肯定也是大部分卖家头疼的问题。要获得一张成功的商品图片，除了相机本身的功能外，人为地进行辅助拍摄准备也很重要，这就需要掌握拍摄场景的准备。

1. 布置场景

在室内和在专业摄影棚里拍摄商品图片有很大区别：①室内拍摄环境既复杂又简单，背景杂乱，需要花费不少力气来处理；②没有专用工作台，开展工作不方便；③缺少必要的专用拍摄工具，需要找到合适的替代品。

布置场景的过程，就是解决拍摄前遇到的困难的过程，为商品创建最佳拍摄环境。只有勤于思考的人，才能达成如期目标。图3-3所示为没有布置场景拍摄的画面杂乱无章的图片，图3-4所示为布置好场景后拍摄的图片。

图3-3　没有布置场景拍摄的画面杂乱无章的图片

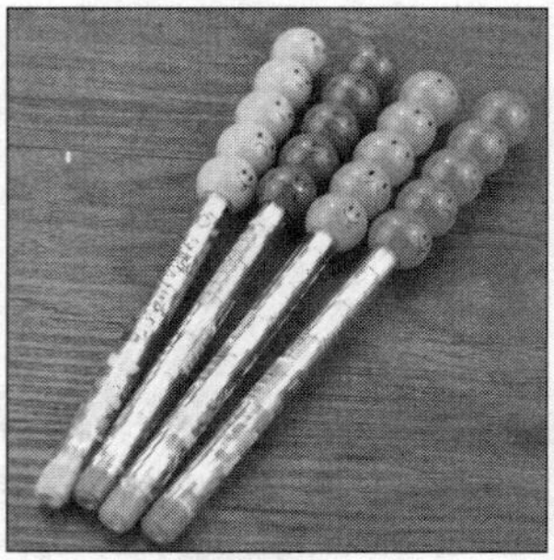

图3-4　布置好场景后拍摄的图片

2．使用反光板布置场景

反光板是常用的补光设备。常见的是金银双面可折叠反光板，这种反光板携带方便。同时，这种反光板的反光材料的反光率比较高，光线强度大，光质适中，适用于多种主体摄影。不过这种便携式反光板在使用时，需要一个人配合。反光板还可以改变主体的色温，如金色反光板在某些情况下可以使主体更加突出。图3-5所示为反光板，淘宝上有很多反光板可供选择，一般价格为几十元。

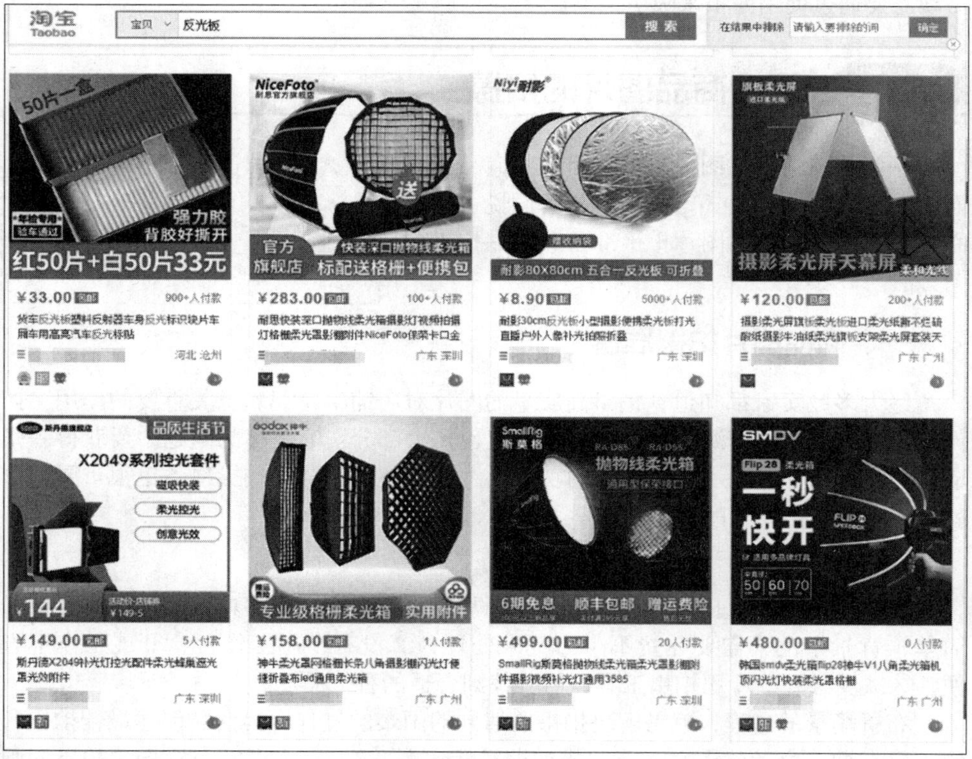

图3-5　反光板

3．使用墙纸、背景纸布置场景

生活中能够用于布置场景的材料很多，要开拓思路寻找各种道具。例如，美化家居用的花纹墙纸非常适合用来充当小型商品图片的背景，通常装修市场就有大量的墙纸专卖店。图3-6所示为用精美墙纸布置场景的效果。

卖家也可以使用背景布或背景纸，这样拍摄出的画面让人感觉很干净，也能很明显地突出主体。图3-7所示为使用背景布布置场景。

图3-6　用精美墙纸布置场景的效果

图3-7　使用背景布布置场景

二、商品拍摄构图方法

对于商品拍摄者来说，掌握好构图的基本规律，并且能在拍摄时合理运用是非常必要的。本节主要介绍基本的商品拍摄构图方法。

1．横式构图

横式构图是将被拍摄商品横向排列的构图方式，如图3-8所示。横幅画面（画面底边较长）强调的是水平面因素，展示的是画面的横向宽广，照相机横着使用拍摄的就是横幅画面。这种构图方式给人一种稳定、可靠的感觉。图3-8所示为横式构图。

图3-8　横式构图

2．竖式构图

竖式构图是将被拍摄商品竖立放置的构图方式，竖立放置的商品往往显得高大、挺拔。在竖式构图画面中，欣赏者的视线可以上下移动，可以把画面中上下部分的内容联系起来。图3-9所示为竖式构图。

在构图中经常会出现竖线，竖式构图比横式构图更富有变化，多条竖线组合时变化相对较多，排列好能产生意想不到的效果。

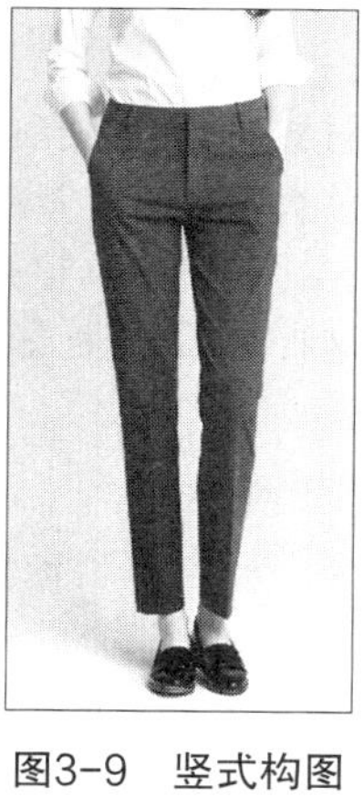

图3-9　竖式构图

3．对角线构图

对角线构图是将被拍摄商品沿对角线排列的构图方式。这种构图方式使画面产生了极强的动势，表现出纵深的效果，将人们的视线引导到对角线的深处。对角线构图如图3-10所示。

与传统的横式构图和竖式构图相比，对角线构图给人一种更活泼的感觉，沿对角线摆放商品可以更好地展现商品的形态。

图3-10 对角线构图

4. 黄金分割法构图

黄金分割又称黄金律，是一种数学比例关系，即将整体一分为二，较大部分与较小部分之比等于整体与较大部分之比，其比值为1∶0.618，即长段为全段的0.618。0.618被公认为最具有审美意义的比例数字，因此这种比例关系被称为黄金分割。“井”字构图（见图3-11）就是常见的黄金分割的例子。

黄金分割主要体现在对画面内部结构的处理上，如画面的分割、主体所处的位置，以及地平线、水平线、天际线等所处的位置。图3-11中A、B、C、D 4条线相交的区域就是黄金分割区域，画面的主体或分割线可以被安排在4个交点或4条线的附近。

在黄金分割构图的过程中，还应该考虑主体与陪体之间的呼应，同时，还要考虑影调、光线处理、色彩的表现等。黄金分割法构图如图3-12所示。

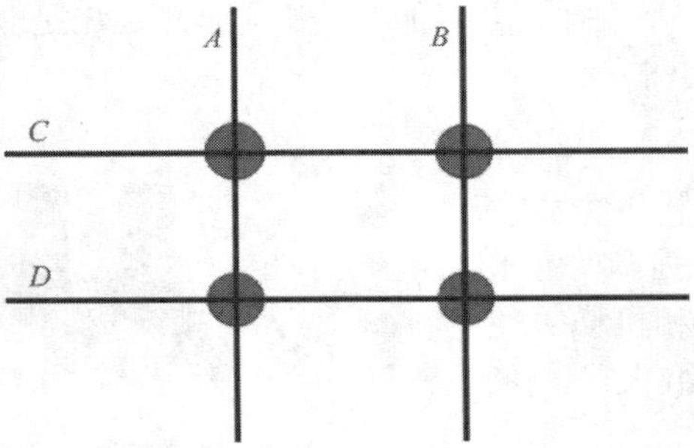

图3-11 “井”字构图

图3-12 黄金分割法构图

5. 对称式构图

对称式构图是指画面中的景物相对于某个点、某条直线或某个平面而言，在大小、形状和排列上具有一一对应的关系。对称式构图在视觉上呈现出一种平衡的画面。它具有均匀、整齐、稳定、相呼应的特点，但表现呆板、缺少变化。为了防止出现这种呆板的表现形式，可以在对称中构建一点不对称。对称式构图如图3-13所示。

6. 曲线构图

曲线构图是将被拍摄商品沿曲线排列的构图方式。曲线既可以是规则的，也可以是不规则的，如对角式曲线、S式曲线、横式曲线和竖式曲线等。曲线构图如图3-14所示。

图3-13　对称式构图

图3-14　曲线构图

任务三　PC端店铺装修

PC端店铺各页面都是由页头、主体、页尾构成的，而且页头和页尾一般都是统一的。各页面的装修都是在布局的基础上，添加各模块，然后再对模块进行编辑。

一、PC端店铺装修基础

装修过店铺的卖家都知道，店铺的首页醒目且关键，其装修的好坏能在一定的程度上影响到买家是否采取购买行动。首页是一个店铺的门面，也是决定店铺整体装修风格的重要一环。本节以首页为例，介绍页面的风格和布局设计及主要模块区的装修。

1. 首页的风格设计

淘宝智能版提供了丰富的网店风格，在页面装修界面左侧“配色”菜单中可以看到有5种风格，涵盖了多种色调，有基础版天蓝、草绿色、粉红色、黑白色、鹅黄色，PC端店铺页面配色方案如图3-15所示。风格对于网店装修至关重要，合适的风格会极大地影响买家的购买行为。

图3-15　PC端店铺页面配色方案

当为网店选择了系统默认的配色方案后，会在导航、各模块标题上应用该配色。风格的设置和使用非常简单，但是能恰当地使用好风格需要有一定的色彩知识。风格的设置要注意以下几点。

（1）色调要统一，不能相差甚大。

（2）页面上大块的颜色最好不要超过3种，作为主色调的大面积色彩要统一，其他颜色只是辅助和衬托。

（3）色调要与自己的经营内容相符合，每种色彩都有其情感特点，不同的色彩适合不同类型的网店。

2. 首页的布局设计

网店美工在进行网店页面装修时，首先要对网店的整体页面进行布局。页面布局既要有条理，要有层次感。在页面的布局上应尽可能采取简单、层次分明的结构，以便于买家浏览商品。

首页的布局从上到下分为页头、主体和页尾3个部分。页头由网店招牌和导航构成，位置在页面的最上方；主体主要由图片轮播、客服中心、商品分类、促销活动区、商品展示区等模块构成，其布局可以灵活调整；页尾由自定义内容模块实现，一般用于分类导航及售后服务等，位于页面底部。图3-16所示为PC端店铺首页布局结构。

图3-16　PC端店铺首页布局结构

专家指导

页面的整体布局设计好之后，就可以将功能模块直接拖入相应的布局区域并进行编辑操作。利用系统默认装修模块制作网店首页，应用起来相对简单，但是效果比较单一、呆板，在具体操作中可尝试利用自定义内容区的模块，通过代码加图片的方式能取得更好的效果。

二、店铺首页装修模块

首页是由多个模块搭建而成的，想要布局一个优秀的店铺首页，就需要对店铺的每个模块都有非常清晰的了解，并且知道它们的重点和注意点，以及每个模块的使用技巧。图3-17所示为系统自带的各种模块。

图3-17　系统自带的各种模块

1．店铺招牌

淘宝店铺的店铺招牌（以下简称“店招”）形同实体店的店铺招牌。买家一看到店铺的招牌，就知道这家店铺是卖什么商品的，设计得漂亮的店招还能够吸引买家进去看一看，并可能决定在店铺里买一些需要的东西。店招传递的信息要非常明确，淘宝店铺内的店招也起到同样的作用。店招一般位于页面的上方，买家通过搜索进入详情页，首先看到的也是店招，店招如图3-18所示。

图3-18　店招

2．店铺导航

导航可分为淘宝系统自带的导航和自定义导航，其主要功能是帮助买家快速找到相应的商品。店铺导航就是店铺附带的商品及店铺信息，这些信息包括品牌故事、所有商品、热销商品、活动等。导航的设置应根据自身实际情况而定，内容不是越多越好，而是应结合自己店铺的运营，选取对店铺经营有帮助、竞争相对有优势的内容及自己独有的店铺内容。图3-19所示为店铺页头的导航效果。

图3-19　店铺页头的导航效果

3．图片轮播

淘宝店铺首页第一屏是点击率最高的区域，因为买家来到店铺第一眼看到的就是这个区域，如果这个区域设计得不够出色，那么买家就会迅速地下拉页面。现在很多店铺的首页第一屏都设置为图片轮播，图片轮播承担着传递店铺的品牌视觉风格及店铺的活动信息等重要责任。需要注意的是，要保证这个区域在不同的屏幕分辨率下都能够清晰地展现出来。图3-20所示为图片轮播。

图3-20　图片轮播

4．商品分类

店铺内的商品大多是有分类的，这样可以方便买家根据自己的需求快速找到想要的商品。最简单的分类方式就是在淘宝店铺后台“分类管理”中简单录入分类名称，这样店铺首页就可以通过文字的形式把店铺中的分类展示出来。图3-21所示为淘宝店铺后台宝贝分类管理。

图3-21 店铺后台宝贝分类管理

5. 商品展示

在店铺首页上可以通过各种方式展示商品，其中最简单的方式就是使用淘宝自身的商品展示系统。但是这样的展示方式既不直观也不美观，更无法突出重点。店铺里的某些商品受品质高、包装精美、利润空间大等因素的影响被卖家定位为店里的主推商品，其展示形式可以是几张大幅的海报，也可以是一组包含各式各样结构的展示架构。图3-22所示为淘宝自身的商品展示系统。

图3-22 淘宝自身的商品展示系统

6. 商品搜索模块

商品搜索模块是系统自带的针对店铺内商品进行搜索的模块，卖家只需在装修时添加该模块即可。根据添加的位置不同，它呈现的外观也略有不同，宝贝搜索模块如图3-23所示。

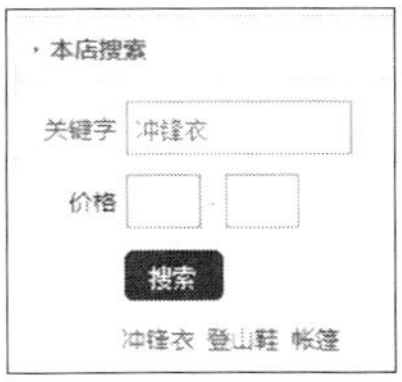

图3-23 宝贝搜索模块

7. 页尾模块

页尾模块是一个非常重要但容易被忽略的模块。店内的所有页面呈现的页尾模块都相同，它的主要作用是引导买家浏览其他宝贝，降低页面跳失率，提升店铺收藏量。页尾相对来说内容比较少，而且系统默认只能放置一个自定义的模块。同时，页尾在设计上也要注意与整体风格统一。通常，页尾会放置联系方式、售后服务等内容，增加买家对店铺的信任感。图3-24所示为店铺的页尾模块。

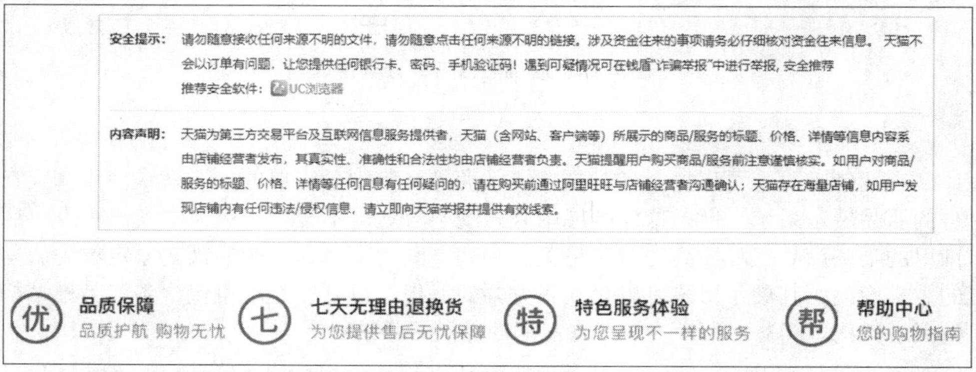
安全提示：
请勿随意接收任何来源不明的文件，请勿随意点击任何来源不明的链接。涉及资金往来的事项请务必仔细核对资金往来信息。天猫不会以订单有问题，让您提供任何银行卡、密码、手机验证码！遇到可疑情况可在钱盾"诈骗举报"中进行举报，安全推荐
推荐安全软件：UC浏览器
内容声明：
天猫为第三方交易平台及互联网信息服务提供者，天猫（含网站、客户端等）所展示的商品/服务的标题、价格、详情等信息内容系由店铺经营者发布，其真实性、准确性和合法性均由店铺经营者负责。天猫提醒用户购买商品/服务前注意谨慎核实。如用户对商品/服务的标题、价格、详情等任何信息有任何疑问的，请在购买前通过阿里旺旺与店铺经营者沟通确认；天猫存在海量店铺，如用户发现店铺内有任何违法/侵权信息，请立即向天猫举报并提供有效线索。
优
品质保障
品质护航 购物无忧
七
七天无理由退换货
为您提供售后无忧保障
特
特色服务体验
为您呈现不一样的服务
帮
帮助中心
您的购物指南

图3-24 店铺的页尾模块

任务四 无线端店铺装修

随着移动互联网的发展，淘宝网的业务逐渐向无线端倾斜，手机端作为无线端的主要载体，其网店浏览量与成交量已经远远超过PC端，可以说，手机端已经成为商家竞争的主要阵地。因此，手机端店铺的装修比PC端店铺的装修更为重要。

> **课堂讨论**
>
> 你觉得淘宝PC端与无线端店铺装修有什么区别？

一、无线端店铺装修的特点

无线端页面与PC端页面的装修界面基本相同，从左侧模块列表中拖曳相应模块到预览图中，然后在右侧编辑器中进行编辑即可，无线端页面装修如图3-25所示。

PC端页面装修中的许多模块能够通过自定义代码进行编辑，但是无线端页面装修只能在图3-25中右侧的编辑器中进行。

在PC端，买家的浏览习惯一般是商品→关联→商品。买家先通过商品搜索，进入店铺的商品详情页，然后通过详情页的关联，再进入其他商品详情页。

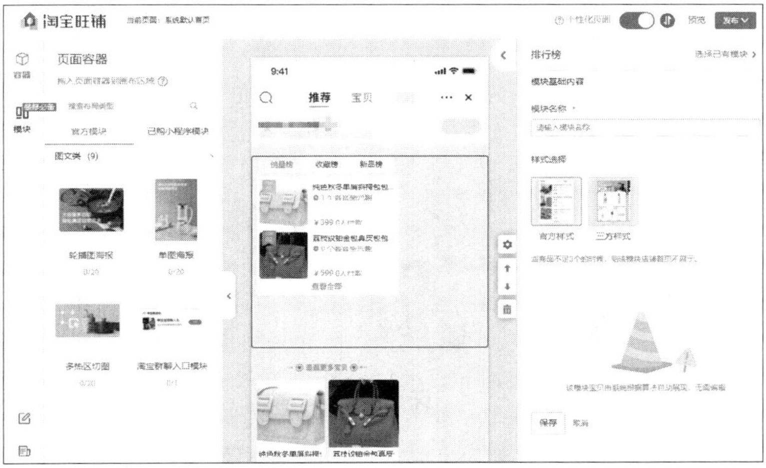

图3-25　无线端页面装修

在无线端，买家的浏览习惯多是商品→首页→商品。买家先通过商品搜索进入店铺的商品详情页，然后回到首页，再进入其他商品详情页。因此，无线端的店铺首页应该更加侧重于商品的导购，充分利用好首页空间，尽量设计多个入口，或者以主推商品、销量或收藏排序摆放商品，以方便买家用最短的时间找到最想要的商品。

二、无线端店铺首页的装修

无线端店铺首页的装修

合理的店铺首页对店铺的发展起着重要的推动作用。无线端店铺首页装修的具体操作步骤如下。

（1）打开淘宝网，单击“千牛卖家中心”，进入卖家中心，如图3-26所示。

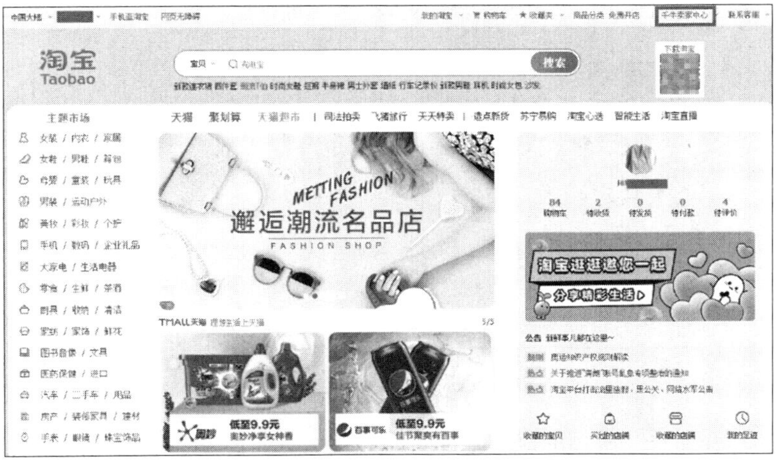

图3-26　单击“千牛卖家中心”

（2）单击左侧导航栏中“店铺管理”下面的“手机淘宝店铺”，如图3-27所示。

（3）单击“无线店铺”下的“立即装修”，如图3-28所示。

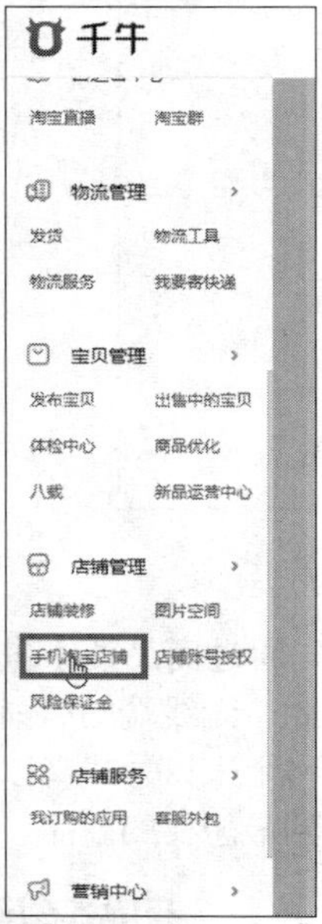

图3-27 单击“手机淘宝店铺”

图3-28 单击“立即装修”

（4）进入无线运营中心页面，打开手淘首页，单击“默认首页”后的“装修页面”，如图3-29所示。

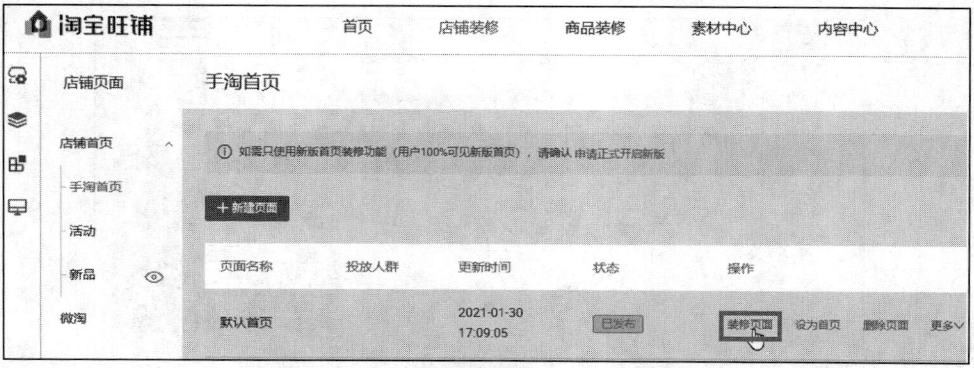

图3-29 单击“装修页面”

（5）打开图3-30所示的淘宝旺铺页面容器。

图3-30　淘宝旺铺页面容器

（6）在左侧页面中选择想要添加的模块，将其拖曳到中间的编辑区，这里拖曳的是“图文类”类目中的“轮播图海报”，在右侧的“轮播图海报”模块中可以设置相关信息，如图3-31所示。这样就完成了手机端淘宝首页的装修。

图3-31　设置“轮播图海报”

三、无线端店铺商品详情页的装修

无线端淘宝店铺商品详情页设计得好，不仅可以激发买家的购买欲望，而且还能增加买家对店铺的信任度，有效提高店铺转化率。一般来说，商品详情页和主图、标题要相契合，并且要对商品属性做出真实的说明。

无线端淘宝店铺商品详情页设计的具体操作步骤如下。

（1）在“无线店铺”下单击“立即装修”，如图3-32所示。

图3-32　单击“立即装修”

（2）打开店铺装修页面，单击顶部的“商品装修”，如图3-33所示。

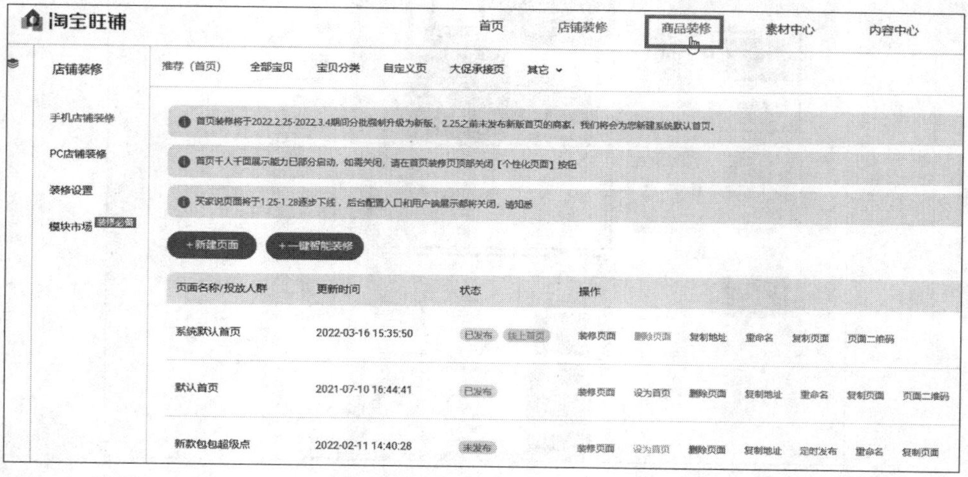

图3-33　单击顶部的“商品装修”

（3）打开“详情装修”页面，单击“商品主图”下面的“编辑”按钮，如图3-34所示。

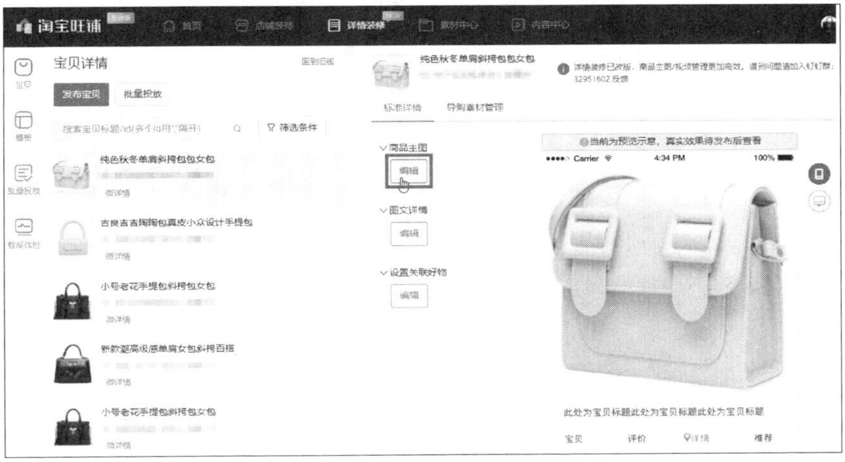

图3-34 单击“商品主图”下面的“编辑”按钮

（4）打开图3-35所示的商品详情主图装修页面，选择“展示尺寸”，上传主图并预览，上传主视频，单击底部的“确认提交”按钮即可。

图3-35 商品详情主图装修页面

（5）单击“图文详情”下面的“编辑”按钮，如图3-36所示。

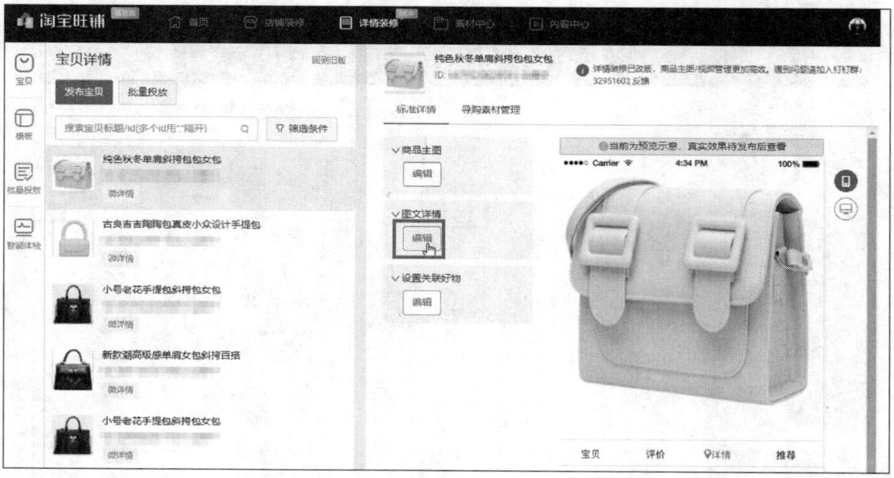

图3-36　单击“图文详情”下面的“编辑”按钮

（6）打开图3-37所示的页面，在“基础模块”“营销模块”“行业模块”和“自定义模块”中添加相应的内容，单击右上角的“保存”或“发布”按钮即可保存或发布当前页面。

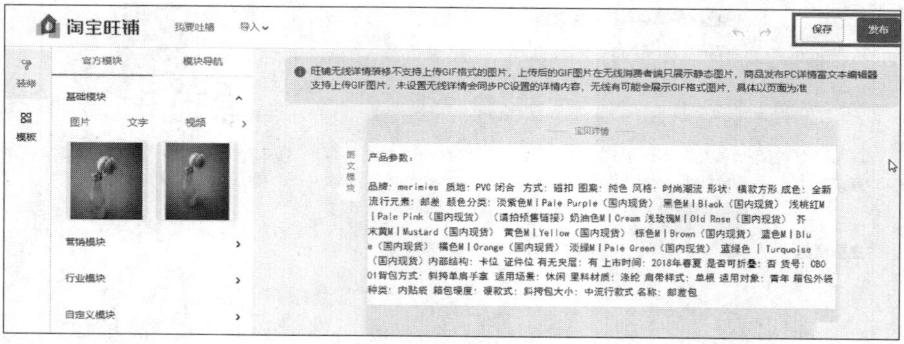

图3-37　在各模块中添加相应的内容

专家指导

PC端店铺商品详情页的设计思路更多的是希望把产品的各个方面展示出来，介绍得越详细、越清晰越好。所以，详情页普遍都比较长，且内容较全面。由于无线端的页面屏数受限，店铺商品详情页展示应更加精简，可挑选商品的最大卖点及商品属性（尺码和材质）、模特图、细节图等必要元素进行展示，细节文案也应尽量压缩。

知识拓展

网络购物已经成为当前的一大趋势，在网络购物过程中，人们有更多的选择机会，选择过程中不仅重视产品的质量，还重视网店的整体装修风格。网店装修设计效果往往影响着人们的购买决策。中国元素长期以来受到人们的欢迎，用于网店的装修设计中能够增加视觉冲击力，给买家更多的想象空间，也有利于激发买家的购买欲望。

中国拥有几千年的文化背景，中国制造的产品应有代表中国文化底蕴的中国风，而中国元素又是中国风中一个不可磨灭的重要符号。中国是一个具有悠久历史和灿烂文化的文明古国，为世界创造了举世公认的辉煌艺术成就。我们自己的风格就是一种文化，中国风向我们表达的是集中国元素、理念创新、中国文化于一身的设计风格。在网店装修设计中要体现中国元素的内涵，要充分运用从历史中提炼出来的文化精髓和核心内容，最后制订出一个系统的整体方案，将中国元素合情合理地融入其中，体现设计的整体感。

当中国特色与设计融合在一起时，这些中国元素的应用，也引起了国外设计师的强烈关注，促使中国元素被充分地运用于各个艺术领域。

知识巩固与技能训练

一、填空题

1. ____________主要用来展示商品的具体信息，让买家对商品的基本属性、销售情况及评价信息有充分的了解。

2. ____________是将被拍摄商品沿曲线排列的构图方式。

3. ____________是将被拍摄商品竖立放置的构图方式，竖立放置的商品往往显得高大、挺拔。

4. ____________承担着传递店铺的品牌视觉风格及店铺的活动信息等重要责任。

5. ____________是一个店铺的门面，也是决定店铺整体装修风格的重要一环。

二、选择题

1. 网店装修的主要工作内容不包括（　　）。

A. 降低商品成本　　B. 网店页面装修设计

C. 图片处理　　D. 促销海报设计

2. （　　）通过活动海报营造促销氛围，介绍活动内容及商品，引导买家参与活动。

A. 首页　　B. 商品详情页

C. 活动页　　D. 商品类目页

3. 下列说法中错误的是（　　）。

A. 可以根据需要对商品图片进行美化

B. 拍摄商品图片时可以使用背景布或背景纸

C. 应为商品创建最佳拍摄环境

D. 商品图片添加广告文案越多越好

4. （　　）是指画面中的景物相对于某个点、某条直线或某个平面而言，在大小、形状和排列上具有一一对应的关系。

A. 竖式构图　　B. 对称式构图

C. 中心式构图　　D. 横式构图

5. （　　）的主要功能是帮助买家快速找到相应的商品。

A. 店铺导航　　B. 店招

C. 商品展示　　D. 图片轮播

三、思考题

1. 网店装修的主要工作内容有哪些？
2. 商品拍摄时为什么要布置场景？
3. 商品常见的构图方法有哪些？
4. PC端店铺首页有哪些常见的布局模块？
5. 手机端店铺装修的特点是什么？

四、技能训练

随着手机端淘宝店铺装修模板的全面上线，淘宝网为卖家提供了更多个性化的手机店铺装修模板，在帮助卖家提高网店销量的同时，也改善了买家的浏览体验。当卖家购买了模板后，可使用该模板。购买手机端装修模板的具体操作步骤如下。

（1）进入手机淘宝首页，单击顶部的“商品装修”，如图3-38所示。

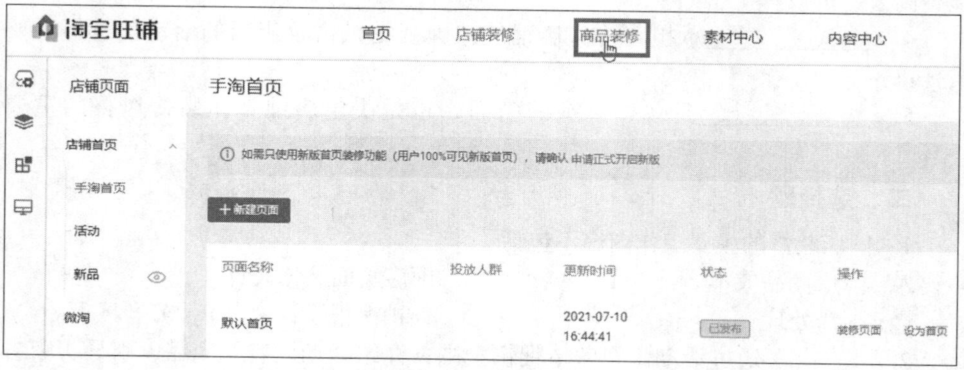

图3-38　手淘首页

（2）打开图3-39所示的页面，单击左侧的“模板”。

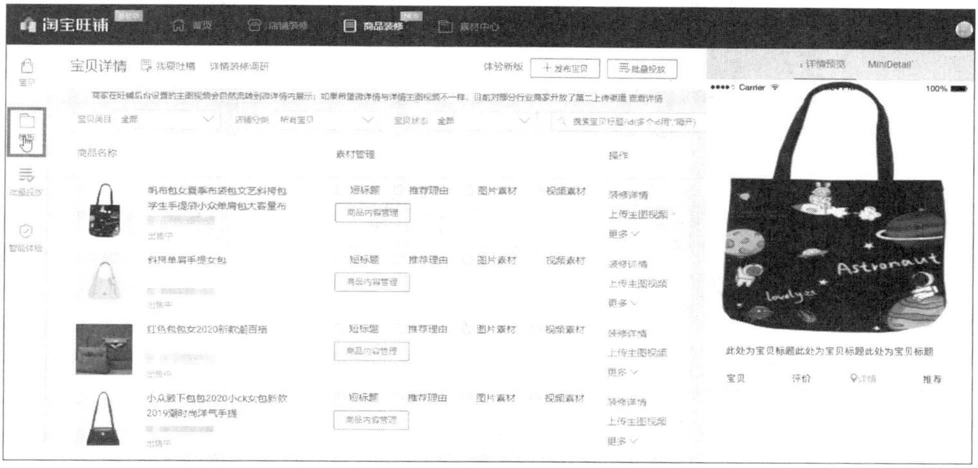

图3-39　单击“模板”

（3）打开模板，默认为官方模板，选择相应的装修模板，将鼠标指针放置在模板上，单击“预览”按钮，如图3-40所示。

图3-40　单击“预览”按钮

（4）预览模板，如图3-41所示。

（5）返回官方模板页面，将鼠标指针放置在想要添加的模板上，单击“使用”按钮，如图3-42所示。

图3-41　预览模板

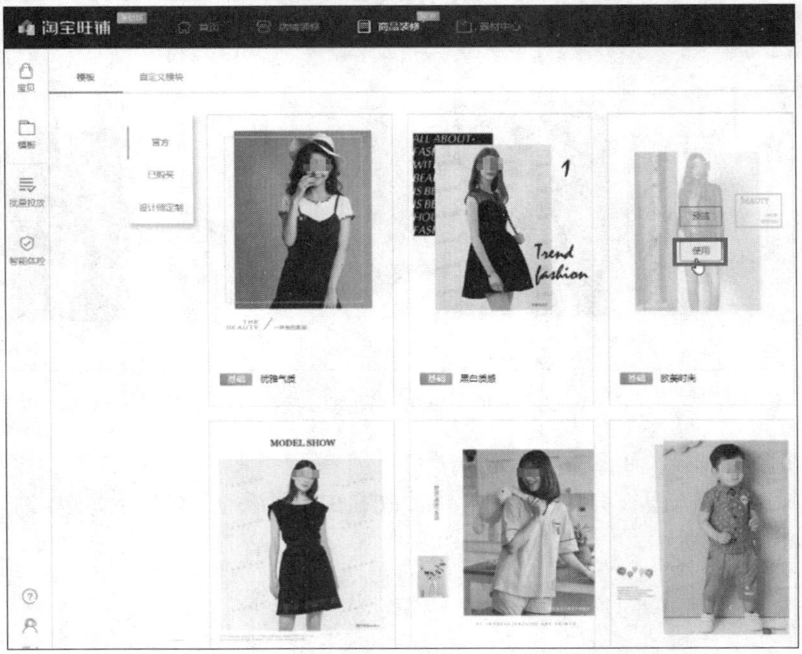

图3-42　单击“使用”按钮

（6）弹出“商品”对话框，选择相应的商品，单击“确定”按钮即可，如图3-43所示。

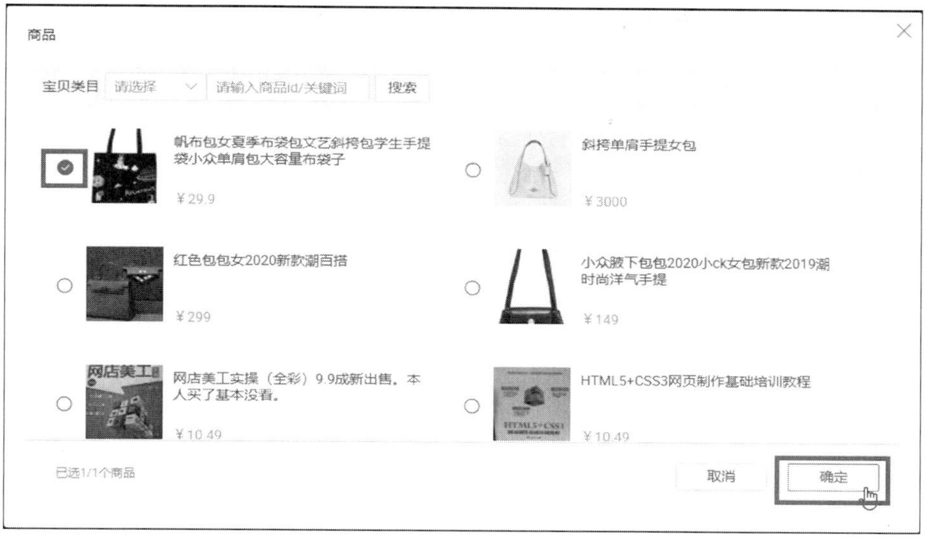

图3-43　“商品”对话框

任务实训——装修淘宝店铺

实训目标

熟悉网店装修的基本流程，掌握网店首页和商品详情页的装修方法，通过任务实训将所学知识应用到实际中。

实训要求

1. 装修之前应该先确立店铺整体风格和颜色色系。
2. 对PC端网店首页进行装修，添加基础模块，如店铺招牌、导航、图片轮播、营销活动、商品分类和商品推荐等。
3. 装修默认商品详情页，添加自定义内容区用于展示店内商品的相同信息。
4. 对无线端网店首页进行装修，添加店铺招牌模块、海报模块、促销活动模块、商品分类链接和商品分类展示模块等。

实训练习

假如你需要在淘宝上开设一个女包店铺，要进行网店的PC端首页、商品详情页及无线端首页的装修工作。

实训分析

店铺首页装修的设计思路是以方便客户购物为目标，提升客户的购物体验，所以，在装修店铺首页时要重点注意图片轮播海报模块、商品分类导航模块和商品陈列展示模块。

优质位置一般用来展示图片轮播海报。首页第一屏是图片轮播海报图，海报图比较有冲击力，是店铺最优质的展示位置，应该将店铺中最有特点的商品、最有特色的服务展示给客户。

在设置店铺导航分类时，应尽量使用最直接、简单的方法，切记不要把产品分出很多类型，使分类模糊、杂乱。

商品的陈列应醒目突出，以便迅速地引起客户的关注。应把活动商品摆放在醒目突出的位置，把款式新颖的商品摆放在最能吸引消费者视线的位置。

项目四

网店推广

网店推广是指通过各种宣传方式让更多买家知道你的店铺，并产生购买欲望。通过对本项目的学习，读者可以掌握网店搜索引擎优化、网店站内付费推广工作及其他推广方式。

【学习目标】

知识目标	☑ 熟悉网店搜索引擎优化的定义 ☑ 熟悉网店搜索引擎优化的基本内容 ☑ 掌握淘宝店铺的基本设置 ☑ 掌握网店的商品交易管理
技能目标	☑ 掌握淘宝网店搜索引擎优化实战 ☑ 掌握直通车推广的开通和技巧 ☑ 掌握淘宝客推广的使用
基本素养	☑ 掌握不同的网店推广方式 ☑ 具备选择淘宝客的能力

【任务导入】

淘宝客也能赚钱

淘宝客大多为“80后”“90后”，主要是通过互联网帮助淘宝卖家推广商品，并按照成交效果获得佣金。目前，从事这个行业的人以兼职居多，收入主要靠佣金。

淘宝客的佣金并不固定，一般由卖家和淘宝客商定，从1%到50%都有；淘宝客和线下的销售人员一样，有总代销即大站长和分销商等，一般总代销能拿到50%的佣金。目前，很多做到大站长的专职淘宝客年收入达20万～30万元，个别优秀者甚至达百万元以上。

张某某从单位辞职后，就在家做淘宝客。她说，淘宝客就是帮卖家在网上推销产品，做广告，如一个服装店要卖裙子，淘宝客就注册一个代码，放在要推销的广告图下方，并将其发布到网上。只要有人查看并购买了该裙子，卖家就会把佣金直接打到淘宝客的支付宝账户上。淘宝客不像线下销售人员那样需要花费大量的时间、精力去寻找买家，而且收入也不错，大多数人的收入都可以每月过万。

事实上在淘宝客推广期内，有的卖家是在亏钱销售的但也会给淘宝客高佣金，因为随着淘宝上竞争得越加激烈，在各种推广方式中淘宝客推广应该是最直接的推广方式了。

思考：

1. 淘宝客怎样通过销售产品获取佣金？
2. 为什么有些卖家亏钱销售也要给淘宝客高佣金？

任务一 网店搜索引擎优化

网店搜索引擎优化就是通过对商品进行合理的优化，使自己的商品在网店搜索引擎中获得较好的排名，从而免费给自己的商品带来流量的一种技术。网店搜索引擎优化几乎是每个网店卖家必备的工作，是一种非常省心的推广方式。

网店搜索引擎优化

一、网店搜索引擎优化的定义

网店搜索引擎优化即通过对网店各方面进行优化设置，达到网店商品关键词排名靠前、商品曝光率和点击率增加的目的，同时提升进店买家的购物体验，进而提高店铺转化率，增加店铺销量。传统的网店搜索引擎优化是通过优化网店商品标题、类目、商品详情页等来获取较好的排名，从而获取网店搜索流量的一种新型技术。

要想提高淘宝店铺的销量，就要熟悉网店搜索引擎的工作原理。图4-1所示为网店搜索引擎的工作原理示意图。

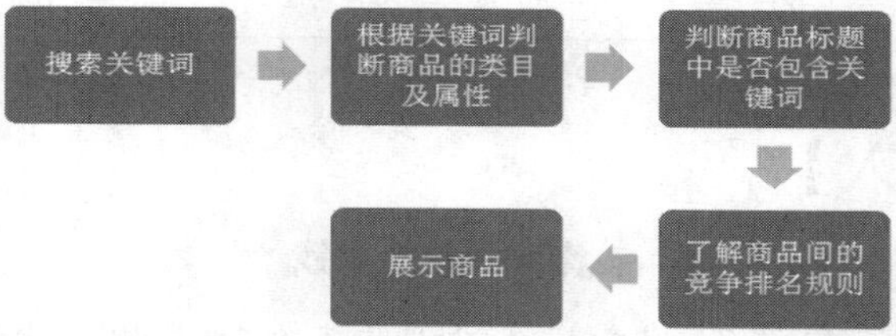

图4-1 网店搜索引擎的工作原理示意图

买家在网店购物时输入搜索关键词，网店搜索引擎抓取的是商品信息，根据关键词判断商品类目及属性。商品信息被抓取回来以后，搜索引擎会判断商品标题中是否含有关键词，通过商品间的竞争排名规则，同时建立调用的索引，并认为它可能是买家需要的商品，将其提取出来进行推荐。

二、网店搜索引擎优化的基本内容

网店搜索引擎优化包括以下基本内容：商品标题优化、商品主图优化、商品详情页优化，如图4-2所示。

图4-2　网店搜索引擎优化的基本内容

1. 商品标题的优化

在淘宝开店，要想让商品被买家搜索到，重点应该是优化商品标题。在影响淘宝站内搜索结果排名的诸多要素中，商品标题描述最为重要。卖家应将商品的优势、特色、卖点融入商品标题。

商品标题的优化原则是尽量符合用户的搜索习惯，最好是把用户可能会搜索的各种词综合起来写。

一个完整的商品标题应该包括以下3个部分。

第1部分是商品名称，这部分要让买家一看就能够明白这是什么东西。

第2部分是由一些感官词组成的，感官词在很大程度上可以增加买家打开商品链接的兴趣。

第3部分是由优化词组成的，可以使用与商品相关的优化词来增加商品被搜索到的概率。

例如，“热销万件2021新款男士短款鸭绒外套正品羽绒服”，这个商品标题会让买家产生对商品的信赖感。“鸭绒外套”“男士”“羽绒服”这3个词是优化词，能够让潜在买家更容易找到商品。

在商品标题中，感官词和优化词是增加搜索量和点击量的重要组成部分，但也不是非要不可，而商品名称是必须要有的。

专家指导

一般商品标题主要有下面几种组合方式：

品牌、型号+商品名称；

促销、特性、形容词+商品名称；

地域特点+品牌+商品名称；

网店名称+品牌、型号+商品名称；

品牌、型号+促销、特性、形容词+商品名称；

网店名称+地域特点+商品名称；

品牌+促销、特性、形容词+商品名称；

信用级别、好评率+网店名称+促销、特性、形容词+商品名称。

这些组合不管如何变化，商品名称这一项一定是其中的一个组成部分。因为买家在搜索时首先会使用到的就是商品名称关键词，在这个基础上再增加其他的关键词，可以使商品在搜索时得到更多的入选机会。我们应通过分析市场、商品竞争激烈程度和目标消费群体的搜索习惯来找到最合适的组合方式，最终确定商品标题。

2. 商品主图的优化

主图是商品的展示图，买家搜索商品时首先看到的就是商品主图。商品主图的优化对于提高商品的点击率很重要，因为展现在买家眼前的并不是一件商品，而是几十件商品。如果要使自己的商品在这几十件商品中脱颖而出，让买家去点击，就需要进行主图优化。

设计出一张具有视觉冲击力和个性的商品主图，不但能让自己的商品在众多竞争者中脱颖而出，而且能为网店赢得更多的流量和点击率。因此，商品主图的优化是卖家的必修课。

怎样优化商品主图呢？具体方法如下。

（1）突出重点。很多卖家在设计商品主图时，没有做到突出商品重点，在体现商品效果时，分不清主次，容易造成买家视觉混乱。应将商品重点即商品的卖点（如折扣、包邮等）一目了然地展现出来。

（2）保证商品图片的清晰度。想要商品图片吸引人，提高买家的购买欲望，就要保证商品图片的清晰度。清晰的商品图片，不仅能体现出商品的细节和各种相关信息，还极大地提高了商品的视觉冲击力。反之，模糊的商品图片会降低买家的体验感和购买欲望，甚至有些买家还会觉得是盗图，从而对商品失去信心。

（3）注意美观度。商品图片的设计还要注意美观度。很多卖家为了突出自己商品的优势和特点，都会选择在商品图片上加上一些关键词，如“真材实料”“正品甩卖”等。当然，卖家在添加这些关键词的时候，一定要选择最重要的关键词，不要把所有的关键词都加在商品图片上，避免造成商品图片混乱、缺乏美感、本末倒置。

（4）注重实际效果。商品图片做好之后一定要进行对比测试，不要主观地认为自己做出来的商品图片一定就好，要通过流量变化、通过数据来判断。没达到优化预期效果、不合格的商品图片要果断删除，然后继续优化。

3. 商品详情页的优化

商品详情页优化的好坏直接影响着店铺转化率的高低。商品详情页除了能告知买家该商品的基本情况外，还能通过一些细节展示和文字描述来打消买家的购买疑虑、售后顾虑，从而促成交易。

一个好的商品详情页，不仅可以降低页面跳失率、提高店铺转化率，还可以让营销成本下降。商品详情页就像是商品的销售员，策划商品详情页就是告诉买家为什么要买这件商品。

一个好的商品详情页应具备以下特点。

（1）措辞精确且简洁有力。简洁有力并且精确的文案措辞有利于买家在浏览商品时准确地抓住重点。

（2）紧抓核心卖点，摒弃面面俱到。商品详情页应该抓住商品的核心卖点，通常面面俱到的商品描述文案容易分散买家的注意力，导致买家抓不住核心卖点。

（3）把握好详情页首屏。要遵循首屏聚焦原则，即在首屏就要引起买家的注意，要一针见血，直指买家的痛点和商品的优势，有效地减少店铺的客户流失率。

（4）做好细节图。很多新手卖家都不注重细节图的拍摄，甚至在页面上没有细节图，这样是很难获得买家的信任的。要想提高商品的成交率，除了商品自身的独特性、商品本身的性价比外，细节图也起到了一个很关键的作用。例如，服装类商品需要拍摄的细节部分有吊牌、拉链、线缝、内标、领口、袖口及衣边等，细节图越多，买家看得越清楚，对你的商品产生好感及购买的可能也就越大。图4-3所示为使用多幅图片详细展示商品的不同部分，在该商品展示图中，便使用了多幅图片详细地展示了商品的不同部位。

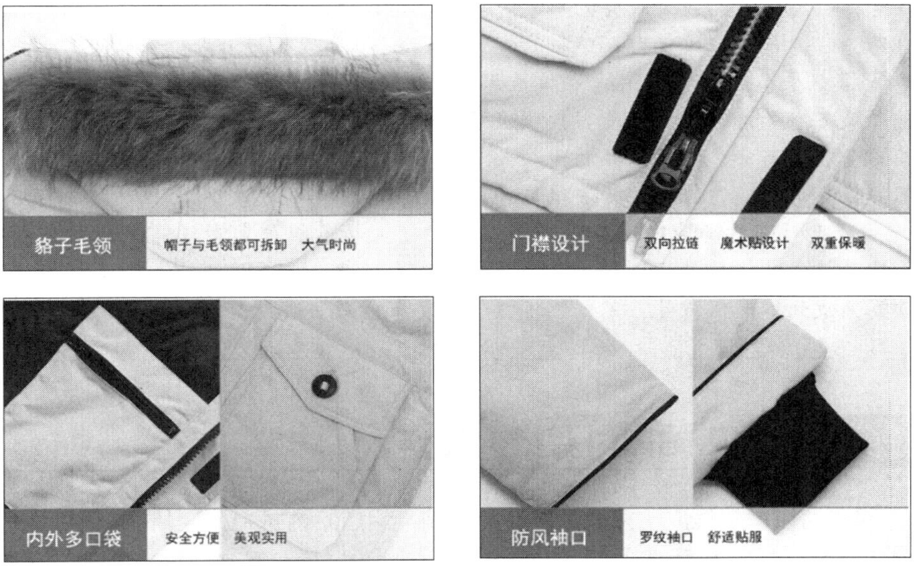

图4-3 使用多幅图片详细展示商品的不同部位

（5）附上商品权威证书。在商品详情页中附上商品权威证书，让买家感觉到店铺的专业。如果是功能性商品，需要展示能够证明自己技术实力的资料。提供能够证明不是虚假广告的文件或者如实展示商品的制作过程，都是提高网店可信度的方法。如果所售的商品在电视、报纸等新闻媒体上曾有报道，那么收集这些资料展示给买家也是一种很好的促销方法。

（6）写好售后服务内容。一般除了商品的详细情况外，买家还会关心商品的售后服务，如什么情况下可以退、换货及发生退、换货产生的邮费由谁承担等。不同地区及不同的物流方式会产生不同的邮费，对于邮费的说明，相信每一个买家都会很仔细地查看，这些详细的说明对商品的成功销售能起到积极的推动作用。

（7）抓住买家的痛点。卖家可以设身处地地从买家的角度来寻找痛点，思考买家必须买这款商品的理由，以买家的痛点带动店铺商品的卖点，加深买家的认同感，并提高买家的购买欲望。

知识拓展

深圳的姚先生经营淘宝店铺，一年下来才成交了一单生意，还被消费者举报，被工商部门罚款2万元。他为什么会被消费者举报呢？

在商品详情页优化方面，姚先生没有从商品真实信息出发，而是采用了夸张、虚假的宣传方式。他的商品宣传语是“最好的体验、最好的服务、最好的质量……”开头都是“最好”两个字。为何消费者要因宣传语而投诉姚先生呢？因为这则宣传语违反了《中华人民共和国消费者权益保护法》相关条例。

《中华人民共和国消费者权益保护法》第二十条第一款规定，经营者向消费者提供有关商品或者服务的质量、性能、用途、有效期限等信息，应当真实、全面，不得作虚假或者引人误解的宣传。

《中华人民共和国消费者权益保护法》第五十五条规定，经营者提供商品或者服务有欺诈行为的，应当按照消费者的要求增加赔偿其受到的损失，增加赔偿的金额为消费者购买商品的价款或者接受服务的费用的三倍；增加赔偿的金额不足五百元的，为五百元。法律另有规定的，依照其规定。

网店卖家要坚持守法经营、诚信经营，主动承担社会责任，以诚信企业、诚信品牌、诚信质量为目标，让消费者放心、满意；要严格遵守相关法律法规及政策，做到不降低质量、不制假售假、不发布虚假违法广告。

任务二 网店站内付费推广工作

网店站内付费推广也是非常重要的，淘宝网店站内付费推广的方式有很多，主要包括直通车、淘宝客等。

网店站内付费推广工作

一、站内付费推广概述

网店站内付费推广是网店流量的重要来源之一，尤其是当下网店竞争激烈，站内付费推广以其多样性和高效性广受商家推崇。

1. 站内付费推广的主要形式

按照当下广告扣费的形式划分，站内付费推广主要表现为点击计费推广（Cost Per Click，CPC）、千人成本推广（Cost Per Mile，CPM）、交易收费推广（Cost Per Sales，CPS）3种主要形式。淘宝直通车、多多搜索等是CPC推广的典型代表，淘宝智钻展位、京选展位等是CPM推广的典范，淘宝客、京挑客是业内具有代表性的CPS推广形式。当然，除此之外，还有淘宝超级推荐、拼多多场景等各式的付费推广。

2. 站内付费推广的特征

站内付费推广的特征如下。

（1）需要付费。一切引流活动都是以商家付费为前提的。

（2）具有高效性、针对性。免费搜索引擎优化工作引流是需要一定周期的，而付费推广一般只要开始推广，基本就可起到快速引流的效果。与站外推广相比较，由于站内付费推广都是以站内消费数据、站内展位为基础开展的，因此其针对性更强。

（3）具有多样性。目前，随着技术的不断推进，付费推广越来越灵活多样，不仅广告计费模式多种多样（可以按照展示、点击、成交付费），而且其展现位置、形式也越来越多样化，如有搜索关键词展现、人群展现、站内展现、站外展现等。

二、直通车推广

直通车是网店推广的得力助手，具有广告位极佳、针对性强和按效果付费等优势。直通车的核心作用是提高流量、吸引新买家，通过超高点击量提高网店的综合评分来增加自然搜索量。

1. 直通车推广的定义

直通车是一款付费推广工具，也是一种搜索竞价排名模式，可通过投放在淘宝（天猫）等站内及站外平台，来获得卖家需求的流量。在直通车推广给商品带来曝光量的同时，精准的搜索匹配也给商品带来了精准的潜在买家。

直通车推广用一个链接让买家进入网店，可以降低网店整体推广的成本，提高整个网店的关联营销效果。同时，直通车还给用户提供了淘宝首页热卖单品活动、各个频道的热卖单品活动及各类直通车用户专享活动。

淘宝直通车的推广原理如下。

（1）如果想推广某一个商品，首先要为该商品设置相应的关键词及标题。

（2）当买家在淘宝网通过输入关键词搜索商品或按照商品分类进行搜索时，界面中就会展现卖家推广的商品。

（3）如果买家通过关键词或商品分类搜索后，在直通车推广位点击卖家的商品，系统就会根据卖家设置的关键词或类目的出价来扣费。

2. 直通车的扣费原理

直通车推广能给网店带来巨大的流量，那么直通车的扣费原理是怎样的呢？

（1）当买家搜索卖家设置的关键词时，卖家的商品就会出现在直通车的展示位上，只有当买家点击商品时才收费，不点击商品则不收费。

（2）卖家为关键词设置的价格，是卖家愿意为该关键词带来一个点击量付出的最高价格，当商品被点击时，扣费将小于或者等于卖家的出价。

（3）直通车没有任何服务费，第一次开户需要预存一定金额，目前最低需要充值200元，这全部是广告费，当开始做广告后，买家点击产生的费用就从这里面扣除。

（4）直通车扣费公式是“实际扣费=下一名出价×下一名质量得分/卖家的质量得分+0.01元”。我们所看到的质量得分（1～10分），实际上是经过相对化比较并四舍五入后的结果。

（5）卖家关键词的排名有高低之分。同一个关键词，出价高的排在上面，依次类推，类似于百度的竞价推广。因此，新手需要学习关键词设置技巧及成本控制方法。

3. 为关键词合理定价

在直通车中，关键词可以说是重中之重。

下面介绍如何为关键词定价确保收益最大化以及根据该定价下的流量价值合理地调整价格。

（1）根据流量价值调整价格。首先介绍两个重要概念：转化率和流量价值。转化率是指在一个统计周期内，完成购买行为的成交量占总点击量的比率。

其计算公式为：转化率=成交量/点击量×100%。

流量价值就是每个流量产生的价值。

其计算公式为：流量价值=成交一笔的利润/成交一笔所需流量。

例如，一件商品的利润是20元，每带来一笔成交需要50次点击，那么利润转化率就是0.4，每次点击平均带来0.4元的利润，这0.4元就是该商品的流量价值。也就是说，如果这个商品设置的关键词价格小于0.4元，那么流量越多，利润就越大。

转化率随排名的上升而提高，但是排名之间转化率的提高幅度不同。转化率提高幅度就是流量价值的提高幅度。

（2）合理定价。流量价值决定了价格，商品的定价又在很大程度上决定了流量价值。下面介绍一种合理定价的方法，以达到收益最大化。

总收益=单笔利润×成交量。

大家都知道，在成本已知的情况下，商品定价越高，单笔利润越高，而每个定价又有相对应的成交量。所以，在定价范围内可以找到一个定价，使“总收益=（定价-成本）×成交量”这个值是最高的，也就是说，在这个定价上，卖家的收益是最高的。

例如，商品的成本是100元，该商品定价为120元、150元、180元时的平均成交量分别为240元、160元、80元，那么3种定价的总收益分别为20×240=4 800（元）、50×160=8 000（元）、80×80=6 400（元），所以该商品在定价为150元时，总收益是最大的。

4. 提高关键词的质量得分

淘宝直通车中有一个影响直通车费用的关键因素就是质量得分。质量得分是关键词的搜索匹配相关度的综合指数，当买家搜索关键词时，匹配相关度越高的商品质量得分越高，反之则越低。只要商品相关信息质量得分足够高，就可以用相对更少的推广费用把更优质的商品信息展现在更适当的展示位置上，使买卖双方获得双赢。

质量得分与商品类目、商品属性、推广标题、关键词出价、推广商品图片的清晰度和关键词竞争等因素密切相关，相关性越好，质量得分就越高。

（1）商品类目。将推广商品上传到正确的类目下，质量得分就高。

（2）商品属性。商品属性越全面、越准确，质量得分就越高。

（3）推广标题。如果推广标题中包含推广关键词，则该关键词的质量得分就高。

（4）关键词出价。关键词出价高低会间接影响质量得分的高低。

（5）推广商品图片的清晰度。推广商品图片的清晰度越高，突出性越好，质量得分就越高。

（6）关键词竞争。关键词竞争越小，质量得分就越高。

开通直通车推广

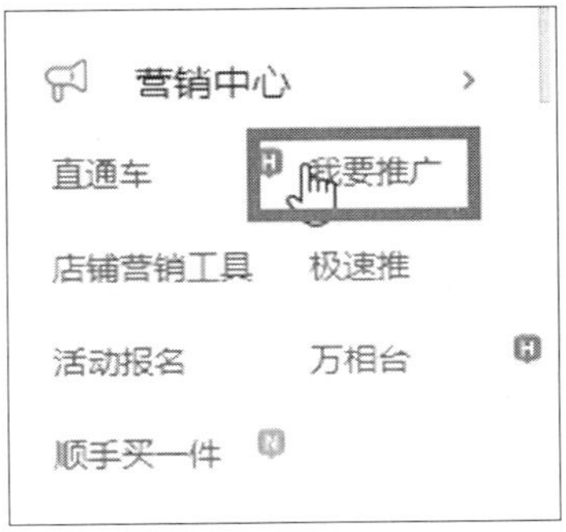

图4-4 单击“我要推广”

5. 开通直通车推广

直通车能给淘宝网店带来人气，一次点击可能会带来几次成交，那么，怎样开通直通车呢？开通直通车推广的具体操作步骤如下。

（1）登录淘宝后台，单击“营销中心”下面的“我要推广”，如图4-4所示。进入淘宝营销中心页面，单击“淘宝/天猫直通车”图标，如图4-5所示。

图4-5 单击“淘宝/天猫直通车”图标

（2）打开“阿里妈妈”页面，单击“立即开始体验”按钮，如图4-6所示。

图4-6　“阿里妈妈”页面

（3）进入淘宝直通车首页，单击“充值”按钮，如图4-7所示。

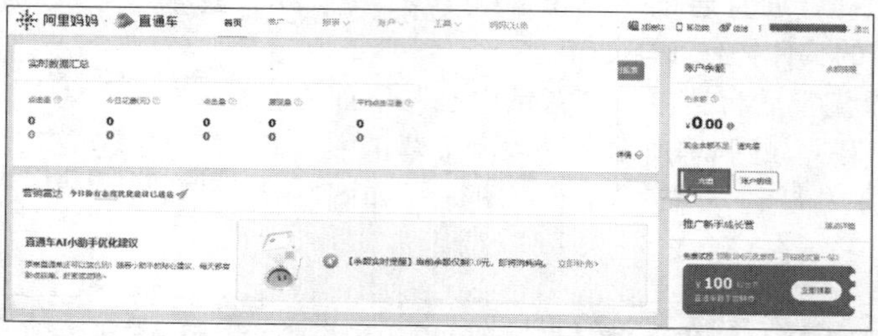

图4-7　单击“充值”按钮

（4）打开淘宝直通车充值页面，选择好“充值金额”和“充值方式”，单击“立即充值”按钮，如图4-8所示。缴费完成后即可开通直通车推广。

图4-8　单击“立即充值”按钮

三、淘宝客推广

与其他广告形式相比，淘宝客推广具有很高的投入产出比，不成交不付费，真正实现了少花钱、多办事。下面介绍淘宝客推广的具体方法。

> **课堂讨论**
>
> 1. 淘宝客推广有哪些技巧？
> 2. 淘宝客推广能赚钱吗？

1. 淘宝客推广的定义

淘宝客就是通过推广淘宝商品赚取佣金的人。淘宝客的工作平台是淘宝联盟。只要获取淘宝商品的推广链接，让买家通过淘宝客的推广链接进入淘宝店铺购买商品并确认付款，淘宝客就能赚取由卖家支付的佣金，不需要投入成本，不需要承担风险，最高佣金达商品成交额的50%。

在淘宝网推出的网络营销推广平台上，任何网民都可以帮助淘宝卖家销售商品，从中赚取佣金。该平台至少为国内提供了几十万个直接就业机会，淘宝客一跃成为规模很大的网络职业群体。很多人关注淘宝客，依托淘宝联盟平台，越来越多的个人加入淘宝客推广，一些淘宝客的收入也很可观。图4-9所示为淘宝客收入排行榜。

淘宝客收入榜　关键热词排名

	用户名	收入
1	ali**	8260465元
2	wan**	3209280元
3	xie**	3158770元
4	wyy**	3131887元
5	miz**	1974773元
6	wang**	1874247元
7	tao**	1726989元
8	yong**	1477594元
9	234**	1465234元
10	wug**	1267147元

图4-9　淘宝客收入排行榜

2. 淘宝客推广技巧

怎样才能做好淘宝客推广呢？淘宝客推广技巧如下。

（1）主推最好的商品。在商品的销售中，商家集中力量重点打造几款高人气的主推商品，利用其高人气的特性，带动店内其他商品的销售，即单品制胜。同理，在淘宝客中也存在同样的现象，商家通过几款拥有大量淘宝客关注的主推商品，同样可以带动店内其他商品销量的提高。

（2）商品图片要美观。淘宝客推广，大多数选择商品图片推广，如果商品图片模糊，推广效果肯定差。而且不美观的商品图片也会影响网站的整体质量。图4-10所示为美观的商品图片。

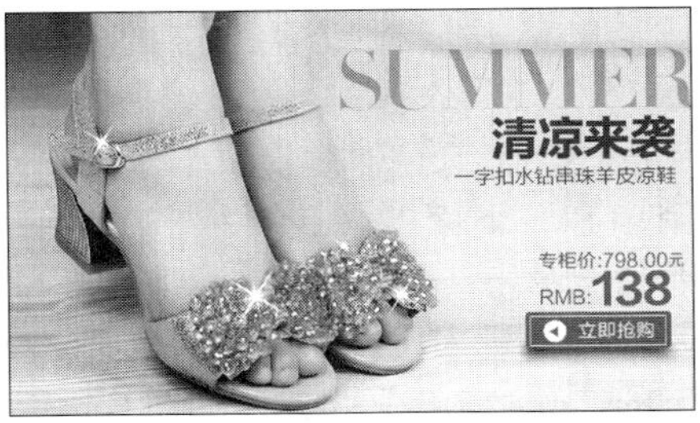

图4-10　美观的商品图片

（3）单价较低的商品。对于选择淘宝客推广的商品，要做好薄利多销的准备。众所周知，买家买东西，肯定要货比三家，价比三家。商家在选择主推商品的时候，应当选择一些单价较低的商品，有的低价位商品反而具有较高的利润率，可以为佣金比例的设定带来更大的灵活性。宝贝价格应设置在大众能普遍接受的范围内，这样才可以获得更高的关注度。

（4）佣金比例有竞争力。对于淘宝客来说，高佣金才是硬道理。相同的推广成本，佣金越高，收益自然越好，淘宝客在挑选商品时往往会较多地关注佣金比例，因此建议主推商品应当在低价的同时保持较高的佣金比例。图4-11所示为高佣金，佣金越高，推广人数越多。

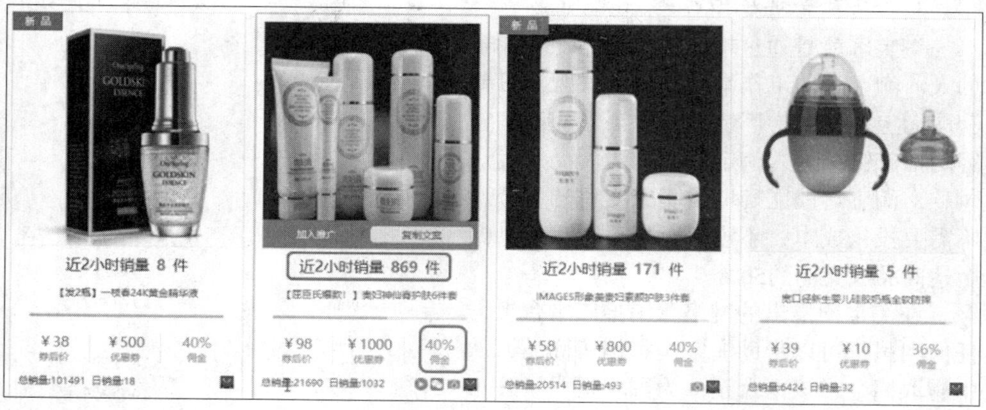

图4-11　高佣金

（5）销量和评价很高。淘宝客既是推广者，同时也是买家，当选择推广商品时，往往会站在买家的角度去审视。如果所选商品具有良好的历史成交记录及正面评价，可以增加其推广信心。

（6）经常更新主推商品。对于一些季节性很强的商品来说，淘宝客主推商品的更新速度只有跟得上店铺的更新速度，才能吸引新淘宝客和留住老淘宝客。

（7）额外奖励刺激。可以针对那些推广做得好的淘宝客制定一些额外的激励机制，让他们长期保持高昂的斗志，更加努力地为自己工作。例如，本月推广前三名，额外奖励1 000元，甚至在奖励之外还有奖励，这对于一些新手淘宝客是非常有吸引力的。

3. ***申请开通淘宝客推广***

申请开通淘宝客推广的具体操作步骤如下。

（1）登录“千牛卖家工作台”，单击“营销中心”下面的“我要推广”超链接，如图4-12所示。

（2）进入“我要推广”页面，单击淘宝客下的“开始拓展”按钮，如图4-13所示。

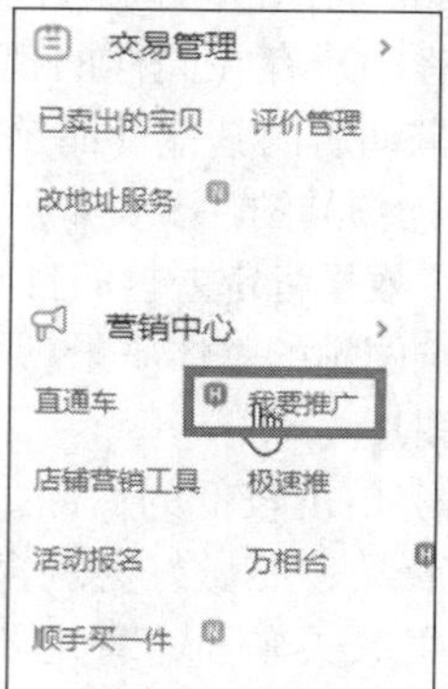

图4-12　单击“我要推广”超链接

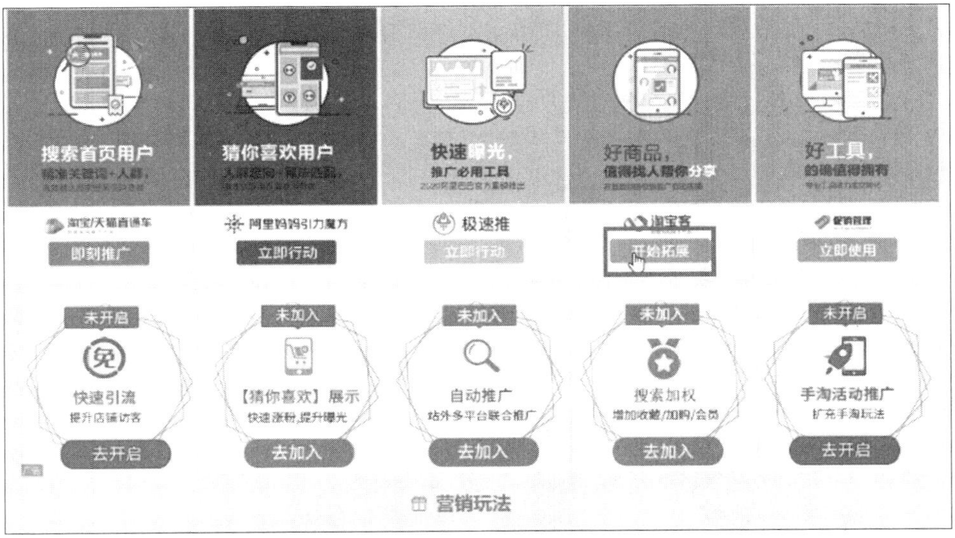

图4-13　单击“开始拓展”按钮

（3）进入“淘宝客”页面，单击“计划管理”下的“自选计划”，如图4-14所示。

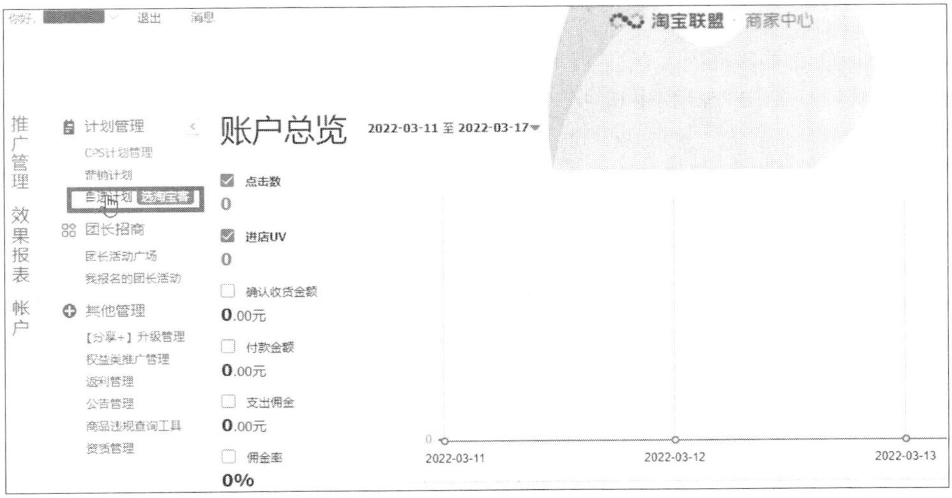

图4-14　单击“自选计划”

（4）在打开的“自选计划”页面，单击“添加主推商品”按钮，如图4-15所示。

图4-15 “自选计划”页面

（5）弹出图4-16所示的提示框，提示“建议您先添加联系人，再设置推广方案”，填写姓名、身份和手机号，勾选“我已阅读并同意”复选框，单击“下一步”按钮。

（6）弹出“钉钉授权绑定”对话框，如图4-17所示。单击“去看看”按钮。

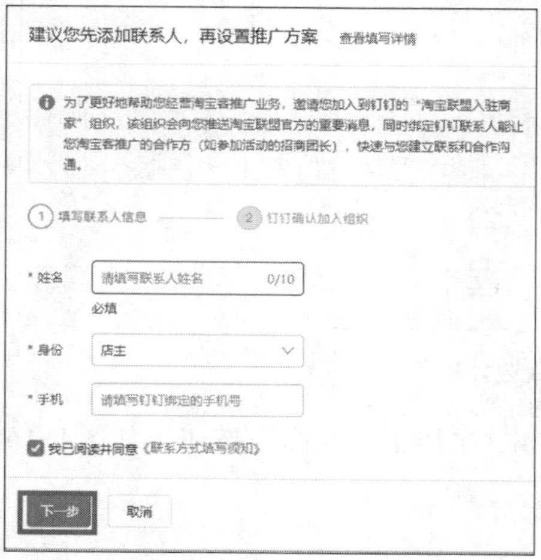

图4-16 信息提示框

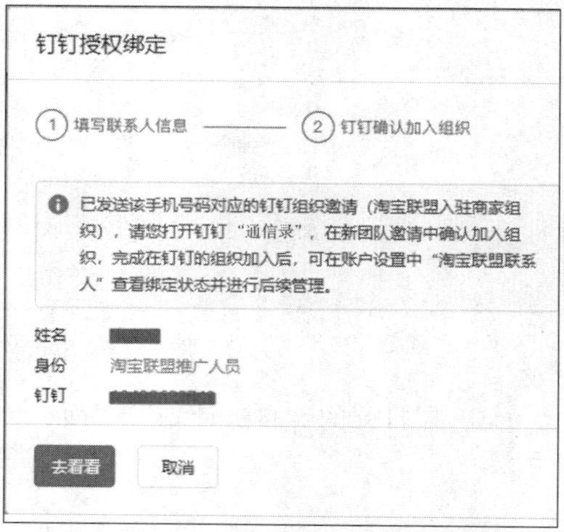

图4-17 “钉钉授权绑定”对话框

（7）弹出“添加主推商品”页面，如图4-18所示。

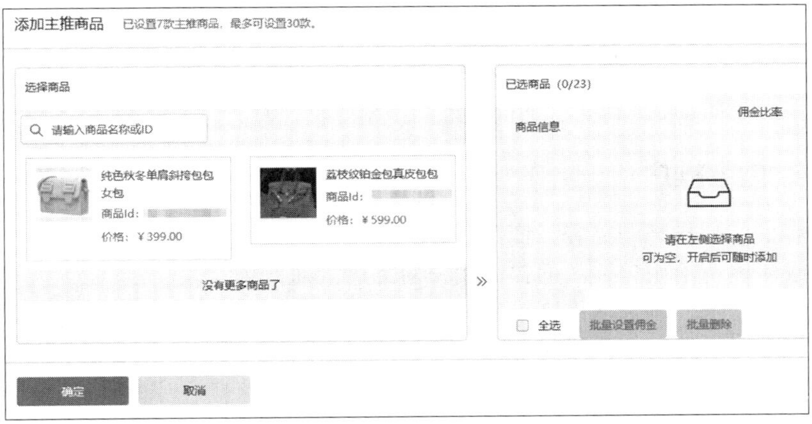

图4-18　“添加主推商品”页面

（8）选择完主推商品后，设置佣金比率，如图4-19所示。

图4-19　设置佣金比率

（9）单击“确定”按钮，即可成功设置淘宝客推广，如图4-20所示。

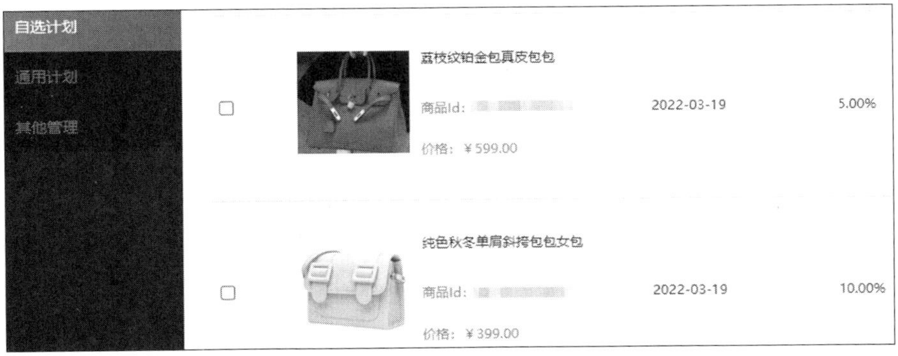

图4-20　成功设置淘宝客推广

任务三 其他推广方式的应用

店铺推广是卖家店铺开张后的首要任务，除了前面所讲的推广方式外，还有其他推广方式，如内容推广、站外推广等。

其他推广方式的应用

一、内容推广

内容推广是指将与品牌、商品等相关的信息通过各类媒介和载体传达给用户，从而提高用户对品牌的认知度。为满足用户需求，淘宝网不断推进内容化运营，先后推出微淘、淘宝直播等内容化栏目，并最终形成微淘、淘宝直播、有好货、每日好店、淘宝头条等一整套内容体系。

淘宝直播就是内容平台，主播相当于导购。淘宝直播是消费生活类直播平台，也是新零售时代体量巨大、消费量与日俱增的新型购物场景，更是千万商家店铺运营、互动、营销的利器。它给淘宝卖家带来了新的销售渠道，并且直接带火了直播带货这种全新的卖货方式。图4-21所示为淘宝直播卖货。

图4-21 淘宝直播卖货

专家指导

淘宝内容推广通过粉丝关注或者系统分发有针对性地将内容传递给用户，能更好地达到推广目的，引导用户购买。也正因如此，这种推广方式更适合于那些生活化场景中有一定重复购买率的商品，如女装、化妆品、家居等。当然，随着内容的不断外延，其应用的类目范围也会得到不断拓展。

二、站外推广

除了常规的网店平台内推广外，还有很多站外的推广方式，如微信推广、短视频推广、今日头条推广等。

课堂讨论

你所知道的站外推广网店，有哪些常见的推广方式？

1. 微信推广

微信推广是指在微信朋友圈植入广告的推广方式。微信推广的内容包括以下几种。

（1）自己试用。一件商品的质量好与坏，最有说服力的就是卖家自己是否使用该商品。为了打消客户的顾虑，卖家可以上传自己试用该商品的照片和体会，这也能让好友感觉更亲切。

（2）客户评价。客户对商品的正面评价往往更容易得到用户的认可。

（3）品牌文章分享。一件商品是否有说服力，品牌形象非常重要。所以，卖家适当地宣传品牌形象还是有必要的，尤其是对于要打造新品牌的卖家来说更有必要。

（4）商品介绍。卖家直接对一件商品进行描述，对于一些需要展示的商品来说是必不可少的。例如，被子、十字绣、衣服等，都是需要看商品图片的。

2. 短视频推广

短视频缩短了品牌广告与用户之间的传播路径，提高了广告点击率。它一般是通过软广告植入等巧妙的方式进行品牌合作营销的。目前，垂直账号最容易变现，如美妆、测评类账号，基本上这类账号有10万以上的粉丝就能有不少广告收入了。

可以将广告的商品特性与短视频轻松娱乐的内容巧妙结合，将短视频内容等同于广告，通过软性广告的形式向受众传递广告信息，生动形象的故事情节在吸引受众的同时，更易提高受众的接受度，如图4-22所示。

图4-22　短视频推广

专家指导

在传播形式日益多元化的今天，越来越多的企业发现短视频的营销宣传价值。短视频平台独特的短视频模式，让许多企业的品牌形象变得立体化，企业借助平台增加传播的互动性、趣味性，从而加深用户对企业的认知。

3. 今日头条推广

今日头条是目前做得非常好、用户群较广泛的一个自媒体平台，越来越多的人开始在今日头条平台上推广自己的商品。今日头条是主流的信息流投放媒体之一。信息流广告是通过广告寻找潜在用户群体，因此，激发潜在用户需求是吸引用户注意的关键因素。通过发掘用户痛点，将推广内容与用户痛点相关联，更能吸引用户注意。今日头条信息流广告包括短视频、图文、文章推送、全景图、轮播、搜索彩蛋等。图4-23所示为今日头条信息流广告。

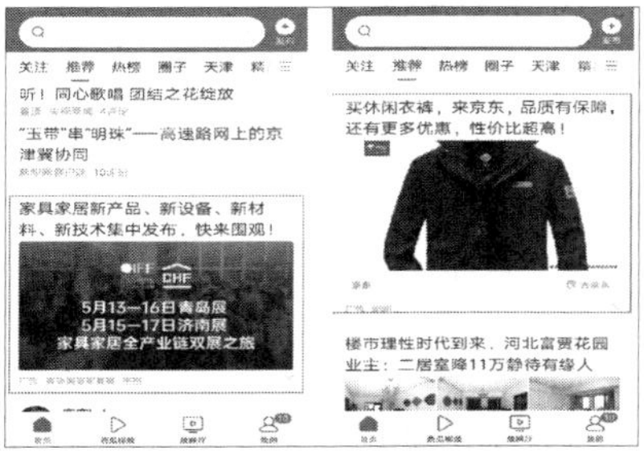

图4-23　今日头条信息流广告

知识巩固与技能训练

一、填空题

1. ____________就是通过对商品进行合理的优化，使自己的商品在网店搜索引擎中获得较好的排名，从而免费给自己的商品带来流量的一种技术。

2. 网店搜索引擎优化包括以下基本内容：____________、____________、____________。

3. 淘宝直通车、京东快车、多多搜索等是____________的典型代表。

4. ____________是一款付费推广工具，也是一种搜索竞价排名模式，可通过投放在淘宝（天猫）等站内及站外平台，来获得卖家需求的流量。

5. ____________是指将与品牌、商品等相关的信息通过各类媒介和载体传达给用户，从而提高用户对品牌的认知度。

二、选择题

1. 网店搜索引擎优化的基本内容不包括（　　）。

A. 商品标题优化　　B. 商品主图优化
C. 商品详情页优化　　D. 淘宝网店的站外优化

2. 下列不是优化商品主图方法的是（　　）。

A. 图片关键词越多越好　　B. 突出重点
C. 保证图片的清晰度　　D. 注重实际效果

3. 下列关于商品详情页优化的说法错误的是（　　）。

A. 简洁有力并且精确的文案　　B. 商品描述面面俱到
C. 把握好详情页首屏　　D. 紧抓核心卖点

4. 下列推广方式中属于免费推广的是（　　）。

A. 直通车推广　　B. 淘宝客推广
C. 淘宝论坛　　D. 智钻展位推广

5. 关于淘宝客推广的技巧，不正确的是（　　）。

A. 打造几款高人气的主推商品　　B. 商品图片要美观
C. 佣金比例有竞争力　　D. 主推商品单价越高越好

三、思考题

1. 什么是网店搜索引擎优化？
2. 网店搜索引擎优化的基本内容有哪些？
3. 一般商品标题主要有哪几种组合方式？
4. 怎样优化商品主图？
5. 淘宝直通车的推广原理是怎样的？

四、技能训练

直通车推广时如何选择关键词？当买家搜索该关键词时，被推广的宝贝将展现在直通车推广位上。选择直通车关键词的方法如下。

（1）将淘宝直通车提供的匹配关键词作为宝贝的关键词，如图4-24所示。

图4-24　淘宝直通车提供的匹配关键词

（2）使用宝贝标题中的关键词，如图4-25所示。

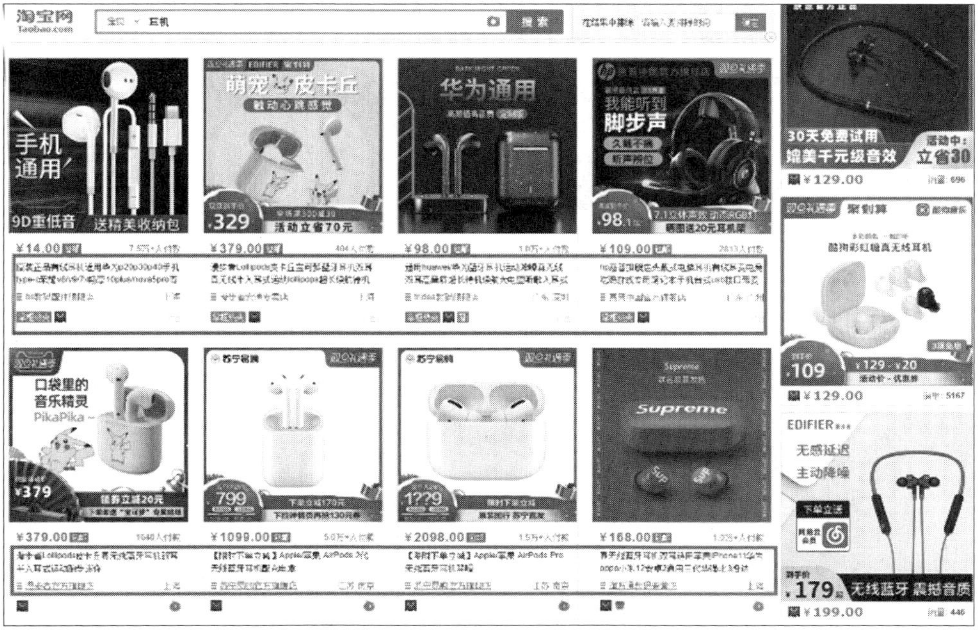

图4-25　宝贝标题中的关键词

（3）使用商品详情中的属性词，如图4-26所示。

4 Chapter

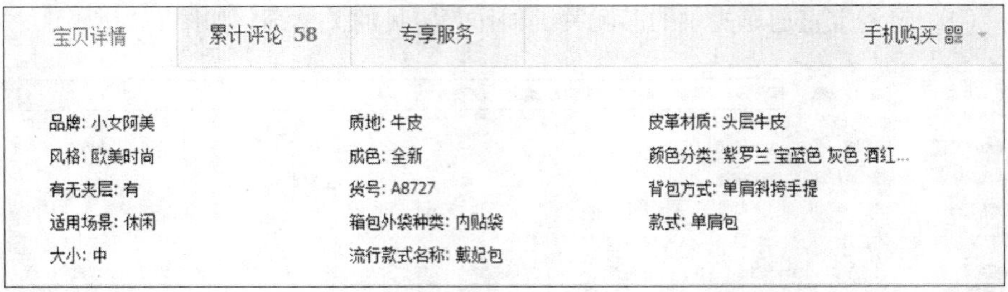

图4-26 商品详情中的属性词

（4）使用淘宝网首页中“搜索”下拉列表里的关键词，如图4-27所示。

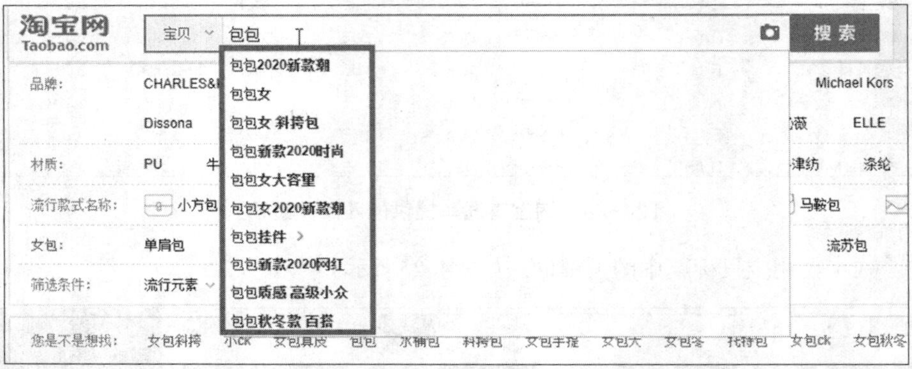

图4-27 淘宝网首页中“搜索”下拉列表里的关键词

任务实训——通过站内和站外推广店铺

实训目标

掌握网店的推广实战技能，通过任务实训来加深对淘宝店铺推广方式的认识和理解。

实训要求

1. 对淘宝店铺进行搜索引擎优化，优化商品标题、商品图片和商品描述信息。

2. 从淘宝网上找出一些使用硬广、直通车等营销方式的商品，并分析使用这些营销方式的条件和技巧。

3. 为自己的淘宝网店报名“淘宝客”活动，寻找淘宝客为自己推广商品。

4. 通过淘宝直播、微信、今日头条、短视频等方式推广自己的淘宝网店。

实训练习

假如你是一个女装卖家，寻找几种网店站内推广和站外推广的方式应用于自己的淘宝网店推广。

实训分析

淘宝网店搜索引擎优化属于免费推广，淘宝客推广、淘宝直通车推广属于付费推广。

在做淘宝店铺推广之前，首先应学习淘宝搜索排名规则，做好搜索引擎优化。早期可通过免费流量来经营，等店铺转化率稳定之后，就可以用付费推广来扩大商品的销量。

淘宝直通车的特点是免费展示，买家主动搜索时在最优位置展示商品，买家点击后才付费。直通车推广每次点击都是要扣费的，在做直通车推广之前，一定要先系统地学习直通车推广的技巧，否则会浪费很多推广费用。

淘宝客推广的特点是买家被动地接受推荐商品，商品免费被推荐，交易成功后才支付佣金。淘宝客一般会选择那些性价比高、佣金比例较高的商品去推广。想要做好淘宝客推广，首先需要设置好佣金。

项目五

网店促销活动与营销工具

近年来，虽然网店数量与日俱增，但许多网店由于缺乏经营意识，只是昙花一现。网店同传统店铺一样需要精心打理，因此，策划既适合网店又适合网络环境的促销活动就显得十分必要。本项目主要讲解网店促销活动基础知识、具体的网店促销活动、网店营销工具。

【学习目标】

知识目标	☑ 熟悉网店促销活动的定义 ☑ 熟悉网店促销的最佳时机 ☑ 掌握网店促销的常见方式 ☑ 熟悉官方促销活动
技能目标	☑ 掌握淘宝促销活动的报名方法 ☑ 掌握聚划算的报名方法 ☑ 掌握天天特卖的报名方法 ☑ 掌握网店营销工具的使用
基本素养	☑ 掌握网店促销活动基础知识 ☑ 具备网店促销活动实战应用能力

【任务导入】

淘宝自创品牌，成就大生意

梁某某是一名大四学生，他在淘宝商城上开设品牌男装旗舰店不到两年，如今店铺已经冲到三皇冠，好评率达99.01%。

梁某某注册了自己的男装品牌，通过专门的服装设计师对服装版型、纹样等进行设计，交由代工厂商生产后，利用网络渠道销售。这种模式的优势是产品独特、成本低。在服装设计上，梁某某不是采取原创的形式，而是通过收集淘宝最热卖的几十款男装版型，再以招标的形式发包给设计师做微调进行服装设计；在生产上，梁某某通过直接向制衣厂家发订单的形式批量拿货。

和大品牌相比，梁某某的店铺拥有更好的灵活性。店铺每周还会进行至少两次专题促销，通过限时抢购的方式对店内产品进行打折，吸引人气。

梁某某分享了他们选择网络热销的“5+3+1”模式。所谓“5+3+1”，即先推广5种款式的服装，然后根据最后的消费数据，选取3个相对比较好的款式，再根据市场反映，选择最火的一款产品进行再设计，重点加推。梁某某提醒广大创业者，经常参加淘宝各种促销活动，如聚划算活动、行业营销活动，使用网店营销工具，如优惠券、裂变优惠券、权益中心、单品宝、赠品等，既可以使货品冲量，又可以迅速提高本店的搜索排名，是一种最快捷有效的推广方式。

思考：

1. 自创品牌产品与销售别的厂家的产品有什么区别？
2. 怎样自创品牌并寻找代工厂？

任务一　网店促销活动基础知识

本任务主要介绍网店促销活动基础知识，包括网店促销活动的定义、网店促销的最佳时机、网店促销的常见方式。

网店促销活动基础知识

一、网店促销活动的定义

网店促销就是卖家向买家传递有关网店及商品的各种信息，说服或吸引买家购买其商品，以达到提高商品销售量的目的。促销实质上是一种沟通活动，即卖家发出用来刺激消费的各种信息，把信息传递给更多买家，以影响其购买态度和行为的过程。

网店促销活动的主要作用如下。

（1）可以激励买家的第一次购买行为。买家第一次进入一家网店购买商品时心中存在的疑虑是很多的，促销活动执行得到位可以调动买家的购买热情，让买家消除疑虑进而购买商品。

（2）可以让以前在店铺消费过的买家再次光顾店铺。在商品质量没有问题的基础上，已经在店铺消费过的买家对该店铺的疑虑是比较少的，但是买家的消费需求是有周期性的，一场成功的促销活动可以让买家坚定再次在店铺消费的信心，缩短买家的消费周期。

（3）可以帮助卖家用最短的时间抢占市场份额。任何一场促销活动都是以增加销售量或者销售额作为最终目的的，好的促销活动可以带来更多买家，也可以提高买家的平均购买金额。在有新商品上架时，还可以利用促销活动快速打开市场。

（4）可以帮助卖家更好地执行“加一销售法”。“加一销售法”的目的和促销活动的目的一样，都是想办法让买家进行首次购买并且尽量让其多买一些，促销活动可以让“加一销售法”的效果翻番。

（5）网店还可以利用促销活动给予买家实在的好处，以回馈市场、回馈买家。

二、网店促销的最佳时机

促销虽好，但不能什么时候都用，如果所有商品都在促销，这样的促销也没有什么意义。一般来说，网店促销的最佳时机有以下几种。

1. 节日促销

逢节日促销是现在卖家惯用的手法，尤其是元旦、五一、十一等日子更是给卖家带来了促销的理由。图5-1所示为年中大促。当然，节日促销也要结合自身的商品实情及买家的特征来进行，如果你是卖女装的，在父亲节搞促销显然不合适。

2. 新品上架

新品促销可以作为网店长期进行的促销活动，因为一个被用心经营的网店总是会源源不断地推出新品。新品促销既能加快商品卖出的速度，也有利于培养老客户的关注度，从而增强其忠诚度。新品上市的第1个阶段，应选择一个恰当的促销时机。一般来说，促销的最佳时机为新品上市1个月后，即铺货率能达到50%左右的时候进行促销最佳。

图5-1　年中大促

3. 季节性商品的促销时机

季节性商品的销售都存在淡季、旺季之分，且每年都在重复着淡季、旺季这种规律。网店在旺季开始前期，需要对市场进行一定的告知性促销，以预热市场，使商品能够顺畅地进入市场，为商品销售旺季的到来奠定基础，甚至达到提前进入旺季的效果。例如，入冬时期为羽绒服的销售旺季，此时就是羽绒服促销的好时机，图5-2所示为入冬时期促销羽绒服。

图5-2　入冬时期促销羽绒服

4. 店庆

网店在"升钻升冠"时，一般都会庆祝一下，进行一些促销优惠活动。网店周年庆更是促销的大好时机，不仅可以做比较大型的促销，还可以向买家展示网店历史，增加买家的信任感。图5-3所示为某店铺3周年店庆促销。

图5-3　某店铺3周年店庆促销

5. 换季清货

一到换季时节，各大服装店就开始了换季清货活动，因为服装库存太多会影响下一季的进货。宁可亏钱、不可压货，这是服装在淡季的一个销售原则。小卖家的运转资金主要是每月销售额，如果货品积压，几个月就支撑不住了。一些季节性强的商品，换季促销时活动力度一般都会比较大，而买家显然也很乐于接受换季清货这类活动。

三、网店促销的常见方式

在网店运营的过程中，卖家为了吸引买家下单购物，使用的促销方式越来越多。下面讲解网店运营过程中常见的几种促销方式。

1. 限时限量降价促销

利用人人都想占便宜的心理，卖家会精心设计一些有限定条件的商品广告，使买家觉得不立即抢购就会吃亏。例如，常看到这样一些广告——"三日之内，本商品四折出售，欲购者从速""优惠只限于前100名幸运者"。图5-4所示为限时限量降价促销商品。

专家指导

这种限定时间、限定销量的广告宣传，的确很好地抓住了人们追求实惠的心理特点。因为如果是随处可见、随时都可买到的商品，人们自然不会产生强烈的购买欲望。但如果数量上有所限制，就能激发买家的消费欲望，使他们觉得如能抢购到此物，就占了大便宜，卖家即使不推销，买家也会前来抢购。

限时限量降价促销是一种非常有效的促销手段。但如果不能系统地把握其中的诀窍，不仅不能取得很好的效果，还可能会弄巧成拙。

图5-4　限时限量降价促销商品

使用限时限量降价促销的技巧如下。

（1）选择商品。流行商品、应季商品、大众化商品一般是限时限量降价促销商品的首选。限时限量降价促销商品根据不同的种类一般定价为原价的4～5折，价格不能太低，否则会有假货、滞销货的嫌疑。当然，为了考虑商品的吸引力，偶尔对一些商品做几次惊爆低价促销也是可以的，但最好不要太频繁。

（2）选择合适的促销时机。很多限时促销的失败都与时机的选择有关。选择节假日，特别是有大型促销活动的时间开展促销活动比较好，如换季促销、周年庆、“双11”等。因为这些日子网上的人流量大，限时抢购的效果比较好。

2．赠品促销

赠品促销就是买家在购物时，卖家以赠送商品的形式向买家提供优惠，吸引其下单购买。赠品促销是常用的促销方式，它把商品作为礼物赠送给买家，以一种实物的方式给买家非价格上的优惠。这种方式虽然不如降价促销直接，但它可以以一种看得见而又实实在在的方式打动买家，增强其品牌观念，让买家购买商品并长时间使用。图5-5所示为买两罐茶叶送水晶杯的赠品促销活动。

图5-5　买两罐茶叶送水晶杯的赠品促销活动

使用赠品促销的技巧如下。

（1）不要选择劣质品作为赠品，否则只会起到适得其反的作用。赠品也须重质量，体现的是卖家的诚信。

（2）要体现赠品的额外价值，得到买家的认可。赠品的核心是让目标买家认为“物有所值”。但为了控制成本，赠品的价格也不能太高。

（3）注意赠品的时间性和空间性。应该认真思考，根据买家的需要来选择赠品，只有买家需要的赠品对他们才有吸引力。例如，不要在夏天送冬天才能用的赠品。

（4）把网店的信息告诉买家。在赠品上印网店Logo等，让买家每次使用该赠品时，都会想到这个网店。

知识拓展

现实生活中，一些商家在促销的时候，往往会用“给予赠品”的方式吸引消费者的目光。这种“给予赠品”的促销方式是不错的，对于商家来说能够提高商品的销售量，对于消费者来说也可以获得一定的实惠。

然而，尴尬的是，部分商家耍起了“小聪明”，将一些“问题商品”“伪劣商品”“三无商品”赠送给消费者。

武汉市工商局对网络商品交易进行了定向监测。监测显示，在一些商家附送的赠品中，“三无商品”“问题商品”“伪劣商品”占据很大比例。有的赠品没有生产厂家，有的赠品已经过期，有的赠品虽然有二维码却不能查验真伪。

“三无商品”“问题商品”“伪劣商品”的危害巨大。例如，“问题服装”由于布料不达标，容易给消费者健康造成危害；“问题食品”可能会给食用者带来安全隐患；“问题玩具”更是可能会影响到孩子的身心健康。

为了使自己的利益最大化，一些商家甚至自己制定了“游戏规则”，如在赠送商品的时候，事先声明“由于是赠品，对质量不能完全保证，不能进行调换”。

《流通领域商品质量监督管理办法》规定：“奖品、赠品等视同销售的商品”，因此，网店卖家赠送的商品必须确保品质可靠、质量过关。“三无产品当赠品”，被玩坏的是商业良心，对利益的狂热追求，让商家失去了良心的坚守。

商家必须明白，赠品虽然是免费的，但它属于经营者提供的附加商品，所以，即使是赠品也必须保证质量，必须是合格产品，否则，消费者在使用过程中一旦出现质量问题或发生事故，商家必须承担责任并赔偿损失。从社会主义核心价值观出发，商家要诚信经营，全力营造安全、有序的消费环境及公平、诚信的社会环境。当赠品存在问题时，商家应承担责任。商家在商品促销活动中，不但要保证商品的质量，也要保证赠品的质量。只有这样，促销活动才能真正达到目的。

3. **包邮促销**

包邮是目前淘宝上最火爆的促销方式之一。由于快递费用带来的购买成本的提高，买家对可以免除邮资购物非常乐意，所以包邮在很大程度上刺激了买家的购买欲望，但包邮也有其灵活性，只有灵活运用包邮促销，才能达到最佳效果。

包邮促销大致可分为普通包邮、满额包邮、单品包邮、限制包邮等。图5-6所示为满额包邮促销。

图5-6　满额包邮促销

这些包邮促销的特点如下。

（1）普通包邮。普通包邮一般指使用性价比高的民营快递，对商品普遍使用包邮。这类包邮促销要注意快递公司的服务质量，如派送时效、服务态度等，以免因快递公司服务质量不好给自己店铺带来过多的中差评。

（2）满额包邮。满额包邮是指购买商品达到指定数量或者规定金额才可以享受的包邮。这类包邮促销既要确定好满多少元包邮、满几件商品包邮，还要做好网店内部的关联销售。

（3）单品包邮。单品包邮适合新开店的中小卖家。开店初期，单品包邮能明显提高店铺销量，但随着店铺品牌的进一步提升，中小卖家发展成大卖家后，新客户带来的销量会降低，老客户带来的销量会提高，为了满足新、老客户的需求，可采用组合包邮。

（4）限制包邮。限制包邮即对包邮条件做一定的限制，如第1件商品包邮，第2件商品或者更多件商品需要另付邮费。

任务二　具体的网店促销活动

在网店日常运营中，店铺活动一般包括自己店铺、官方平台及第三方平台的促销活动。由于当下官方促销活动是网店运营工作的主流，所以下面主要介绍官方促销活动。

课堂讨论

1. 淘宝官方常见的促销活动有哪些？
2. 在淘宝“双11”活动中，你购买过商品吗？分析一下商家是如何促销的。

一、官方促销活动

官方促销活动是指由网络平台组织商家开展的促销行为。一方面，平台引导商家按要求参与各种活动；另一方面，平台在站内各大主要栏目及站外进行宣传推广，拉动买家参与。由于平台拥有广泛的受众群体及更大的活动宣传影响力，所以商家适度地参加活动对促进销量、积累客户、提升影响力都有明显作用。

目前，在网络零售平台上比较突出的促销活动有淘宝官方的聚划算、“双11”大促、“双12”大促，天猫“6·18”年中大促，京东平台的每日特价、大牌闪购等，拼多多的年货节、爱逛街、断码清仓等，苏宁易购“8・18”购物节等。

1. *淘宝促销活动*

淘宝促销活动可以为卖家带来更多流量，是提高网店销量的重要手段。网店经常参加一些官方促销活动，不仅能提高品牌的影响力，还能提高买家的忠诚度。在淘宝商家营销活动中心，营销场景包括官方大促、行业活动、聚划算、百亿补贴、天天特卖、红包签到、淘宝省钱卡、淘宝吃货、芭芭农场、官方直播间、新人购、手机天猫App、淘金币、其他，如图5-7所示。

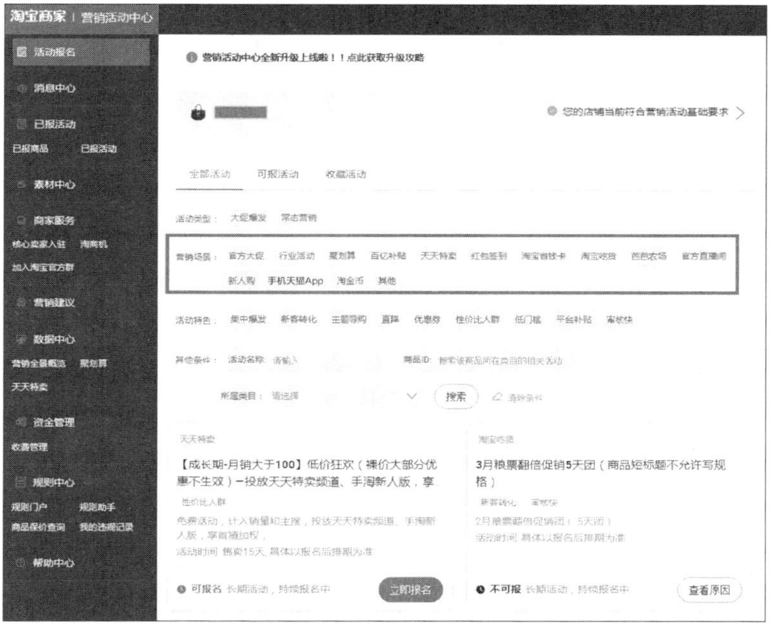

图5-7　淘宝商家营销活动中心

下面以淘宝为例介绍官方促销活动。淘宝官方促销活动的类型主要包括品牌型活动、行业型活动、节庆类活动。

（1）品牌型活动。聚划算、淘金币、天天特卖、阿里试用等活动都属于品牌型活动。这类活动面向整个淘宝平台，在PC端、移动端首页及主要栏目都有流量入口，受众广、流量大，因此其销量拉动和品牌推广的效果比较明显。

（2）行业型活动。行业型活动即面向行业的专场活动，如女装、男装、女鞋、男鞋、运动户外、母婴、美妆、家居百货、家电数码等常规类目的活动。这类活动的流量入口主要分布在类目频道页，虽然没有品牌型活动影响力大，但客户针对性更强。

（3）节庆类活动。节庆类活动包括面向淘宝商家的“淘宝嘉年华”“双12”“双11”“6・18年中大促”“女王节”“年货节”等活动，尤其是“双11”“双12”“6・18年中大促”专场可以算得上是影响整个互联网的大型活动。

2. 淘宝促销活动的报名

报名参加淘宝促销活动的具体操作步骤如下。

（1）进入淘宝官方营销活动中心，选择其中一个活动“淘宝箱包内衣配件2022淘宝服饰配件必配系列小活动（新）”，单击页面右下角的“去报名”按钮，进入“活动详情”页面，如图5-8所示。

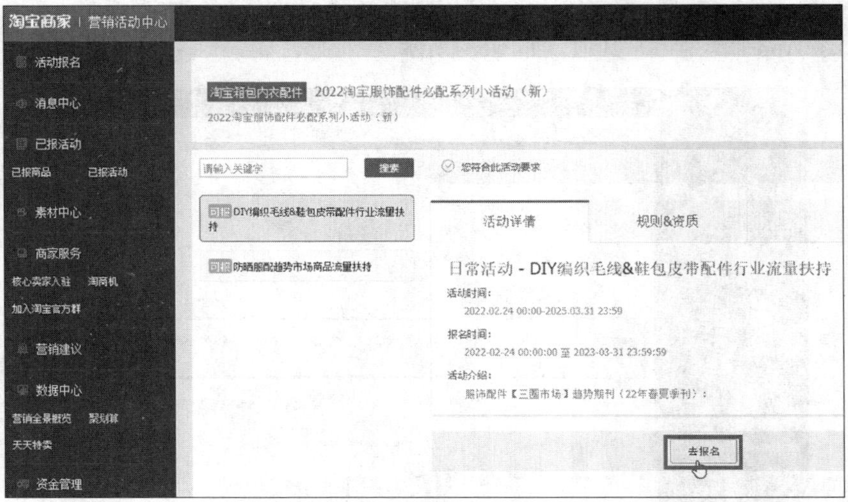

图5-8　“活动详情”页面

（2）打开“店铺素材提交”页面，输入店铺名称，勾选“我已阅读、充分理解并完全接受《营销素材提报承诺函》”复选框，单击“提交”按钮，如图5-9所示。

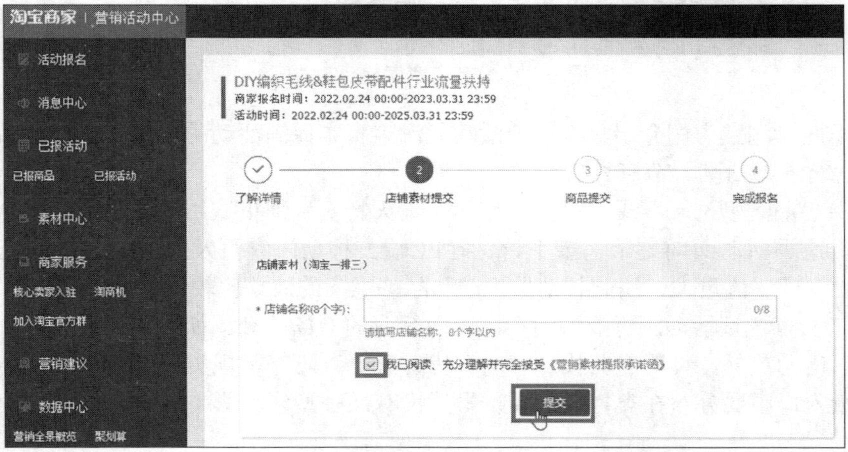

图5-9　店铺素材提交

（3）打开“商品提交”页面，单击“批量完善素材”按钮，如图5-10所示。

图5-10　商品提交

（4）打开“活动素材”页面，上传活动素材，如图5-11所示。至此完成了淘宝促销活动的报名。

图5-11　上传活动素材

二、聚划算

淘宝（天猫）卖家已经将聚划算视为推广网店和打造人气商品的手段；同时，买家在聚划算可以花很少的钱就淘到中意的商品。可以说，聚划算实现了卖家和买家的双赢。

聚划算是一个定位精准、以小搏大的营销平台。除了主打的商品团和本地化服务，为了更好地为买家服务，它还陆续推出了品牌团、聚名品、聚设计、聚新品等新业务频道。

从在线商品到地域性生活服务，聚划算已经发展成为展现淘宝网优质卖家服务的互联网买家首选团购平台，确立了国内最大的团购网站地位。

依托广大的卖家和买家，聚划算一经推出就受到了很多人的关注。它带来的单品销量巨大，且拥有强大的粉丝团，再加上十几个官方大流量入口，极大地保证了其买家流量。参加聚划算能迅速增加网店流量，使其单品销量比没有参加聚划算的网店的单品销量高几倍甚至上千倍。图5-12所示为聚划算活动带来的单品销量巨大。

图5-12　聚划算活动带来的单品销量巨大

卖家报名参加聚划算的具体操作步骤如下。

（1）登录到“千牛淘宝网卖家中心”，单击左侧“营销中心”下面的“活动报名”，如图5-13所示。

（2）进入“淘宝商家营销活动中心”页面，单击右侧的“快捷入口”下面的“聚划算”，如图5-14所示。

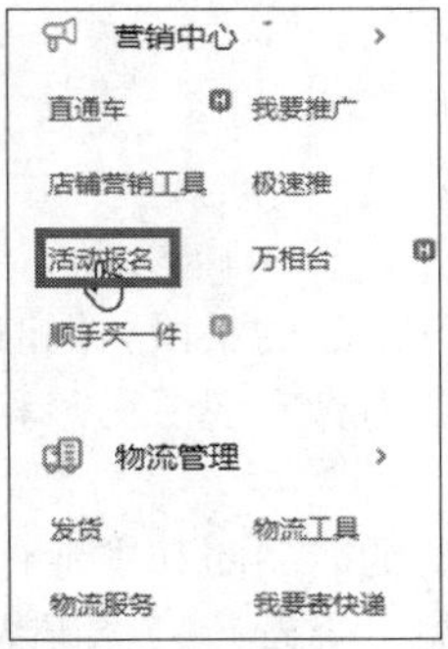

图5-13　单击“活动报名”

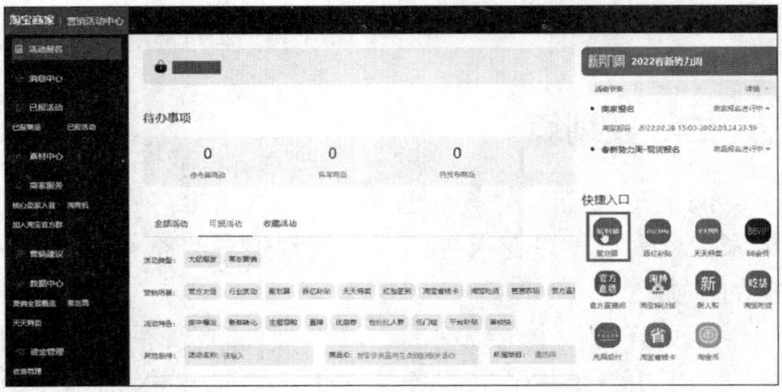

图5-14　单击“聚划算”

（3）进入“营销活动中心”，单击上方的“日常活动”选项卡，可以看到聚划算活动的报名入口，如图5-15所示。单击其中一个活动后面的“去报名”按钮。

图5-15　营销活动中心

（4）打开图5-16所示的页面，单击右侧的“去报名”按钮即可报名。

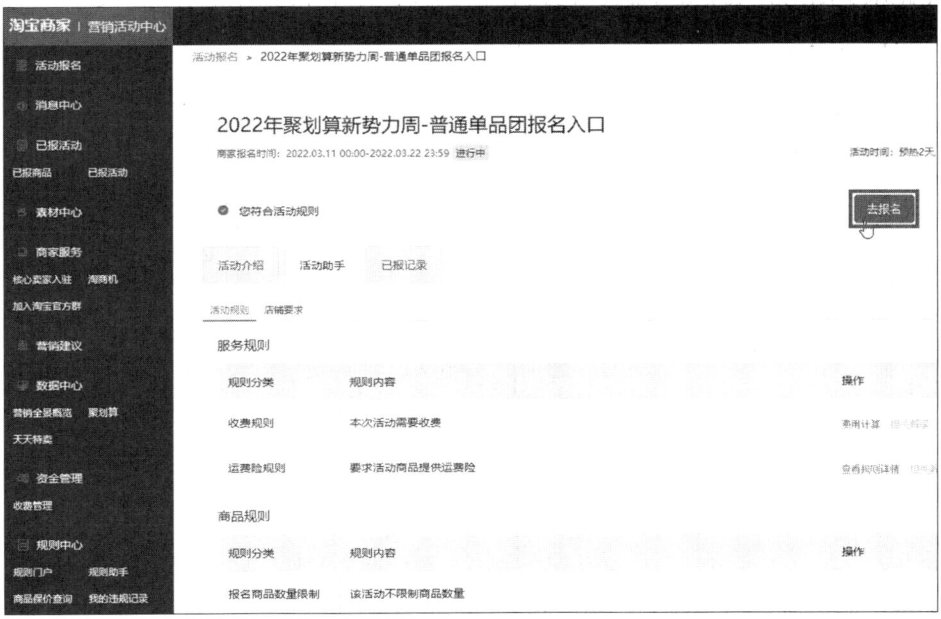

图5-16　单击“去报名”按钮

三、天天特卖

天天特卖致力于打造一个汇聚高性价比和优质产品的营销平台，通过多种形式的折扣设置为买家提供真正实惠的商品。天天特卖携手广大卖家，通过“裸价不用算”的优惠方式，为买家提供更具性价比的商品和更便捷安心的购买体验。参加天天特卖活动的商品可在天天特卖频道、搜索便宜好货、猜你喜欢、淘金币、站外投放渠道享受面向性价比人群的流量扶持，计入销量和主搜，且暂不收费。天天特卖通过各种促销活动为店铺快速打造热销款。

卖家可以在淘宝营销活动中心报名天天特卖活动，在天天特卖促销活动列表中选择自己想要报名的活动类型，单击“去报名”按钮即可。图5-17所示为天天特卖促销活动列表。

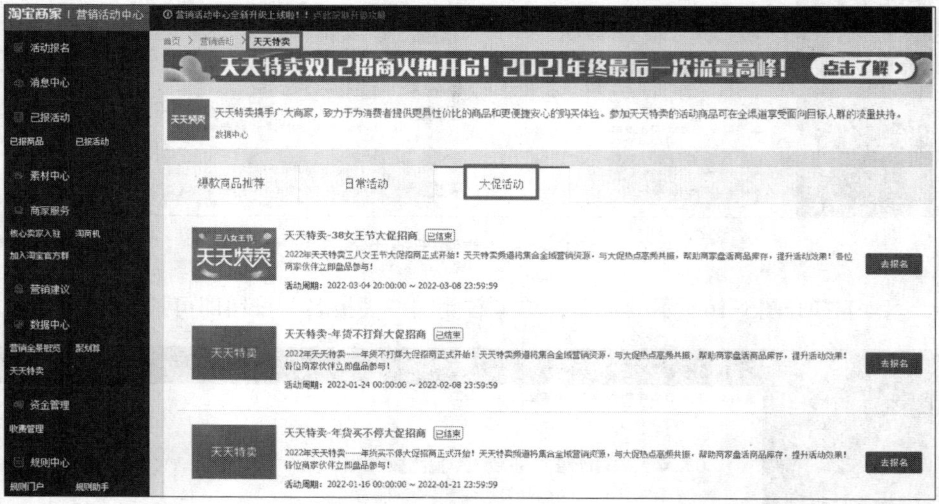

图5-17 天天特卖促销活动列表

天天特卖会根据卖家情况提示卖家是否符合报名要求、需要缴纳的相应活动费用，要求卖家提交活动价格及商品数量、商品信息(商品标题、短标题、商品主图、商品透明图、商品利益点)等。天天特卖与聚划算的不同之处主要在于对图片的要求，天天特卖要求商品图片清晰、主题明确且美观、不拉伸变形、不拼接、无水印、无 Logo、无文字信息，支持JPG、JPEG、PNG格式。

四、淘金币

淘金币是淘宝平台为淘宝卖家量身打造的免费网店营销工具，卖家可以通过淘金币账户赚取淘金币，给买家发放淘金币，打造网店专属的自运营体系，提高买家黏性与店铺转化率。

淘金币是淘宝网特有的一种积分营销工具，持有淘金币的用户能够在淘宝网参与多种商品优惠（如平台卖家给予的折扣销售等），及卖家提供的商品全额兑换、抽奖等活动，更能兑换包邮卡、运费险、电子书等。目前，使用淘金币兑换、抽奖、竞拍各类商品都在“淘金币”平台进行。图5-18所示为“淘金币”平台。

使用淘金币有以下好处。

（1）搜索优先展示。使用了淘金币的商品在淘宝搜索中会优先展示。

（2）免费得淘金币展位。淘金币专门开设了淘金币抵钱频道，设置淘金币抵钱就有机会进频道展示店铺商品，尽享平台巨大流量。

图5-18　“淘金币”平台

（3）增强买卖互动。每天几千万买家通过各种渠道赚取淘金币，卖家通过发放淘金币，可以持续吸引买家进店互动。

（4）提高成交率。全网上亿买家持有总额超过1 000亿的淘金币，因此，设置全店支持淘金币抵钱，可以吸引淘金币买家进店消费。

课堂讨论

淘宝官方网站常见的网店营销工具有哪些？

任务三　网店营销工具

为了让店铺销售更好地达到预期效果，商家在引流推广和店铺活动环节都要适当地加大营销力度，主要可通过送优惠券、搭配销售、拼购降价等形式来实现。这些营销活动需要网店营销工具的支持。

一、网店营销工具介绍

网店营销工具是指在网店运营过程中从事营销活动所使用的工具，能极大地帮助商家提高销售量、开拓销售渠道、推广商品品牌，是每个商家推广网店的首选工具。由于营销工具的设置既能体现一定的优惠力度，又有一定的时效限制，因此将这些营销工具与推广活动搭配起来使用，能起到促进客户购买、提高店铺转化率、提高客单价、促进关联消费、提升店铺业绩的作用。

在传统市场营销活动中，卖家主要的营销形式表现为折扣券、减价优惠、组合销售、多买多送、赠品抽奖或团购活动，在网店运营中也同样存在这些形式，如淘宝的红包优惠券、拼多多的拼购等。下面以淘宝平台营销工具为例进行介绍。

淘宝平台为卖家提供的营销工具主要有优惠券、裂变优惠券、权益中心、单品宝、赠品、店铺宝、搭配宝等，这些在卖家后台营销工具中心都有展示，淘宝后台店铺营销工具如图5-19所示。卖家要根据自己店铺目前的实际情况去开展适合自己店铺的日常营销活动，提高店铺转化率。

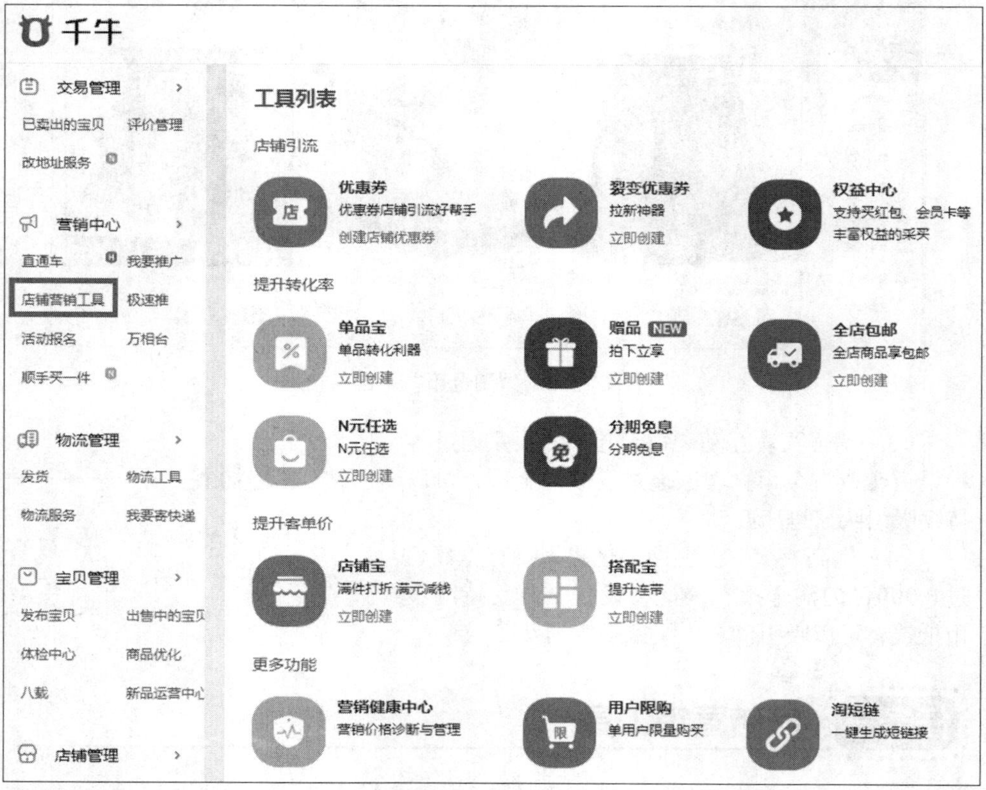

图5-19　淘宝后台店铺营销工具

除了官方配套的营销工具外，在淘宝服务市场交易平台还有第三方提供的各种各样的服务工具，淘宝服务市场如图5-20所示。这些工具同样可以帮助卖家实现限时打折、首件优惠、自动评价等诸多功能，满足多种场景的使用。

专家指导

在营销工具的使用费用上，天猫店铺和淘宝店铺是有明显差别的：一般官方提供给天猫卖家的营销工具是免费的，而对淘宝卖家则需要收费。

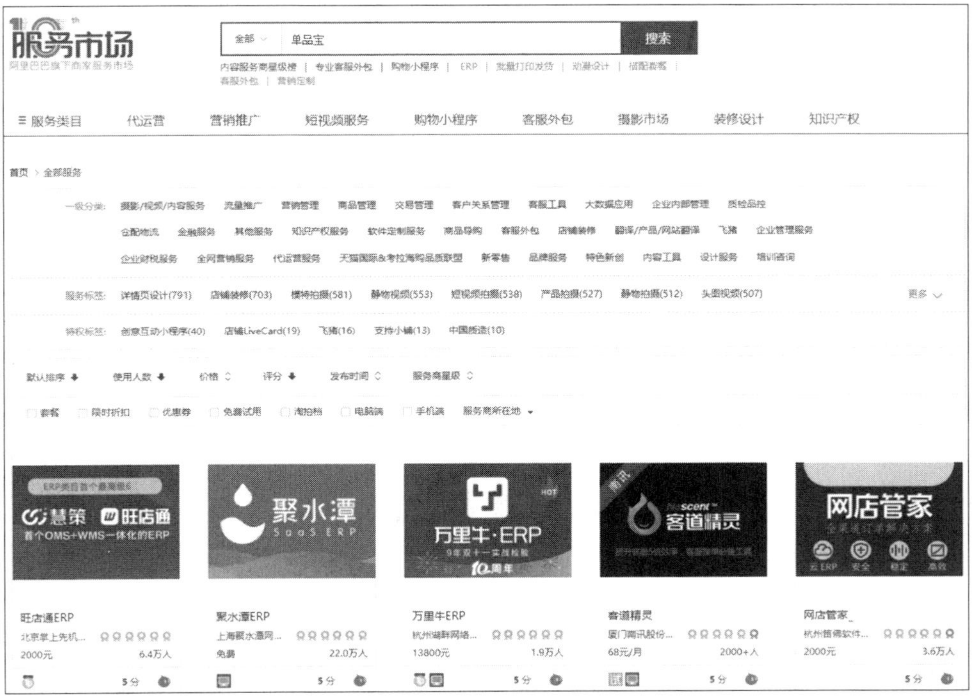

图5-20　淘宝服务市场

二、单品宝

单品宝是针对店铺某个商品灵活设置打折、减钱、促销价的工具，是原来限时打折工具的升级版。订购了此工具的卖家可以在自己网店中选择一定数量的商品，在一定时间内以低于日常价的价格进行促销活动。设置单品宝优惠后，在PC端和移动端搜索页均会显示商品的折后价格。图5-21所示为单品宝活动价格。

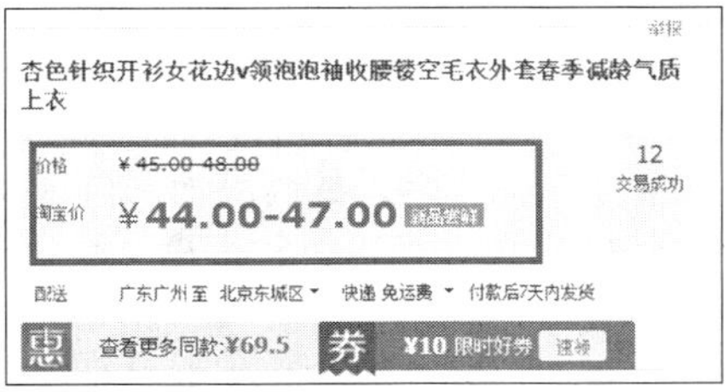

图5-21　单品宝活动价格

设置单品宝的具体操作步骤如下。

（1）在“千牛卖家中心”单击左侧的“营销中心”下面的“店铺营销工具”，在“工具列表”中单击“单品宝”下面的“立即创建”。图5-22所示为创建单品宝。

（2）打开单品宝活动设置页面，如图5-23所示。“活动标签”选择“日常活动”或者“官方活动”，“日常活动”标签不能自定义，只能选择默认已有的标签，“官方活动”针对特定人群进行单品优惠。

专家指导

活动名称：设置活动的名称。

优惠方式：打折、减钱和促销价。

优惠级别：商品级和SKU级。

定向人群：可以设置部分人群享受该优惠，需要先在客户运营平台中创建人群。

活动包邮：可以设置活动包邮。

图5-22　创建单品宝

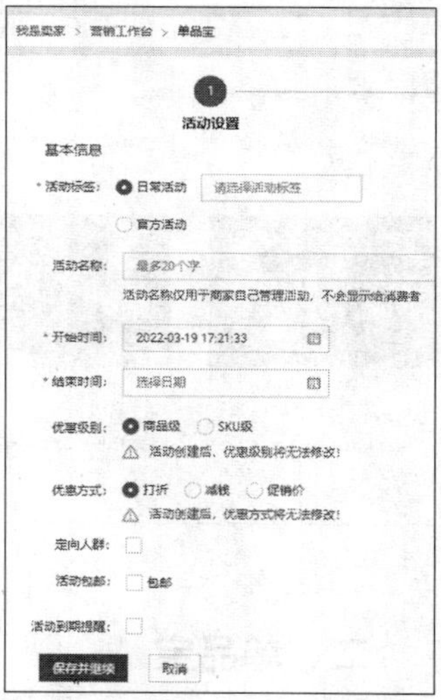

图5-23　单品宝活动设置页面

（3）选择活动商品，如图5-24所示，一个商品只能参加一个单品宝活动，已经设置了单品宝活动的商品无法被选择。

（4）设置商品折扣优惠，然后单击“保存”按钮即可。页面中的“每人限购”用于设置享受优惠的数量，超过限购数量需按原价购买。图5-25所示为设置商品折扣优惠。设置商品折扣优惠完成后，前台商品展示页面就会出现相应的优惠。

图5-24　选择活动商品

图5-25　设置商品折扣优惠

三、店铺宝

店铺宝即原“满就减（送）”，为店铺优惠工具。它支持创建部分商品或全店商品的满减、满折、满包邮、满送权益、满送赠品等营销活动。图5-26所示为店铺宝满减优惠活动。

图5-26　店铺宝满减优惠活动

创建店铺宝的具体操作步骤如下。

（1）在“千牛卖家中心”单击左侧的“营销中心”下面的“店铺营销工具”，在“工具列表”中单击“店铺宝”下面的“立即创建”。图5-27所示为创建店铺宝。

（2）打开店铺宝设置页面，根据提示一步步设置即可，在优惠门槛及内容中设置优惠条件，可支持满减、满折、满送赠品、满送权益（如优惠券）；若需要多级优惠，可单击“增加一级优惠”按钮，最多支持5级优惠，优惠力度需逐级增加。图5-28所示为设置优惠门槛及内容。

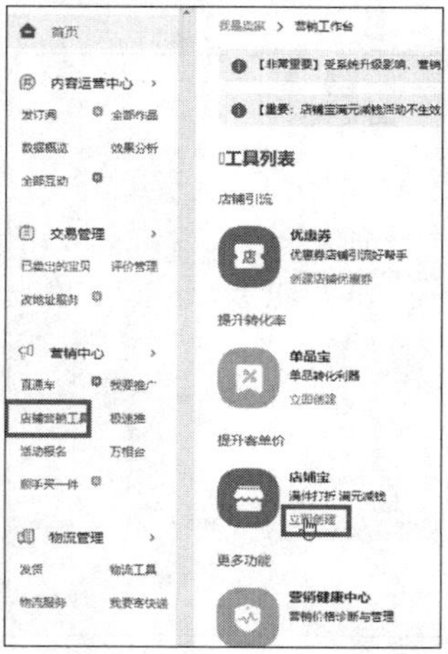

图5-27　创建店铺宝

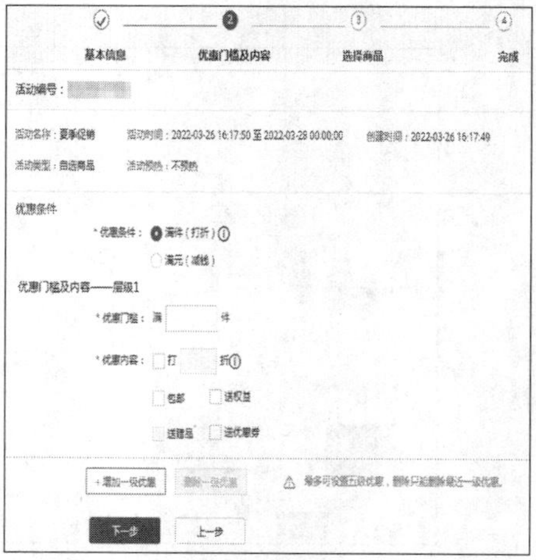

图5-28　设置优惠门槛及内容

四、优惠券

优惠券是一种虚拟的电子券，卖家可以在不用充值现金的前提下，针对新客户或者不同等级会员发放不同面额的店铺优惠券。买家可以使用获得的店铺优惠券，在购买宝贝时抵扣现金。图5-29所示为某店铺优惠券的页面截图。

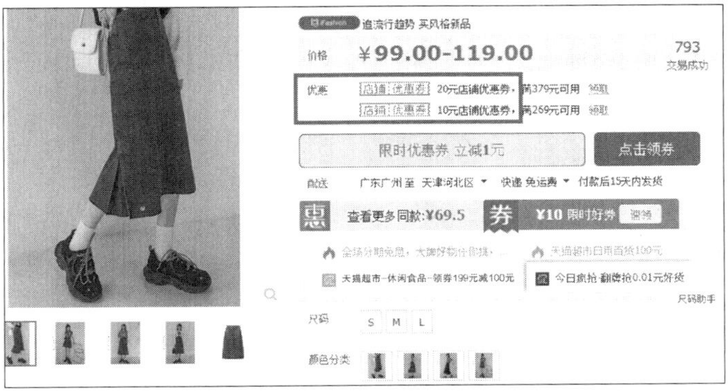

图5-29　某店铺优惠券的页面截图

优惠券可降低商品的价格，是一种常见的营销推广工具。卖家让利给消费者，刺激消费者在浏览过程中下单，提高下单率，从而提高店铺的交易额。优惠券包括店铺优惠券、商品优惠券和包邮券3种类型。

（1）店铺优惠券。店铺优惠券为全店通用，买家购买全店商品可凭券抵扣现金。

（2）商品优惠券。商品优惠券为定向优惠，买家购买特定商品可凭券抵扣现金。

（3）包邮券。买家购买全店商品可凭包邮券享受包邮权益。

在“千牛卖家中心”单击左侧的“营销中心”下面的“店铺营销工具”，在“工具列表”中单击“优惠券”，选择优惠券类型。图5-30所示为创建优惠券。

图5-30　创建优惠券

店铺优惠券主要应设置好以下信息。

（1）推广渠道。目前有3种推广渠道：全网自动推广、官方渠道推广、自有渠道推广。

（2）优惠券名称。优惠券名称不能使用特殊符号，如（）、#、¥等，建议将优惠券名称修改为纯文字形式。

（3）使用门槛。“全网自动推广”及“自有渠道推广”不支持设置无门槛优惠券，优惠券使用门槛必须大于优惠券金额1元；“官方渠道推广”模式下的优惠券支持无门槛设置。

（4）每人限领张数。消费者只能领取限领的优惠券张数。如限领1张，当消费者领取1张优惠券后，不管是否已经使用，都不能再次领取。

五、搭配宝

搭配宝即原“搭配套餐”，是将几种商品组合在一起设置成套餐来销售，通过促销套餐可以让买家一次性购买更多商品。搭配宝加入了智能算法，用以推荐合适的搭配商品，提升客单价和店铺转化率。搭配套餐可以提升网店的销售业绩，提升销售笔数，增加商品曝光率，节约人力成本。图5-31所示为某网店搭配套餐活动的页面截图。

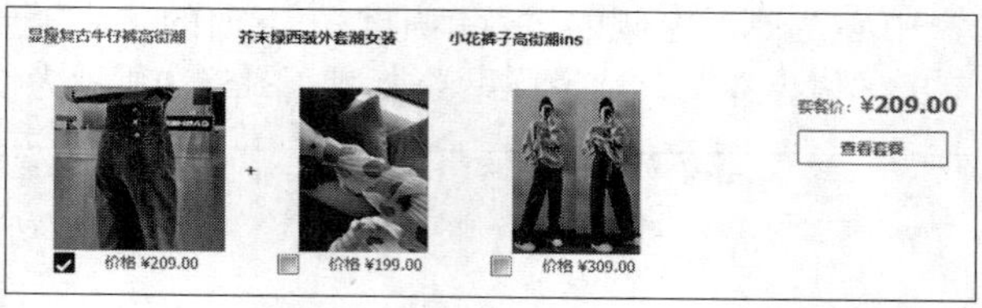

图5-31　某网店搭配套餐活动的页面截图

搭配销售的注意事项如下。

（1）一个套餐最多可以同时搭配5件商品，套餐中每件商品都可以由买家评价。

（2）搭配套餐的总价要低于单个商品原价的总和。如果搭配套餐的总价高于单个商品原价的总和，系统将自动按原价总和销售。

（3）搭配套餐的商品关联性要强。搭配商品时要注意商品结构的搭配，关联性一定要强，否则不仅效果不好，反而可能会降低买家的购物热情。

搭配宝的创建和设置与前面几个店铺营销工具类似，这里就不再赘述，在本项目最后通过技能训练再详细讲述搭配宝的创建。

知识巩固与技能训练

一、填空题

1. ____________就是卖家向买家传递有关网店及商品的各种信息，说服或吸引买家购买其商品，以达到增加商品销售量的目的。

2. ____________是指由网络平台组织商家开展的促销行为。一方面平台引导商家按要求参与各种活动；另一方面平台在站内各大主要栏目及站外进行宣传推广。

3. ____________即面向行业的专场活动，如女装、男装、女鞋、男鞋、运动户外、母婴、美妆、家居百货、家电数码等常规类目的活动。

4. ____________是针对店铺某个商品灵活设置打折、减钱、促销价的工具，是原来限时打折工具的升级版。

5. ____________即原“搭配套餐”，是将几种商品组合在一起设置成套餐来销售，通过促销套餐可以让买家一次性购买更多商品。

二、选择题

1. 关于网店促销时机的说法，错误的是（　　）。

A. 逢节日促销是现在卖家惯用的手法

B. 新品促销可以作为网店的促销活动

C. 网店周年店庆时可以促销

D. 淡季不能进行商品促销

2. 以下选项中，不能有效地使赠品促销达到理想效果的是（　　）。

A. 不要选择劣质品作为赠品　　B. 要体现赠品的额外价值

C. 赠品价格越高越好　　D. 注意赠品的时间性和空间性

3. （　　）是指购买商品达到指定数量或者规定金额才可以享受的包邮。

A. 满额包邮　　B. 单品包邮　　C. 限制包邮　　D. 普通包邮

4. 下列选项中不属于淘宝官方促销活动的是（　　）。

A. 品牌型活动　　B. 行业型活动

C. 淘宝客　　D. 节庆类活动

5. （　　）是针对店铺某个商品灵活设置打折、减钱、促销价的工具。

A. 店铺宝　　B. 单品宝　　C. 搭配宝　　D. 优惠券

三、思考题

1. 网店促销的最佳时机有哪些？

2. 网店运营过程中常见的几种促销方式有哪些？

3. 怎样有效地使赠品达到理想效果？

4. 常见的淘宝官方促销活动有哪些？

5. 常见的淘宝官方网店营销工具有哪些？

四、技能训练

下面通过技能训练讲解搭配宝的具体创建过程，操作步骤如下。

（1）在“店铺营销工具”中单击“搭配宝”下面的“立即创建”，打开图5-32所示的“选择商品”页面，添加主商品和搭配商品后，单击“下一步，设置套餐信息”按钮。选择主商品后，系统会自动推荐适合的搭配商品；同时，系统也可根据实际需求自行选择搭配商品。

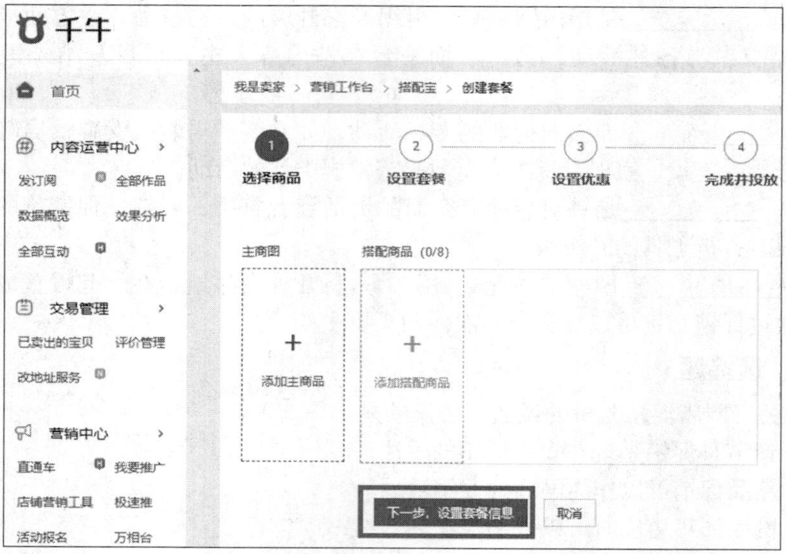

图5-32　选择商品

（2）打开“设置套餐”页面，设置活动信息。自选商品套餐是指消费者可以自由选择购买套餐中的附属商品。固定组合套餐是指将商品打包成套餐销售，消费者无法自行选择。设置完成后单击“下一步，设置商品信息”按钮，设置套餐如图5-33所示。

图5-33　设置套餐

（3）设置优惠信息。设置套餐内商品的搭配价、搭配数量，活动时间最长可设置180天。图5-34所示为设置优惠信息。

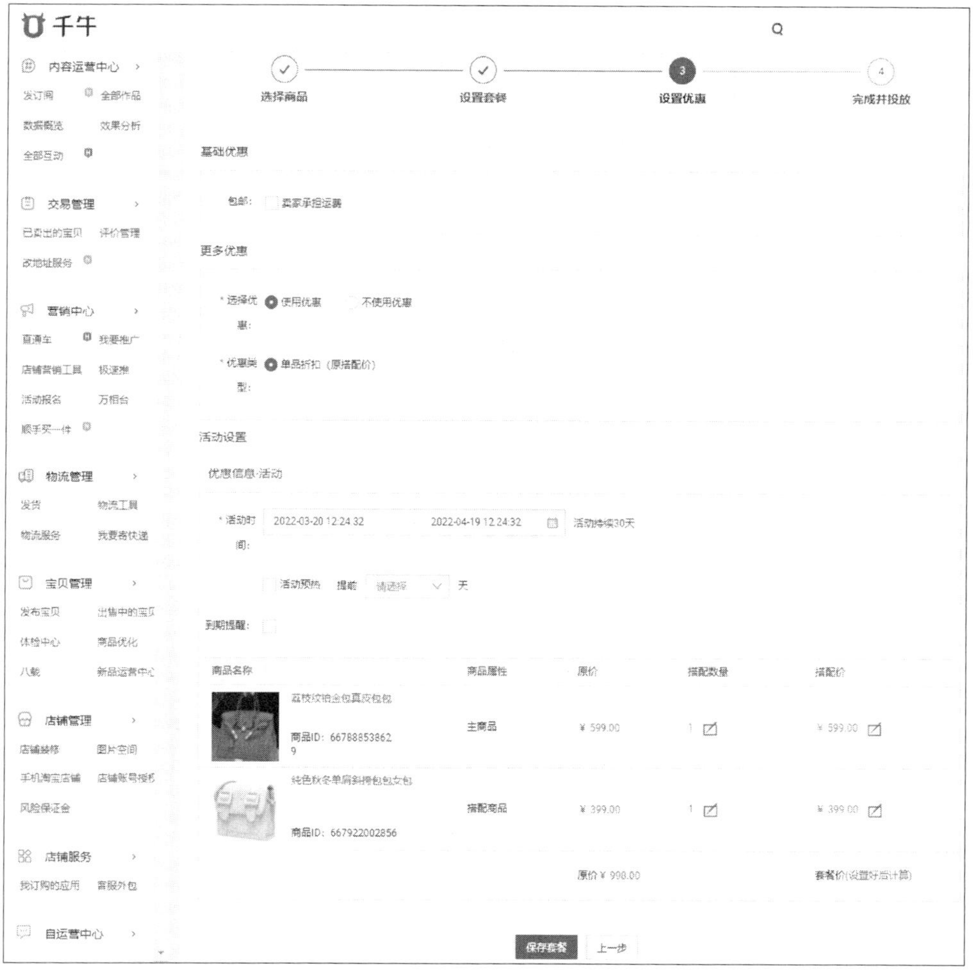

图5-34　设置优惠信息

（4）设置完毕后，用户可通过“点此查看”和扫描二维码分别在无线端和PC端进行预览。图5-35所示为预览套餐。

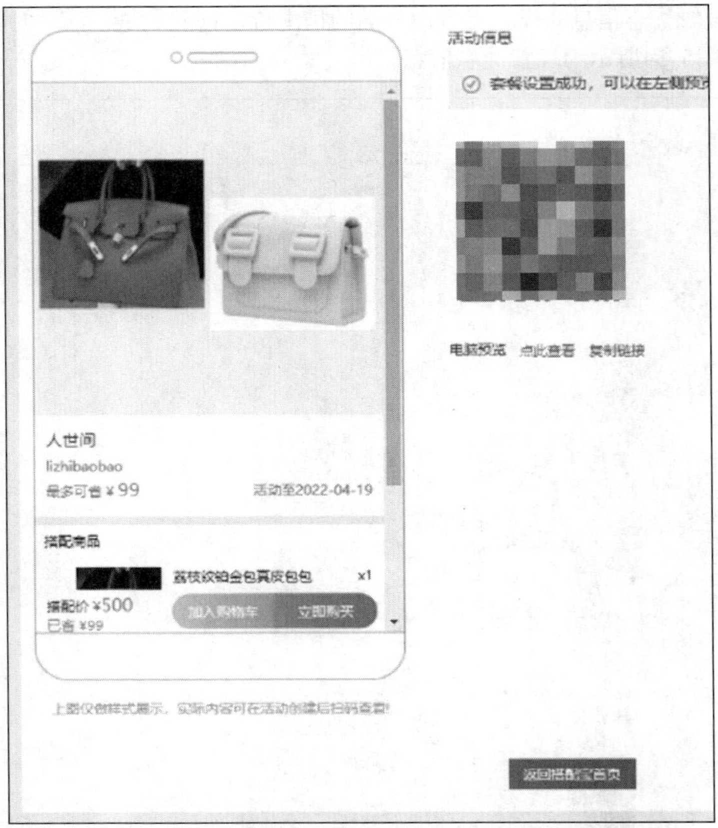

图5-35　预览套餐

任务实训——使用店铺营销工具推广店铺

实训目标

掌握单品宝、优惠券、店铺宝、搭配宝的使用方法，通过具体的任务实训来加深对淘宝网店营销工具的认识和理解。

实训要求

1. 在单品宝创建中设置商品折扣优惠、限购数量。
2. 在店铺宝优惠门槛及内容中设置优惠条件，可支持满减、满折、满送赠品、满送权益。
3. 在优惠券中设置优惠券类型、优惠金额和发行量。
4. 在搭配宝中设置套餐内商品的搭配价、搭配数量。

实训练习

假如你在淘宝开设一个店铺，使用单品宝、优惠券、店铺宝、搭配宝等网店营销工具推广店铺。

实训分析

买家最希望买到物美价廉、性价比高的商品。如果卖家能够在价格上给买家一定优惠，成交的可能性会大大增加。因此，卖家可以通过一系列促销活动，如店铺宝、单品宝、优惠券、搭配宝等，提高店铺转化率。

淘宝提供的网店营销工具是多种多样的，卖家可以根据自己的实际情况来进行分析和判断，看自己的店铺到底适合什么营销方式，也可以同时使用多个营销工具。如果使用店铺宝，可以设置满减、打折、包邮、送赠品、送优惠券等促销活动，全店的商品或者部分商品都可以得到促销。店铺宝还可以和其他工具如单品宝、搭配宝等一起使用。

项目六

网店客服

客服是商品交易过程中的重要环节之一，好的客服会带给客户良好的购物体验，提高客户的忠诚度。通过对本项目的学习，读者可以掌握网店客服认知、客户问题处理、交易促成、客户关系管理等内容。

【学习目标】

知识目标	☑ 熟悉网店客服的概念 ☑ 熟悉网店客服工作岗位及职责 ☑ 掌握客户问题的处理方法
技能目标	☑ 掌握与商品相关的问题处理方法 ☑ 掌握与物流相关的问题处理方法 ☑ 掌握客户运营平台的应用 ☑ 具备推荐商品、引导客户购买的能力
基本素养	☑ 具备网店客服的素养要求 ☑ 具备客户关系管理能力

【任务导入】

网店客服提高店铺商品成交率

有着丰富外贸出口经验的小贯，因为一次偶然的机会，意识到网上市场的重要性，于是开始转型做淘宝网店。刚开始，网店没有名气，生意并不好。于是，他在淘宝做了一些推广，同时，尽量把进店浏览的人转化为客户。经过半年多的努力，小贯网店的生意逐渐红火起来，某热销款羽绒裤的销量更是让店铺的生意风生水起。

运营网店早已过了一个人单打独斗的年代，特别是对于已经达到一定销量水平的网店，如何把网店做大做强，成为卖家最关心的话题。而且随着网店规模的扩大，网店内的分工越来越细，一个人要同时做好进货、配送、财务等多项工作难免会力不从心。

其实小贾在开网店半年左右时，就发现一个人管理网店实在忙不过来，于是招聘了一名客服人员，帮他处理售前、售后等事务。凭借自身丰富的运营经验，小贾的网店不到一年时间就已经达到皇冠级别。随着网店规模的不断扩大，小贾招聘了更多客服人员，这些客服人员开始承担起细分的工作。

思考：

1. 你知道为什么要做好网店客服吗？
2. 网店客服的主要工作内容是什么？

任务一　网店客服认知

在网店经营过程中，客服人员是必不可少的重要角色。因为在电商领域的各个岗位中，网店客服是唯一一个能够跟客户直接沟通的岗位，这种沟通带有情感，会给客户带来良好的购物体验。

一、网店客服概述

顾名思义，网店客服就是以服务为主的一种工作或为客户服务的工作人员。网店客服人员是连接店铺与客户的一座桥梁，他们的一言一行代表的是店铺带给客户的第一印象，所以每一个网店客服人员都需要有较强的服务意识，其最直接的表现就是拥有较好的服务态度。卖家经常忽视的一个环节就是网店客服人员，有的卖家认为网店客服人员只需要和客户聊聊天、管管售后，殊不知网店客服人员的询单转化和谈单技巧等都是影响店铺销量的重要因素。

网店客服是网店中的一线岗位，无论是对业绩还是对运营指标来说，网店客服都是至关重要的一环。客户来店铺购买商品，遇到问题时，首先会咨询网店客服人员，而不是店主。所以，网店客服人员只有够专业、服务意识够强，才可以给网店带来高销售额。

专家指导

好的网店客服人员能够在与客户交流的过程中，通过耐心的询问、认真的倾听，为客户提供帮助，从而提升客户的购物体验。

二、网店客服工作岗位及职责

一般来说，小规模的网店中常常一人身兼数职，对客服这一岗位的工作没有进行细分。但对中、大型网店而言，其订单多、工作量大，如果客服工作没有进行流程化、系统化的安排，则很容易出错。因此，中、大型网店对客服进行了明确的分工，一般会将网店客服分为售前客服人员、售中客服人员和售后客服人员3种类型，让客服人员各司其职、有条不紊地开展工作。

1. 售前客服人员

售前客服人员主要从事引导性的工作，如回答客户对商品的咨询，从客户进店咨询到拍下商品付款的整个环节都属于售前客服人员的工作范畴。售前客服人员的工作内容主要包括售前准备、接待客户、推荐商品、解决疑议、引导下单、欢送客户等。图6-1所示为售前客服人员的工作内容。

图6-1 售前客服人员的工作内容

（1）售前准备。售前准备阶段主要包括熟悉商品的相关信息和网店活动、熟练掌握沟通工具的使用方法、了解平台规则和相关注意事项3个方面的内容。

（2）接待客户。接待客户贯穿于客服人员的整个工作过程，售前客服人员应该做好随时接待客户的准备，并在接待客户的过程中时刻保持热情、耐心、周到的服务。售前客服人员的反应要及时，切勿用冰冷的语言回答客户的问题，应多使用语气词来调节气氛。

（3）推荐商品。当客户咨询相关商品时，售前客服人员要从客户的提问中主动挖掘客户的需求，专业、耐心地解答客户提出的问题，同时主动向客户推荐合适的商品，以商品的卖点激发客户的购物欲望。

（4）解决疑议。当客户遇到疑难问题时，售前客服人员要借助自己的专业知识进行处理，并始终保持热情、耐心的态度。

（5）引导下单。当客户犹豫不决时，售前客服人员要通过限量销售、限时打折等手段来加强客户的迫切感，引导客户快速下单。

（6）欢送客户。客户购物完成后，售前客服人员要向其表示感谢，体现出热情的态度。

2. 售中客服人员

售中客服人员的工作集中在客户付款到订单签收的整个时间段。售中客服人员一定要做好与售前客服人员的工作交接，防止订单错乱的情况发生。售中客服人员的工作内容包括订单确认及核实、装配商品并打包、发货并跟踪物流、提醒客户及时收货等。图6-2所示为售中客服人员的工作内容。

图6-2 售中客服人员的工作内容

（1）订单确认及核实。客户下单后，售中客服人员要第一时间与客户确认订单信息，保证客户填写的信息正确，降低订单出错的概率。若发货后客户才发现收货地址有误，售中客服人员应第一时间与快递公司联系并修改收货地址，确保商品被及时送到客户手中。

（2）装配商品并打包。核对订单无误后，售中客服人员应尽快装配商品并打包，做好商品的发货准备工作。打包时要仔细检查商品与包装，同时要细心核对客户信息，特别是客户备注的信息，一定不要遗漏。

（3）发货并跟踪物流。售中客服人员在做好商品装配与打包后，需要在发货后实时关注商品的物流状态。

（4）提醒客户及时收货。当货物运输到客户所在的城市后，售中客服人员可以以短信或千牛消息的形式通知客户商品已经到达其所在城市，将马上进行配送。当快递公司完成配送后，售中客服人员还要提醒客户及时确认收货，完成交易。

3．售后客服人员

售后服务质量是衡量网店服务质量的一个很重要的指标。好的售后客服人员不仅可以提升网店的形象，还能留住更多老客户。售后客服人员的工作内容主要包括退换货、投诉处理，客户反馈处理和客户回访等。图6-3所示为售后客服人员的工作内容。

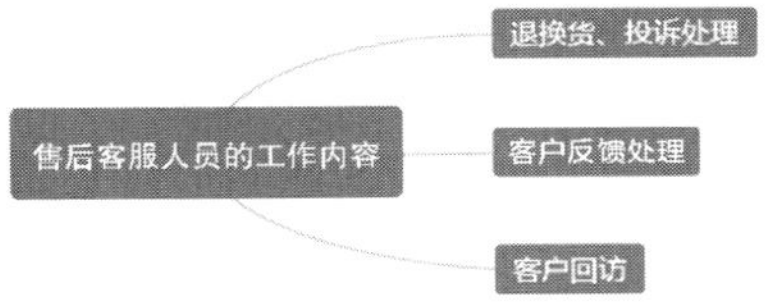

图6-3　售后客服人员的工作内容

（1）退换货、投诉处理。当客户提出退换货请求时，售后客服人员首先要了解客户退换货的原因。若是商品质量方面的原因，要及时同意客户的请求并详细告知客户退换货的流程和注意事项，保证客户利益不受损。当接到客户的投诉时，售后客服人员切勿与之发生争吵，应先了解客户不满的原因，初步给予客户一个有关处理方案的答复或承诺，给客户吃颗“定心丸”，然后查询投诉处理标准，制订处理方案，并及时向客户反馈处理意见。

（2）客户反馈处理。当客户收到商品后，在使用商品的过程中可能会出现某些问题，此时客户一般会找到售后客服人员进行反馈，或直接在评论中进行反馈。若客户直接找到售后客服人员进行反馈，售后客服人员一定要认真对待，先安抚客户的情绪，再根据实际情况进行处理，优先考虑客户的利益。

（3）客户回访。售后客服人员的工作还有一个重要的内容就是回访。回访客户可以增强客户黏性，加深客户对网店的印象。常用的回访方式有短信、邮件、千牛消息等。同时，售后客服人员要注意回访的内容，可以简单地告知客户网店的最新活动，也可以邀请客户参加网店的商品质量调查等活动。

三、网店客服人员的素养要求

下面总结了网店客服人员的素养要求，希望能给刚入职的网店客服人员一些建议。

1．熟悉商品知识

在与客户沟通的过程中，对话的绝大部分内容都围绕着商品本身。客户可能会提一些有关商品信息的专业问题，如果网店客服人员不能给予恰当的答复，或者一问三不知，无疑会打击客户的购买热情。因此，网店客服人员应当对商品的规格、基本属性、安装及使用方法、保养与维护、关联销售等都有所了解。

2. 遵守平台规则

如今是电子商务时代，越来越多的人都选择在网上购物，很多人都想通过做电商赚钱，但不管在哪个电商平台开店都是有要求的，卖家只有了解平台的规则和要求，做好充分的准备才能顺利开店。网店客服人员应该从卖家的角度来了解平台规则，从而更好地把握自己与客户交谈的尺度。店铺在运营的过程中，一是要遵守国家的法律法规，二是要遵守平台规则。平台规则起到规范平台用户行为、维护买卖双方利益的作用。

知识拓展

平台规则是网店平台对商家进行监控和管理的一个重要凭据，如果所有商家都不按照平台规则办事，网店平台就会变得混乱不堪，客户的合法权益也无法得到保障，并且对于一些商家而言，可能会遭受不公平的待遇，因此非常有必要遵守平台规则。

遵守平台规则对于店铺的日常运营来说是非常重要的，一旦违规，店铺就会被扣分、处罚，严重的会在一定时间内限制发布商品、屏蔽店铺、限制交易、限制参加平台营销活动，更严重的会被查封账户。因此，网店客服人员在上岗前一定要对平台规则进行学习，知道并了解平台的规则，以免影响店铺的业绩，必要时可以将平台规则制作成文档，以便在工作中随时查询。商家必须遵纪守法，遵守规则，规避封店风险。

3. 客服工具操作技能

网店客服人员的一个很重要的工作职责就是顺利地帮助买家完成交易。因此，在交易过程中，网店客服人员需要运用平台提供的客服工具和买家进行交流，帮助买家选择商品，回答买家的问题。网店客服人员还需要掌握淘宝助理、千牛卖家工作台、图片处理工具、阿里店小蜜等操作技巧。

4. 基本素质

一名合格的网店客服人员除了要具备理论知识和岗位操作技能外，还需要具备以下基本素质。

（1）良好的语言沟通能力。网店客服人员不仅需要对买家进行引导，更多的是要让买家有良好的购物体验，因此需要具有良好的沟通能力和话术技巧。

（2）良好的心理素质。网店客服人员只有具备良好的心理素质，才能始终保持高度的工作热情，通过积极的方式来化解矛盾、解决问题。

（3）较快的响应速度。较快的响应速度是网店客服人员必备的基本素质。网店客服人员最好在20秒之内回复买家，这样才能及时地解决买家的问题，避免客户流失。

任务二 客户问题处理

客服人员在日常工作中遇到最多的就是买家的问题咨询。尽管买家在咨询时不会像投诉时情绪那么激烈，但客服人员仍要小心应对，要用专业的业务知识熟练地处理买家的问题，为买家提供高效的服务，避免引起买家的不满。

一、与商品相关的问题

当客服人员向买家销售商品时，许多买家会抱怨商品的价格过高。客服人员要对店铺的商品有充分的了解。客服人员应广泛搜集与商品相关的资料，如其他买家的购买记录、买家对该商品的评价及商品获得的各项荣誉和专利技术证书等，从而让买家觉得商品的质量有保证。

买家有时会对商品质量有所顾虑，不愿下单。买家表面上是怀疑商品的质量，实际上是对网店和客服人员不信任，所以处理好这个问题的关键是要取得买家的信任，让买家相信客服人员。客服人员只用简单、空洞的语言向买家介绍商品，是难以真正取得买家信任的。以下方式都是不合适的。

“您放心吧，质量都是一样的。”

“都是同一批货，不会有问题的。”

“都是一样的东西，不会有问题的。”

“都是同一个品牌，没有问题。”

客服人员应坦诚地告诉买家商品以特价销售的真正原因，以事实说服买家，同时以特价商品实惠、划算的特点作为引导买家立即购买的催化剂。客服人员如果行为坦诚、语言真诚，并且表现得敢于负责，往往很容易取得买家的信任。客服人员可以采用以下语言来打消买家对商品质量的顾虑。

“我能理解您的这种想法，不过我可以负责任地告诉您，这些特价商品其实都是正品，我们只是为了回馈老客户而进行特价促销，但其质量和正价商品是一模一样的，您完全可以放心挑选。”

如果遇到买家买多件商品要求打折，客服人员首先应对对方的感受表示理解，然后通过商品的独特性、优越性及有力的质量保证等来说服买家，让买家知道物有所值。

如果买家还是坚持要求打折，则客服人员可以向店主申请或者以附加赠品等方式让步达成交易。客服人员一定要让买家感觉到自己已经在尽力帮助他解决这个问题了，语气要真诚、态度要诚恳，这样即使最后没有做出任何实质性的让步，买家也会感觉到客服人员确实已经尽力了。很多买家其实并不一定就是为了得到那点折扣优惠，关键是他要有一个购买的理由。因此，客服人员可以采用以下语言来回复买家。

“您好，我可以理解您的这种心情。如果我是您的话，我也会认为多买几件商品就应该得到一些折扣。不过我们店的商品价格都是实实在在的，所以还要请您多理解和支持我的工作。考虑到您的情况，这样吧，我送您一个很实用的赠品，您看行吗？”

二、与物流相关的问题

选择一家好的物流公司对网店生意来说很重要。不管采用什么运输方式，都要更多地考虑安全方面的问题。如果运输方式的安全性没有保障，就会引发一连串的问题，进而影响网店的生意和信誉。

如何选择一家令买家放心的物流公司呢？可以直接使用淘宝推荐的物流服务商。目前与淘宝合作的物流公司有申通快递、中通快递、国通快递、全峰快递、EMS等，使用淘宝推荐的物流服务商如图6-4所示。

图6-4 使用淘宝推荐的物流服务商

专家指导

将物流信息发送给买家，可以很好地打消买家对物流的疑虑。如今，选择方便、快捷的物流公司已经成为众多网店发货时的首选，但在享受便捷服务的同时，快递费也成为网店经营中一笔不小的开支。在商品质量和价格相同的情况下，买家肯定会选择快递费相对较低的网店。

任务三 交易促成

客服人员应该想尽办法缩短买家思考的时间，使客户快速做出决定以促成订单。对于这个问题，客服人员应该主动推荐商品引导客户购买、掌握不同类型客户的沟通技巧、对未支付订单催付。

交易促成

一、推荐商品引导客户购买

在大多数客服人员看来，客户咨询后下单了，这笔交易就完成了。但部分细心的客服人员在了解清楚客户的需求后，还会根据客户确定购买的商品来分析该客户还缺什么，并询问客户，这时客户就很有可能会再去选择一些关联商品。通过商品推荐可以帮助客户快速锁定所需商品，提高服务效率，促进交易，提高客单价。

商品推荐环节中的客服人员大致分为3种类型：忽略推荐、盲目推荐和善于推荐。

1. 忽略推荐

忽略推荐的客服人员在工作过程中了解了客户的需求，但由于缺乏销售技巧，整个推荐过程显得简单、机械和生硬，会让客户感到他是在强行推荐，从而心里产生抵触情绪而导致客户的流失。这类客服人员还不如顺从客户的想法，直接进行有效答疑更为稳妥，但这样慢慢地就会忽略商品推荐这一重要流程。

2. 盲目推荐

盲目推荐的客服人员的销售技巧同样有待提高。经过此类客服人员的一系列推荐后，客户通常依然只买自己最初需要的商品。不过这类客服人员以坚持不懈的工作心态、不放弃的工作精神进行商品推荐，保证了服务流程的完整性，但他们应认真分析推荐失败的根本原因。

3. 善于推荐

善于推荐的客服人员是优秀的客服人员。他们在与客户的沟通中，能够真正了解客户所需，以精湛的销售技巧，完成了一个完整的销售闭环，从而提高交易转化率和客单价，同时大大降低了店铺的运营成本。

有效的商品推荐可以提高店铺转化率，若想同时提高客单价、增加店铺营业额，客服人员还需要做关联销售（也叫连带销售）。其本质就是在交易双方互利互益的基础上，将店铺中与客户所购买商品具有相关性的商品推荐给客户，从而售出两件或两件以上的商品。关联销售还可以降低推广成本、增加商品曝光率及测试商品等，所以一名优秀的客服人员绝不会忽视这一环节。

二、不同类型客户的沟通技巧

客户受性别、年龄、性格等因素的影响，对同一商品的反映不尽相同。因此，客服人员应该掌握不同类型客户的特点，有针对性地进行销售。

课堂讨论

1. 网上购物时有哪些常见的客户类型？
2. 怎样与这些不同类型的客户沟通？

1. 优柔寡断型客户

优柔寡断型客户在客服人员对商品进行解释说明后，仍然犹豫不决，迟迟不能做出购买决定。

面对这类客户，客服人员要极具耐心并且多角度地强调商品的优势。在沟通过程中，客服人员应注意语言的说服力。如果客户犹豫不决，客服人员可以告知客户“店里的优惠活动马上就要结束了”“这种商品所剩不多”等，给客户一种“过了这个村就没这个店”的感觉，从而让其下决心购买。

2. 理智型客户

理智型客户的购买行为是在理性购买的动机支配下形成的。这类客户的头脑冷静、清醒，买东西有原则，很少受广告宣传、商标及包装等因素的影响。他们一般最关心商品本身的优、缺点及自己是否需要该商品。

面对这类客户，客服人员需要以自己的专业知识，分析商品的优、缺点以帮助客户做出购买决策。强行推销、宣传容易引起这类客户的反感，而且如果无法以理性的态度进行推销，客户会认为该客服人员的专业性不够，从而对其产生不信任感。

专家指导

在网上购物，客户看不到客服人员的表情，但是在沟通过程中，客服人员一定要让客户感觉到自己的热情。客服人员可以首先寻求自己与客户之间的共同点，让客户把自己当成朋友，从而消除其紧张情绪，尽量让客户放松下来；然后中肯地介绍自己的商品，注意不要过于夸大其辞，否则会适得其反。另外，客服人员也可以通过一些有力的证据向客户证明店铺的实力，如将自己的进货单和发货单照片放在店铺的相关页面中。

3. 稳重谨慎型客户

稳重谨慎型客户注意细节、思考缜密并且个性沉稳、不急躁。他们在挑选商品时常常比较慢，比较拿不定主意，还可能因犹豫而中断购买，甚至购买后还会疑心自己是否上当受骗。

面对这类客户，客服人员要想办法让客户自己说服自己，否则他是不会做出购买决定的。不过，一旦客服人员赢得了这类客户的信任，他们就会非常坦诚。

4. 从众型客户

从众型客户的购买行为常受他人意见的影响，他们不仅关心商品本身，还关心有多少人买了这个商品，以及别人是怎么评价这个商品的。

面对这类客户，客服人员要用积极的态度，给予客户强有力的正面暗示，不仅可以把商品的功能、宣传广告都展示给客户，而且可以把商品的好评也展示出来。

5. 挑剔型客户

面对这类客户，客服人员不要对其观点加以反驳，不应抱有反感情绪，要耐心地沟通。面对难缠的客户，不应“对抗”，而应“消除、解决和合作”，将最难缠的客户转化为最忠诚的客户。针对这类客户，客服人员应扬长避短地推荐商品。客服人员可以这样说：“虽然您不喜欢这件商品的款式，但是比起外观，功能才是最重要的，不是吗？”

6. 冲动型客户

冲动型客户在购物时理智完全被冲动战胜，经常买一些自己用不上的东西，广告及周围人的意见都会影响他们的购买决定。这类客户在买东西时完全凭借着一种无计划的、瞬间产生的强烈的购买渴望，以直观感觉为主要判断依据，新商品、新服务项目对他们来说吸引力较大。他们一旦接触到一件合适的商品就会立即买下，而不愿反复进行比较和选择。

面对这类客户，客服人员要提醒其注意看清商品的描述。在发布商品时，卖家一定要注意商品描述是否写清楚、商品图片是否与实物有差距。

三、对未支付订单催付

在常规交易中，当客户拍下商品后，如果24小时内没有付款，那么这笔订单将自动关闭，订单关闭也就意味着客服人员没有成功卖出商品，对于店铺来说就是销售额的损失。所以，对于一些下了单还没有付款的客户，客服人员应该在适当的时机催促客户付款。只要有效地进行了催付，就可以大大降低销售额的损失。催付是提高店铺转化率最直接、最有效的方法之一。

在催付之前，客服人员首先要知道在哪里可以看到这些即将关闭的订单。进入“千牛卖家工作台”，选择“交易管理”→“已卖出的宝贝”→“等待买家付款”，在后台查看未付款的订单如图6-5所示，这里显示的订单都是客户拍下后未付款的订单。

图6-5　在后台查看未付款的订单

得到了未付款的订单信息之后，客服人员首先要分析客户在下单后为什么迟迟没有付款、遇到了哪些问题，然后有针对性地解决客户的问题。如果只是一味地盲目催客户付款，会适得其反。一般来说，客户下单后迟迟未付款的原因有两类：一是客观原因，二是主观原因。

1. 客观原因

客观原因主要包括操作不熟练、忘记支付密码、支付宝余额不足等，针对这些原因，客服人员可以采取下面的应对措施。

（1）操作不熟练。一些新手客户对购物流程不熟悉，一般会遇到各种问题，如忘记下载插件、混淆密码等，最终导致订单支付失败。客服人员可以积极、主动地询问客户未付款的原因，并引导客户一步步地完成支付。客服人员要熟悉购物流程，并且善用千牛的截图功能，这样可以更加直观地解决这个问题。

（2）忘记支付密码。有些客户会忘记支付密码，并且不知道具体应该怎么操作，因此客服人员需要熟悉重置密码的方法，帮助客户找回支付密码，使客户最终完成付款。

（3）支付宝余额不足。当客户说支付宝余额不足，不能付款时，客服人员可以建议客户使用其他付款方式支付。在付款页面中，选择“其他付款方式”，如图6-6所示。在弹出的付款方式中可以选择银行卡支付、花呗支付等，选择支付方式如图6-7所示。

2. 主观原因

客户下单后迟迟未付款，除了客观原因外，还有主观原因。常见的主观原因有以下3类。

（1）议价不成功。客户和客服人员对于商品的价格无法达成一致，客户对店铺的商品价格不认可导致最终无法完成交易。客服人员可以采用赠送小礼品或将客户升级为店铺会员的方式来提高催付的成功率。

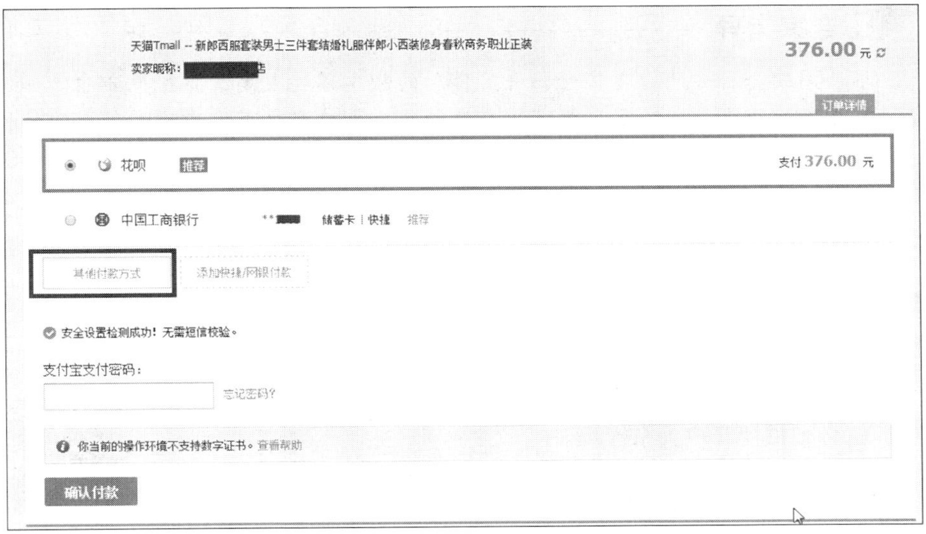

图6-6　选择“其他付款方式”

图6-7　选择支付方式

（2）客户对商品持怀疑态度。客服人员应该及时、努力地打消客户的疑虑，催促其尽快付款。

（3）另寻商家。这种情况较为常见，客户想货比三家。客服人员可以从商品本身及服务上寻找别家店铺与自家店铺的差距，并将这些差距展现给客户，从而为本店铺商品加分，促使客户付款。

专家指导

不要用同一种方法重复催付，并且催付的频率不要太高，要把握分寸。如果客户实在不想购买，就给客户留下一个好印象，等待客户下次光临。每次催付的过程，以及催付过程中遇到的问题都要记录下来，以便对以后的催付方式进行调整和优化。

任务四 客户关系管理

源源不断的客户是网店取得好业绩的前提。网店要想拥有更多客户，就必须重视客户关系管理。

客户关系管理

一、认识客户关系管理

客户关系管理（Customer Relationship Management，CRM）是指为提高客户的满意度和忠诚度，商家利用相应的信息技术协调自己与客户在营销和服务上的交互，从而调整其管理方式，向客户提供个性化的交互和服务的过程。其最终目标是吸引新客户、留住老客户，提高客户忠诚度，增加市场份额，从而提高店铺竞争力。

客户关系管理的核心是客户价值管理，通过“一对一”的营销原则，满足客户不同价值的个性化需求，提高客户的忠诚度和保有率，实现客户价值持续增长，从而全面提高店铺的盈利能力。

客户关系管理不仅是一个软件或者一种制度，它还是方法论、软件和计算机技术的综合，是一种商业策略。对于网店的客户，商家需要了解他们的性别、年龄、收入状况、性格、爱好、购物时间、购买记录等，并进行统一的数据管理，然后对他们进行有针对性的关怀和营销。

二、客户运营平台的应用

网店客户运营平台是用来搭建和维护客户关系的。商家使用客户运营平台，可以更好地了解客户、管理客户及对客户进行精细化运营。客户运营平台能直观地用表格、图片等形式把店铺的客户信息、爱好等展示在网店卖家面前，方便卖家进一步分析客户需求。图6-8所示为客户运营平台。

客户运营平台主要有以下功能。

1. 客户管理

通过客户运营平台中的客户列表，商家可以对客户信息进行深度备注，便于日后对客户进行点对点精准管理，同时还可以对客户进行分组，以便对同类客户实现高效运营。完整、准确的客户信息是客户关系管理的基础。

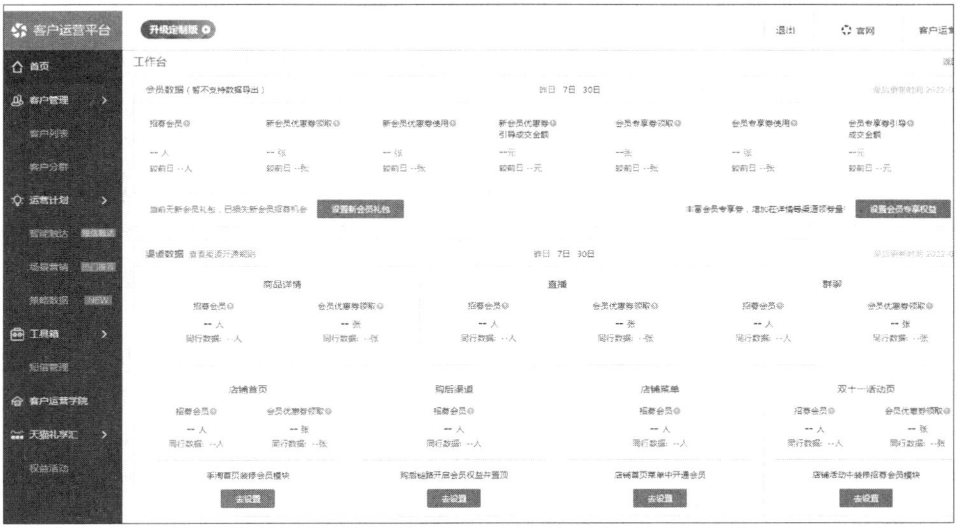

图6-8　客户运营平台

打开“客户运营平台”页面，单击“客户列表”，页面会按交易时间顺序呈现网店客户名单及其订单信息，并按照“成交客户”“未成交客户”“询单客户”对客户进行分组，客户管理如图6-9所示。

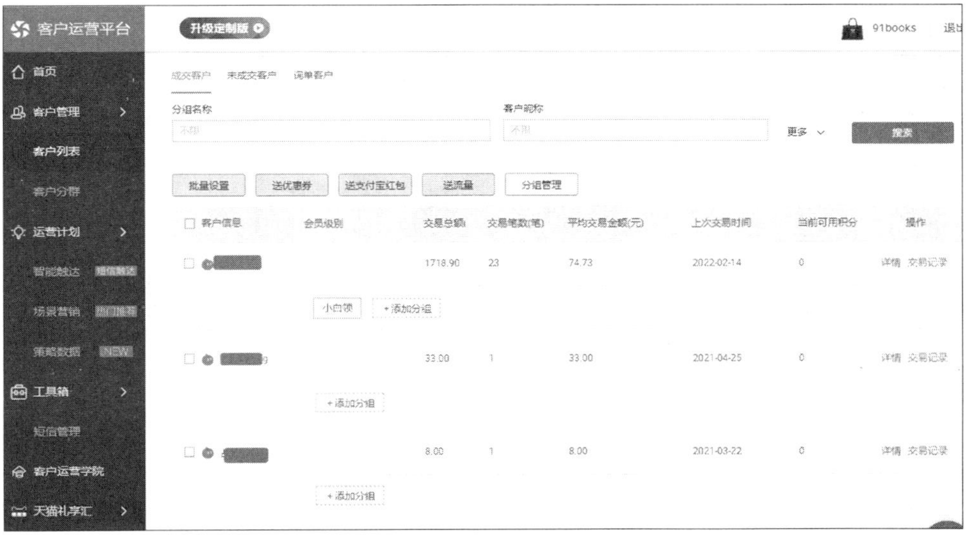

图6-9　客户管理

2. 千人千面展示

客户运营平台可以帮助卖家针对新、老客户的购物需求或地域展示个性化的店铺首页，进而提高成交率。

3．增加客户黏度

卖家应对在店铺中消费过的新客户进行维护，让新客户转变成老客户，再进行老客户维护，增加客户对店铺的信任度和黏度，从而提高店铺转化率。

4．会员制管理客户

会员是品牌高价值、高黏性的核心客户群体。平台可以帮助卖家根据客户的消费水平和消费频次，对客户等级进行划分，以便卖家深入管理客户信息和进行会员营销。

5．客户分群

客户分群是指依据销售或运营指定的某些条件，将客户划分为不同的客户群体。网店可针对不同的群体具体执行不同的运营策略。网店运营需要打造精准的人群，人群越精准，成交率也就越大。网店运营平台的客户分群系统会自动地将店铺的重点运营人群分为兴趣人群、新客户人群、复购人群几大类，客户分群如图6-10所示。各类人群的特征如下。

（1）兴趣人群。兴趣人群即近3-10天对商品有收藏或者加购行为，但是没有购买商品的人群。

（2）新客户人群。新客户人群即720天内仅在店铺内消费过一次，且此次消费在180天内的人群。

（3）复购人群。复购人群即买过店铺内复购率比较高的商品，且处于回购期内的客户群体。

图6-10　客户分群

三、设置客户分组

客户运营平台中的会员管理工具提供了会员分组管理、客户分群等功能，具体操作步骤如下。

（1）登录“千牛卖家工作台”，单击“营销中心”右侧的“>”，在弹出的菜单中选择“客户运营平台”，如图6-11所示。

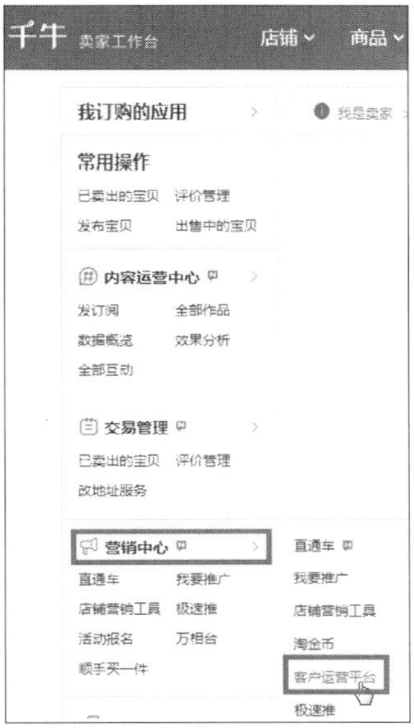

图6-11　客户运营平台

（2）打开“客户运营平台”页面，单击“客户列表”，页面会按交易时间顺序呈现网店客户名单及其订单信息，并按照“成交客户”“未成交客户”“询单客户”对客户进行分组。单击“客户列表”右边的“详情”链接，如图6-12所示。

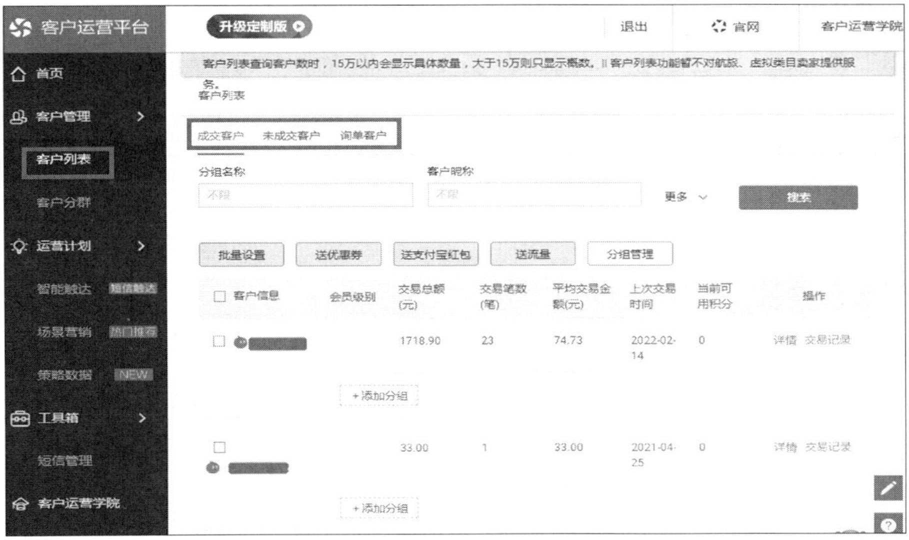

图6-12　客户列表

（3）页面中呈现出客户的详细信息，包括客户的真实姓名、省份城市、性别及交易信息等，如图6-13所示。

图6-13　客户的详细信息

（4）单击“分组管理”按钮，如图6-14所示。

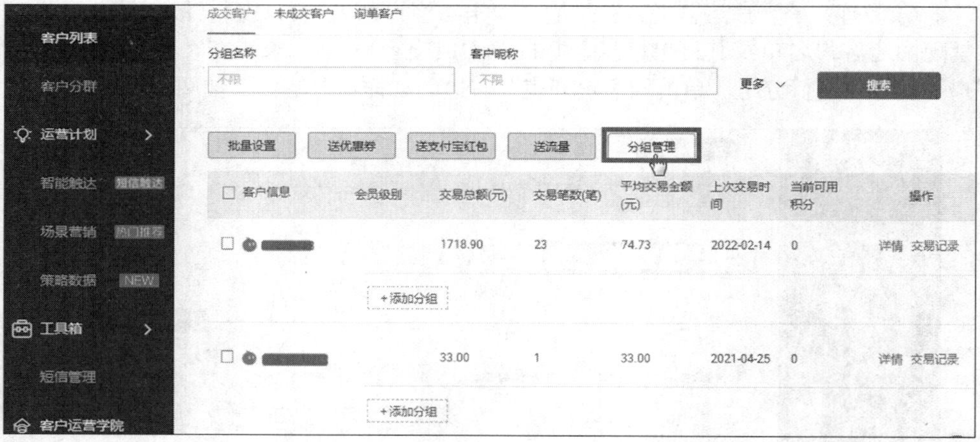

图6-14　单击“分组管理”按钮

（5）根据不同的方式从多个维度对客户进行分组管理，然后单击“新增分组”按钮。图6-15所示为对客户进行分组管理。

（6）进入“新建分组”页面，并设置分组名称，如图6-16所示。

（7）单击“确定”按钮，即可看到新建的分组，如图6-17所示。

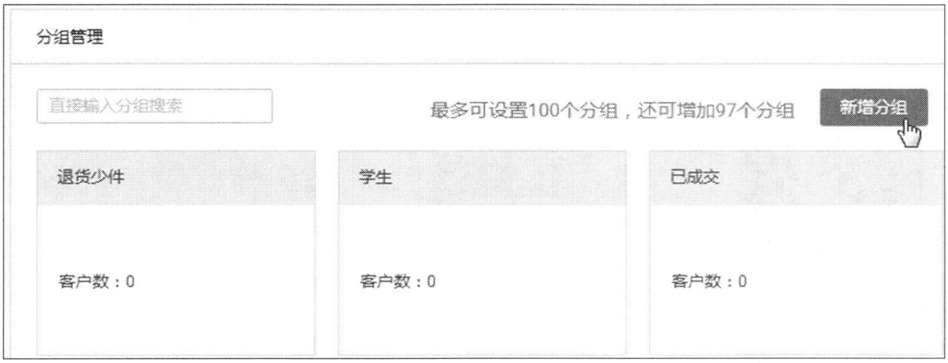

图6-15　对客户进行分组管理

图6-16　设置分组名称

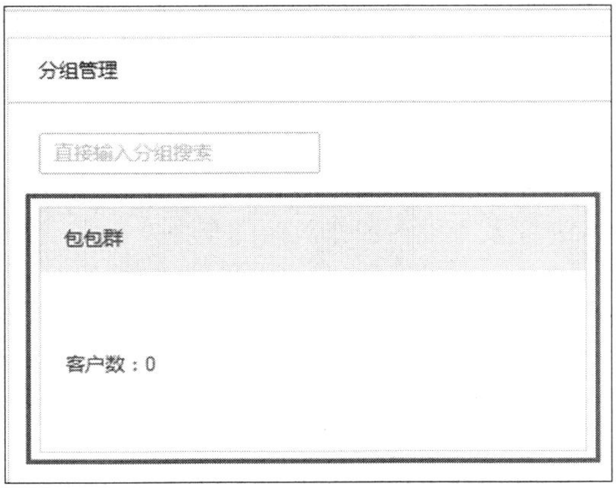

图6-17　新建的分组

（8）选择一个客户，单击“添加分组”按钮，为其选择合适的组群，如图6-18所示。

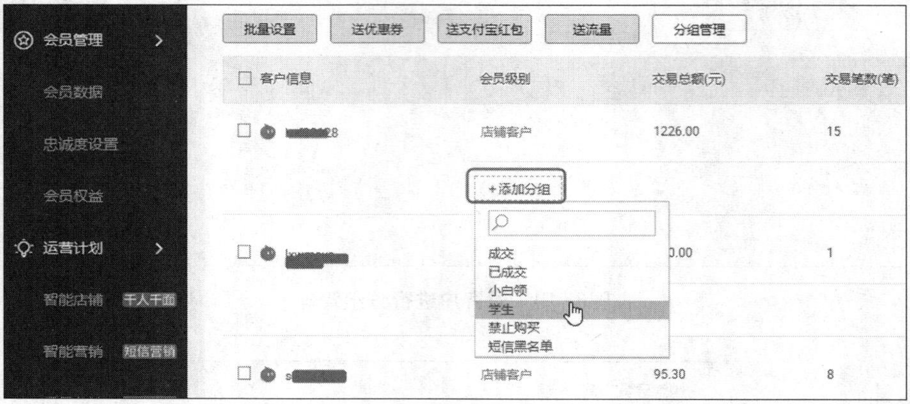

图6-18　添加分组

知识巩固与技能训练

一、填空题

1. 中、大型网店对客服进行了明确的分工，一般会将网店客服分为________、________、________3种类型。

2. ________的工作集中在客户付款到订单签收的整个时间段。

3. 商品推荐环节中的客服人员大致分为________、________、________3种类型。

4. ________是指为提高客户的满意度和忠诚度，商家利用相应的信息技术协调自己与客户在营销和服务上的交互，从而调整其管理方式，向客户提供个性化的交互和服务的过程。

5. ________是用来搭建和维护客户关系的。商家使用客户运营平台，可以更好地了解客户、管理客户及对客户进行精细化运营。

二、选择题

1. 以下不属于售中客服人员的工作范畴的是（　　）。

A. 订单确认及核实　　　　B. 回访消费者

C. 装配商品并打包　　　　D. 发货并跟踪物流

2. 下列关于售前客服人员的说法错误的是（　　）。

A. 当客户犹豫不决时，引导客户快速下单

B. 客户进店时，需要问好

C. 不顾消费者的喜好，只推荐利润高的商品

D. 当客户遇到疑难问题时，解决疑议

3. 售后客服人员在处理交易纠纷时，做法错误的是（　　）。

A. 当客户抱怨商品受损时，售后客服人员只需要让客户联系快递公司即可

B. 当客户提出退换货请求时，售后客服人员首先要了解客户退换货的原因

C. 客户投诉时，售后客服人员要先安抚客户的情绪，再根据实际情况进行处理

D. 售后客服人员不要急着去辩解，要了解清楚消费者遇到的问题

4. 下列不是网店客服人员的素养要求的是（　　）。

A. 熟悉商品知识　　B. 熟悉平台规则

C. 掌握客服工具操作技能　　D. 熟悉网店设计软件

5. 下列选项中是买家未支付的主观原因的是（　　）。

A. 操作不熟练　　B. 忘记支付密码

C. 另寻商家　　D. 支付宝余额不足

三、思考题

1. 售前客服人员有哪些工作职责？
2. 网店客服人员的素养要求是怎样的？
3. 售前客服人员应怎样推荐商品、引导客户购买？
4. 客户在下单后一般来说为什么迟迟没有付款？
5. 什么是客户关系管理？

四、技能训练

精准的短信营销是管理客户关系的重要一环，客户运营平台的短信触达能够灵活地圈选人群，使访问、收藏、加购标签全面开放，筛选能力更加强大。短信触达的智能发送时间精准，能够有效地提升店铺的进店率。网店卖家进行短信营销的操作步骤如下。

（1）打开“客户运营平台”页面，单击左侧“运营计划”下的“智能触达”，打开“智能触达”页面，单击“短信触达”下的“立即创建”按钮，选择“短信触达”如图6-19所示。

图6-19　选择“短信触达”

（2）进入“短信触达”页面，创建运营计划的第1步是创建计划名称并选择人群。在明确营销目的以后，选择想要营销的目标人群，可以选择系统推荐的人群，也可以单击“新建人群”按钮，重新创建人群，创建计划名称并选择人群如图6-20所示。

图6-20　创建计划名称并选择人群

（3）在“创建人群”页面，选出需要的人群标签，如图6-21所示。

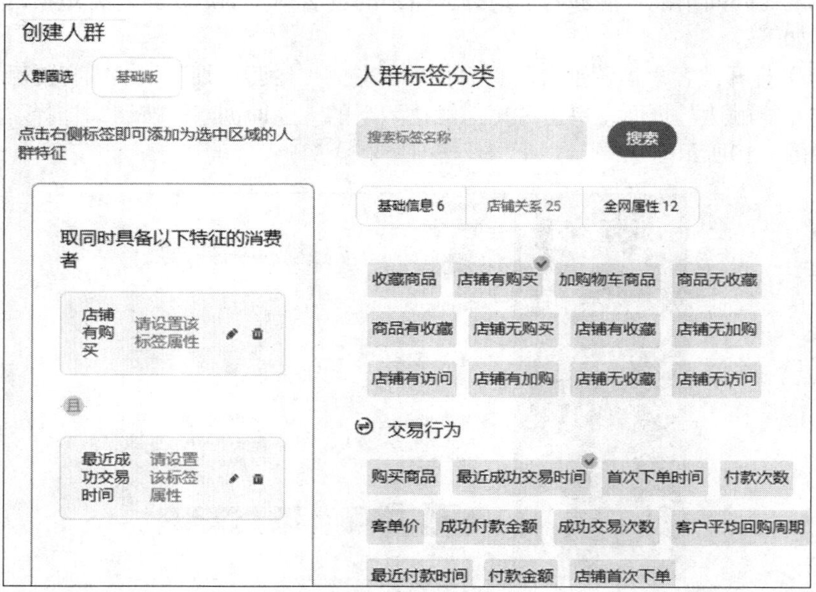

图6-21　选出需要的人群标签

（4）创建运营计划的第2步是选择通过何种渠道把营销信息传递给客户。目前支持两种渠道：短信和定向海报。短信会将营销信息发送至客户的手机上。图6-22所示为选择通过短信通知客户。

图6-22　选择通过短信通知客户

（5）如果短信功能未开启，可进入“短信功能申请”页面，填写手机号码和短信签名，如图6-23所示。申请成功后就可以使用短信发送营销信息了。

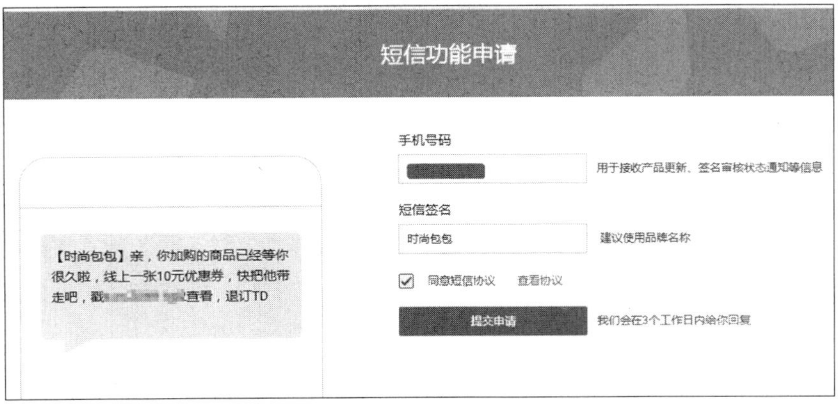

图6-23　“短信功能申请”页面

任务实训——使用催付工具催促客户付款

实训目标

为了更好地掌握客服人员使用催付工具催促客户付款的相关知识，我们通过具体的案例来加深对催付的认识和理解。

实训要求

1. 商家要登录“千牛卖家工作台”，选择“交易管理”→“已卖出的宝贝”→“等待买家付款”，查看未付款的订单。

2. 商家要与客户沟通，分析客户未付款的原因，包括客观原因和主观原因。

3. 商家要使用不同的催付工具，如千牛、短信和电话。商家使用千牛自带的催付话术，并编辑催付语。对于订单总金额较大的客户一般推荐使用打电话的方式进行催付。

实训练习

登录“千牛卖家工作台”，查看未付款的订单，并使用千牛设置催付话术，催促没有付款的客户付款。

实训分析

催付对网店和客服人员来说非常重要。在催付的过程中，客服人员可以通过主动提问等方式获知客户未付款的原因，并帮助客户解决问题。在这个沟通过程中，客服人员既需要选择合适的沟通工具，还需要组织好话术，再运用沟通技巧。在催付过程中，客服人员切记要以客户为中心，注意语气和频率，要让客户体会到客服人员的目的不是催付，而是帮助客户解决其遇到的问题。

对于客服人员来说，催付成功率与最终付款成功率息息相关，最终付款成功率则与客服人员的收入息息相关。所以，催付是客服人员必须做好的一项工作。

项目七

网店运营数据分析

在网店运营中，数据分析扮演着不可忽视的角色。很多商家都不太了解数据分析，只知道一味地引流、打造热销款等，却不知道如何利用数据分析获取更好的引流效果。做好数据分析与数据挖掘，不仅有助于改善店铺的经营状况，还有助于营销推广、打造热销款。本项目的内容包括网店数据分析概述、销售数据分析、客户数据分析和竞争数据分析。

【学习目标】

知识目标	☑ 熟悉网店数据分析的作用 ☑ 掌握网店数据分析的指标 ☑ 掌握网店数据分析的流程 ☑ 掌握网店常用的数据分析方法
技能目标	☑ 掌握网店运营数据分析工具 ☑ 掌握商家自身销售数据分析 ☑ 掌握消费者行为分析 ☑ 掌握竞争数据分析
基本素养	☑ 具备分析网店客户画像的能力 ☑ 具备分析竞争对手的能力

【任务导入】

通过网店数据分析及时消除店铺隐患

周某原来是经营线下服装店的，最多时经营5家服装店。受电商的影响，传统服装店销量每况愈下，2020年年底，周某关了最后一家线下店，并在淘宝网上注册了自己的网店。刚开始，周某卖一些名牌服装的尾货。开店不到两年，他在淘宝上的品牌男装旗舰店已有 3 个皇冠，好评率达 99.01%。周某注册了自己的男装品牌，请服装设计师来设计服装，并将其交由代工厂商生产后，利用网络渠道销售。

但最近，网店的销量出现了下滑趋势，要找到销量下滑的原因，还应从访客数、转化率和客单价着手。于是，周某通过跟客服人员沟通和查阅客服人员与客户的聊天记录，发现客服人员的访客数、转化率、客单价及响应速度等数据都存在问题。他决定对电商平台数据中的每个指标逐一展开分析，以消除网店的隐患。如今，各行各业都离不开数据分析，网店运营人员在打造一个品牌、一个热销款时更是离不开数据分析，可以说数据分析贯穿电商的整个运营过程。

思考：

1. 为什么要做好网店数据分析？
2. 如何做好网店数据分析？

任务一 网店数据分析概述

网店数据分析是指通过观察、调查、统计等手段，以数据形式把网店运营的各方面情况反映出来，使运营者更加清楚目前店铺的运营情况，以便调整运营策略。

网店数据分析概述

一、网店数据分析的作用

随着电商企业规模的不断扩大，管理数据日益复杂，仅仅依赖于传统的管理手段是很难满足现代化的电商企业管理需求的。因此，为了实现网店的现代化科学管理，实现对复杂的管理数据的识别和分析，满足企业快速成长的需求，运营者必须充分认识到数据分析对网店发展的重要性，重视数据统计与分析的相关工作，提高网店数据统计与分析的质量，保证数据的精准度。

在网店管理中，数据分析的价值越发凸显。数据分析为网店运营提供了良好的信息管理基础，使运营者能够组织和展开内部的数据统计工作。数据分析的价值还体现在对网店运营发展中出现的问题的分析和预测上，其具体内容如下。

（1）发现问题。通过数据分析可发现问题，找到问题症结。

（2）解决问题。通过数据分析能更有针对性地找到解决问题的方法。

（3）预测趋势。通过数据分析可预测网店平台、产品的发展趋势。

（4）挖掘需求。通过数据分析可挖掘客户需求。

二、网店数据分析的指标

商家要想做好数据分析，一定要能看懂各种指标，通过分析指标数据来弥补运营方面的不足，并且不断地优化店铺，顺利地运营店铺。网店数据分析的指标主要有以下几个。

1. 客单价

客单价是指店铺每个成交客户平均每次购买商品的金额，即平均交易金额。

客单价的计算公式是：客单价=销售总额÷成交总笔数。

店铺销售总额是由客单价和成交总笔数决定的，因此，要提高店铺的销售总额，除了尽可能多地吸引客户进店，增加客户交易笔数之外，提高客单价也是重要的途径。

2. 转化率

转化率是指成交客户数占店铺访问总人数的比重。转化率对店铺的成交量有直接影响。虽然流量对店铺的成交量影响很大，但如果店铺转化率太低，流量再多也不起作用。只有提高转化率，引流的效果才会更好。转化率高低直接影响店铺对高质量流量的转化能力。

3. 复购率

复购率是指客户对产品或者服务的重复购买次数，复购率越高，客户对品牌的忠诚度就越高。对于客户复购率高的店铺，平台会认为商家的服务态度好、发货速度快、商品质量好。

4. 退款率

退款率是指近30天成功退款笔数占近30天总交易笔数的比率。退款率对一个商家的影响很大，能间接反映商家的产品质量、服务态度、产品款式的受欢迎程度等。如果店铺的退款率高于行业的平均退款率，就要及时做好调整了。卖家可以采用发放小红包或赠送小礼品给客户的方法来降低退款率。

5. 点击率

点击率是指商品展现后被点击的比率，其计算公式为：点击率=点击量÷展现量。点击率能体现商品是不是真的受欢迎，对流量也会产生影响。点击率提高了，说明店铺和商品得到了更多的展现和曝光，有了点击率才可能有转化率。点击率低的主要原因有产品价格高、销量低、款式过时、关键词不精准、客户定位不精准等。创意主图和文案质量差常常会带来低点击率，卖家可以通过优化商品主图和文案来提高点击率。

6. 访客数

访客数是指统计周期内访问店铺的去重人数。需要注意的是，一个人在统计周期内多次访问店铺，访问次数只记为一次。访客数是网店销量的基础，在转化率不变的情况下，访客数越多，网店销量越大。

7. 店铺动态评分

店铺动态评分包括描述相符、服务态度、物流服务3项评分，它是衡量店铺运营是否顺利的标准之一。店铺动态评分不仅影响店铺排名，还会影响商品排名，如果客户看到店铺动态评分很低会大大降低购买欲望。要提高店铺的动态评分，需要从描述相符、服务态度、物流服务这几个角度入手。

8. 跳失率

跳失率是指客户只访问了一个页面就离开的访问次数占该页面总访问次数的比例。该值越低表示流量的质量越高。跳失率过高说明有很多买家光临了你的店铺，但是没有下单就跳转到别的店铺去了。

三、网店数据分析的流程

网店运营涉及的数据非常广泛，网店数据分析的常见流程包括收集数据、量化分析、提出方案、优化改进，如图7-1所示。

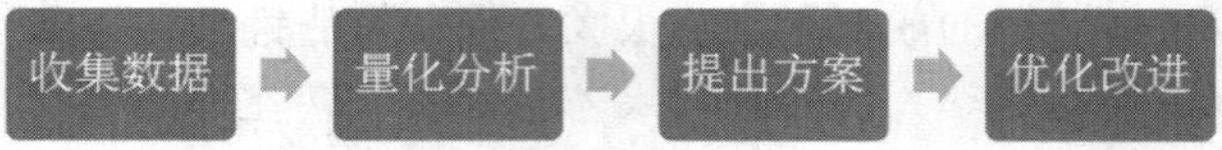

图7-1　网店数据分析的常见流程

1. 收集数据

在进行网店数据分析之前，卖家首先要收集和获取数据，应尽量获得完整、真实、准确的数据。网店数据的获取途径主要有以下几种。

（1）自己店铺的数据。自己店铺过往的销售记录、交易转化数据、广告推广效果等是最真实、最有价值的，应该定期整理。

（2）平台提供的数据。卖家可以充分利用平台提供的数据分析工具了解店铺运营状况，如通过平台提供的生意参谋工具查看商品访客数、商品浏览量、商品平均停留时长、商品详情页跳出率等。图7-2所示为利用平台提供的生意参谋工具。

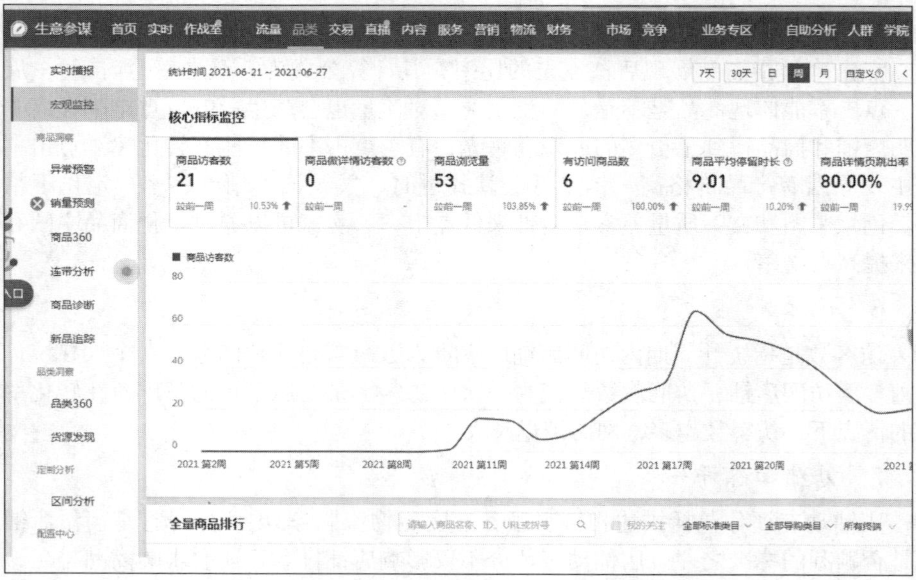

图7-2　利用平台提供的生意参谋工具

（3）第三方数据分析工具。有的平台提供给卖家的数据不足以满足卖家对数据分析的需求，此时卖家可以利用第三方数据分析工具收集更多数据。有些第三方数据分析工具是专门服务于网店卖家的，通常可用于收集店铺整体数据、行业数据、竞品数据。图7-3所示为阿里巴巴商家服务市场提供的第三方数据分析工具。

图7-3　阿里巴巴商家服务市场提供的第三方数据分析工具

2. 量化分析

数据量化分析不只是对数据的简单统计和描述，而是在数据中发现问题的本质，然后针对确定的主题进行归纳和总结。常用的数据量化分析方法有以下几种。

（1）趋势分析。趋势分析是将实际达到的结果与不同时期报表中同类指标的历史数据进行比较，从而确定变化趋势和变化规律的一种分析方法，具体包括定基比、同比和环比3种方法。

（2）对比分析。对比分析是把两个相互联系的指标数据进行比较，从数量上展示并说明研究对象规模的大小、水平的高低、速度的快慢，以及各种关系是否协调。在对比分析中，选择合适的对比标准十分关键。只有标准合适，卖家才能做出客观的评价；反之，卖家则可能会得出错误的结论。

（3）因果分析。因果分析是为了确定引起某一现象的原因，主要解决“为什么”的问题。因果分析就是在研究对象的先行情况中，把它的原因现象与其他非原因现象区别开来，或者是在研究对象的后行情况中，把它的结果现象与其他现象区别开来。

3. 提出方案

对网店数据进行量化分析后，卖家应将数据量化分析的结果进行汇总、诊断，并提出最终解决方案，具体步骤如下。

（1）评估描述。对评估情况进行客观描述，用数据支持自己的观点。

（2）编制统计图表。运用柱状图和条形图对基本情况进行更清晰的描述，运用散点图和折线图表现数据间的因果关系。

（3）提出观点。根据数据分析，提出自己的观点，预判网店的发展趋势，制定具体的改进措施。

（4）制作演示文档。基于以上3点进行总结归纳，列出条目，制作一份详细的演示文稿，进行演示和讲解。

4. 优化改进

随着改进措施的实施，要及时了解运营数据的变化，不断优化和改进，力争标本兼治，使同类问题不再出现；持续地监控和反馈，通过对比数据，发现仍需要改进的地方，或者筛选出最优方案。

数据分析是一项长期的工作，同时也是一个循序渐进的过程，需要网店运营人员实时监测网店运营情况，及时发现问题、分析问题并解决问题，只有这样才能使网店健康、持续地发展。

四、网店常用的数据分析方法

在大数据时代，大数据全面、实时、精准地为网店卖家提供了海量的数据集。网店常用的数据分析方法如图7-4所示。

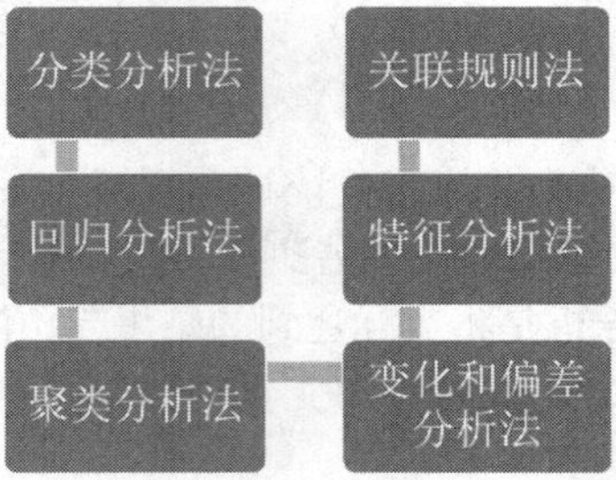

图7-4 网店常用的数据分析方法

1. 分类分析法

分类分析法是指将数据库中的数据项映射到某个特定的类别。它可以应用到客户的分类、客户的属性和特征分析、客户满意度分析、客户的购买趋势预测等方面。例如，汽车零售商将客户按照对汽车的喜好分成不同的类型，这样营销人员就可以将不同汽车的广告手册有针对性地直接发送到有这种喜好的客户手里，从而大大提高成交率。

2. 回归分析法

回归分析法反映的是事务数据库中属性值在时间上的特征，通过产生一个将数据项映射到实值预测变量的函数，发现变量或属性间的依赖关系。回归分析法的应用范围较广，如预防客户流失活动、产品生命周期分析、销售趋势预测及有针对性的促销活动等。

3. 聚类分析法

聚类分析法是把一组数据按照相似性和差异性分为几个类别，其目的是使同一类别数据间的相似性尽可能大，不同类别数据间的相似性尽可能小。它可以应用到客户群体分类、客户背景分析、客户购买趋势预测、市场细分等方面。

4. 关联规则法

关联规则法是指描述数据库中数据项之间关系的规则，即根据一个事务中某些项目的出现，可大致推导出其他项目在同一事务中也会出现，反映数据间隐藏的关联或相互关系。

5. 特征分析法

特征分析法是指从数据库中的一组数据中提取出关于这些数据的特征式，这些特征式表达了该数据集的总体特征。例如，营销人员通过对客户流失因素的特征提取，可以得到客户流失的一系列原因和主要特征，利用这些特征可以有效地预防客户流失。

6. 变化和偏差分析法

变化和偏差分析法是指寻找观察结果与参照量之间有意义的差别。在网店危机管理及其预警中，运营者更感兴趣的是那些意外规则。意外规则可以被应用到各种异常信息的发现、分析、识别、评价和预警等方面。

专家指导

越来越多的网店开始倡导“用数据说话”，其实质就是利用数据分析帮助商家进行网店运营和决策。每个商家都拥有不同的企业文化和独树一帜的营销风格，因此，其数据分析方法也会存在差异。

五、网店运营数据分析工具

网店每时每刻都在产生数量庞大的数据，因此需要专门的软件和工具对其进行处理，下面介绍淘宝网店最常用的数据分析工具——生意参谋。

生意参谋是阿里巴巴打造的卖家统一数据平台，面向全体卖家提供一站式、个性化、可定制的商务决策体验。它集成了海量数据及店铺经营思路，不仅可以更好地为卖家提供流量、商品、交易等店铺经营全链路的数据披露、分析、解读、预测等功能，还能更好地指导卖家进行数据化运营。图7-5所示为“生意参谋”平台。

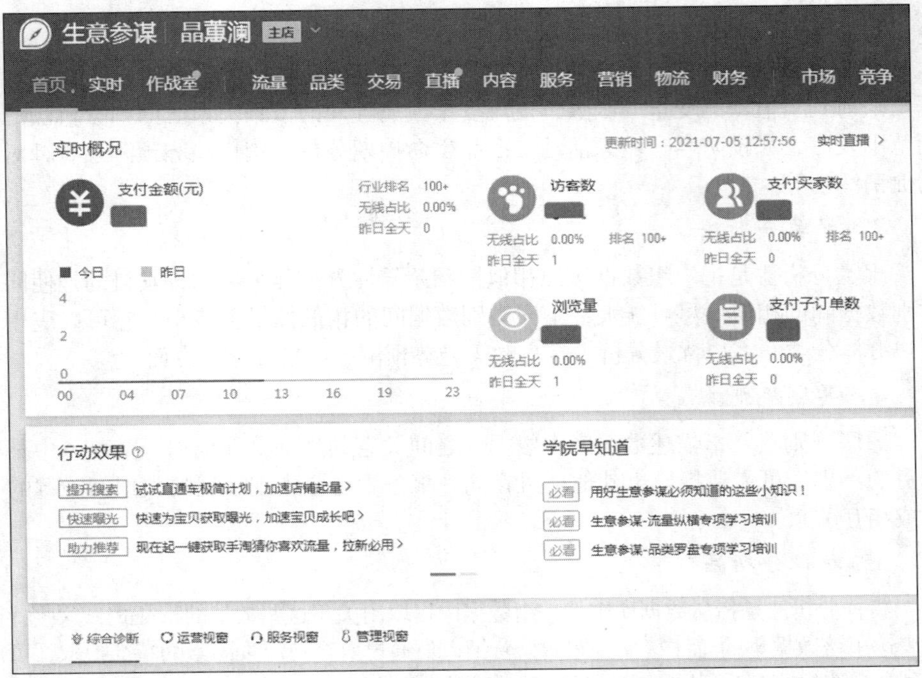

图7-5　“生意参谋”平台

任务二 销售数据分析

在网店的营运过程中，销售额指标一直都是商家关注的重点。

销售数据分析

一、销售额指标分析

销售额指标分析的重点在于以下几个方面。

（1）通过数据记录统计、分析各周期内总销量情况、各流量渠道销量情况、活动销量情况、不同商品销量情况和不同层次客户销量情况，总结市场销售规律，对比销售计划进行商品优化、渠道优化、推广手段优化。

（2）通过数据分析，监控竞争对手销售情况的变化，分析竞争对手的总销售情况及不同商品的销售情况，及时优化商品及流量。

（3）通过数据分析，监控总体市场销售变化情况、商品结构情况、客户层次情况，及时调整市场策略，为企业发展做准备。

二、商家自身销售数据分析

商家可以将当月的销售情况和销售指标完成情况，与去年同期或者上个月的销售情况和销售指标完成情况进行对比，通过这组数据的分析可以知道同比销售趋势及实际销售与计划指标的差距。

通过生意参谋分析店铺销售数据的具体操作步骤如下。

（1）通过生意参谋“运营视窗”下的“整体看板”，可记录并分析不同阶段的销售额变化情况，以及当日支付金额、访客数、支付转化率、客单价、成功退款金额等生意参谋“运营视窗”下的“整体看板”如图7-6所示。

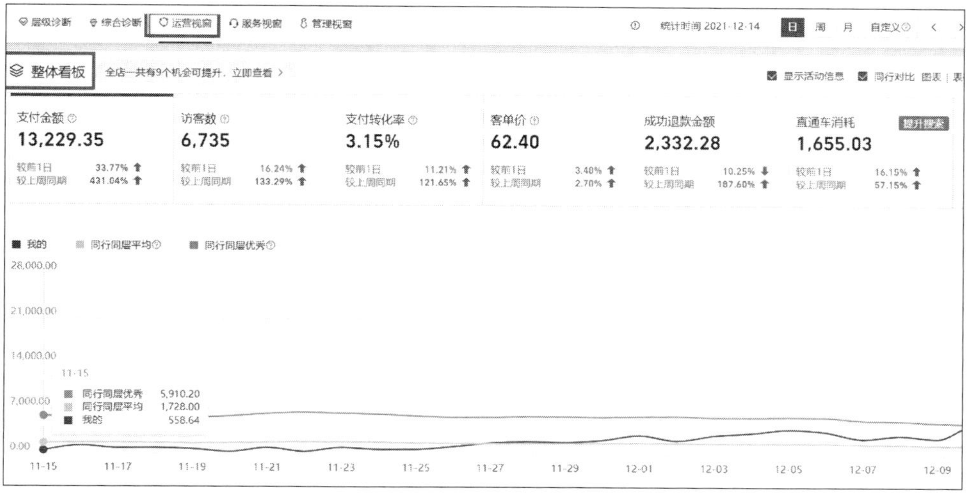

图7-6　生意参谋“运营视窗”下的“整体看板”

（2）通过生意参谋“交易分析”下的“交易构成”，可以从不同角度细分店铺销售数据的构成，包括终端构成、类目构成、价格带构成、品牌构成。

① 终端构成主要用于直观地分析店铺PC端、移动端的交易情况，终端构成如图7-7所示。

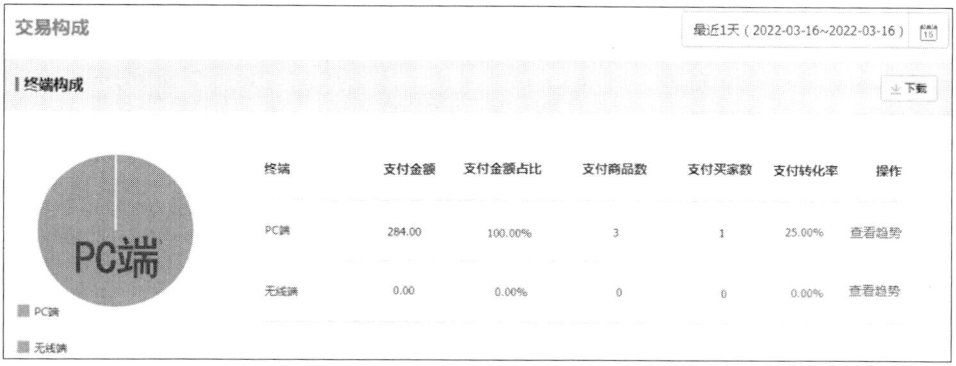

图7-7　终端构成

② 类目构成主要是从类目角度出发，分析店铺类目的交易情况，类目构成如图7-8所示。

类目构成　全部　PC　无线　下载

箱包皮具/热销...
占比：100.00%

类目	支付金额	支付金额占比	支付买家数	支付转化率	操作
女士包袋	182.90	64.40%	1	100.00%	查看趋势
男士包袋	101.10	35.60%	1	20.00%	查看趋势

图7-8　类目构成

③ 价格带构成主要用于分析店铺中哪个价格段的商品更受买家欢迎，以及转化率如何，从商品价格出发分析店铺的交易数据，价格带构成如图7-9所示。

价格带构成　全部　PC　无线　下载

价格带	支付买家占比	支付买家数	支付金额	支付转化率	操作
40-80元	100.00%	1	71.90	100.00%	查看趋势
80-200元	100.00%	1	212.10	16.67%	查看趋势

图7-9　价格带构成

④ 品牌构成主要用于分析店铺中哪个品牌更受买家欢迎，从商品品牌出发分析店铺的交易数据，品牌构成如图7-10所示。

品牌构成　全部　PC　无线　下载

品牌名称	支付金额	支付金额占比	支付金额较上期	支付买家数	支付件数	操作
[redacted]	111.00	39.08%	--	1	1	店铺详情 行业详情
[redacted]	101.10	35.60%	↑2.02%	1	1	店铺详情 行业详情
[redacted]	71.90	25.32%	--	1	1	店铺详情 行业详情

图7-10　品牌构成

任务三　客户数据分析

卖家必须做好客户数据分析才能更好地进行网店运营。下面介绍客户数据分析的相关内容，包括网店客户画像、消费者行为分析、购买意向分析等。

一、网店客户画像

客户数据分析

客户画像是根据用户的社会属性、生活习惯和消费行为等信息抽象出的一个标签化用户模型，方便网店运营者做出针对消费者需求的运营方案，提高网店对消费者的吸引力。构建客户画像的核心工作是给用户“贴标签”，而标签是通过分析用户信息得来的高度精练的特征标识。

例如，如果你经常购买玩具，那么电商网站就会给你贴上“有孩子”的标签，甚至还可以判断出孩子的大概年龄，贴上“有3～6岁的孩子”这样更为具体的标签。而所有的标签综合在一起就形成了你的客户画像——一位3～6岁孩子的家长且经常买玩具。得出这样的结论后，电商网站就会向你精准地推送更多3～6岁孩子的玩具。

了解了什么是客户画像之后，我们要借助数据建立客户画像，常见的数据包括用户的性别、年龄、地域、职业、消费偏好、婚姻状况、是否有孩子、消费周期等。

分析客户画像的具体操作步骤如下。

（1）选择生意参谋“流量”→“流量纵横”→“流量看板”，得到“流量来源排行TOP10”，如图7-11所示。通过这个排行榜，网店运营者可以看到流量来源数据和流量来源的人群透视。“人群透视”功能是“流量纵横”的专业版才有的一个功能。

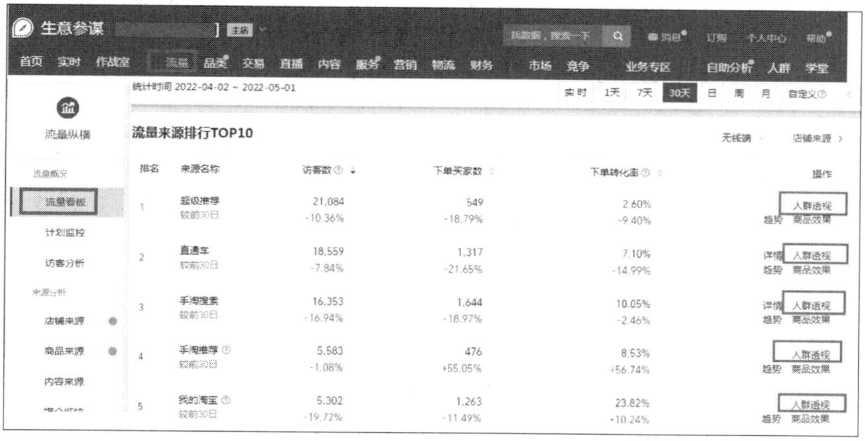

图7-11　流量来源排行TOP10

（2）进入“人群透视”之后首先看到的是性别占比。通常以男、女这两个维度去看商品访客数和支付买家数，“人群透视”性别占比如图7-12所示。在“手淘搜索”渠道下，我们发现男、女性别的占比分别为15.92%和83.58%，可以据此推断出这个商品或这个店铺女性购买者占绝大多数。

（3）在“人群透视”下的“基础属性人群”中选择“年龄分布”。年龄分布如图7-13所示，可以得到不同年龄段的人群占比。店铺在运营推广的过程中，如果不知道选择哪个年龄段的人群作为销售目标，可以通过流量来源渠道中的人群年龄数据来进行判断，从而提升网店运营推广效果。

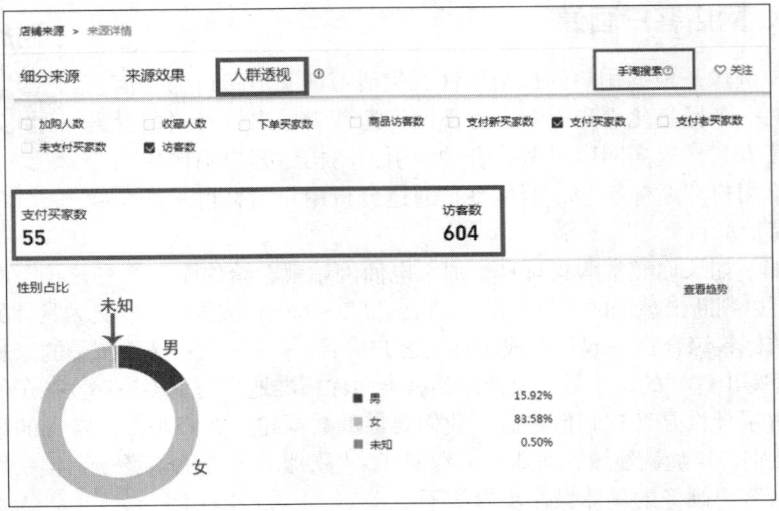

图7-12　“人群透视”性别占比

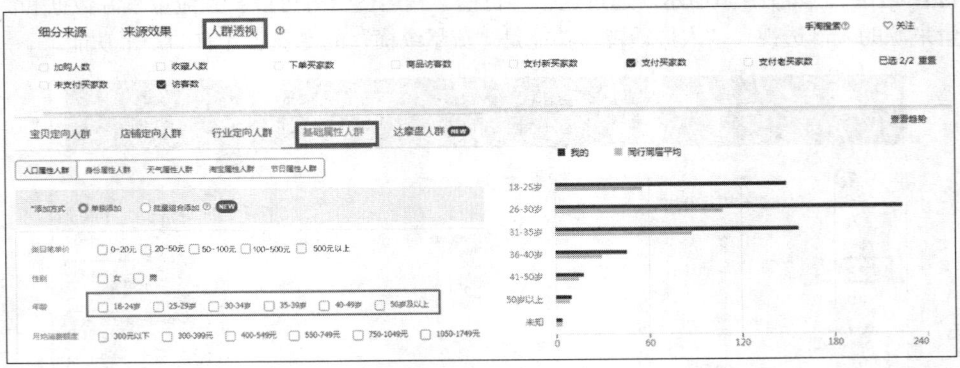

图7-13　年龄分布

淘宝的生意参谋通过对人群进行多维度分析，筛选出社会属性、购买偏好、行为偏好等多个标签视角的人群特征，可以帮助商家在网店运营方面更准确地触达目标用户。

二、消费者行为分析

网店消费者群体具有与传统市场消费者群体不同的特性，因此，要做好网店运营必须深入地了解网店消费者的行为。

1．消费市场细分

市场细分的实质就是将整体的消费市场分为若干个子消费市场，不同的子消费市场在某些方面都具有相同或者相似的消费需求或消费行为特点。对消费市场进行细分的最终目的是找到适合自身发展的目标市场，并根据目标市场的需求特点，做好网店营销方案，使目标市场的消费者需求得到充分的满足。

2．商品定位

商品定位是指商家基于消费者的需求，寻求商品独特的个性和良好的形象，进而使商品在消费者心目中占据一个有价值的位置。根据商品定位，可将商品分为以下几类。

（1）引流款商品。引流款商品的作用就是为店铺吸引流量。这类商品价位较低、利润较小，需要有市场热度才能达到吸引流量的效果。选择引流款商品时，可利用生意参谋等工具查看店铺内每一款商品的详细数据，在一定周期内选出几款点击率最高的商品，然后观察挑选出来的这几款商品的跳失率、转化率、收藏率和加购率，确定具备引流潜力的商品。

（2）利润款商品。利润款商品的销量不一定是最好的，但其利润却很高。利润款商品一般针对的是目标消费群体中某一特定的小众人群，应该尽量迎合这部分人群的需求。因此，对利润款商品进行前期选款时，应该精准地分析小众人群的偏好，分析出适合他们的款式、设计风格、价位区间、商品卖点等各方面因素。

（3）形象款商品。形象款商品应该选择一些高品质、高调性、高客单价的极小众商品，这类商品的使命就是建立店铺品牌、突出店铺风格和品位。形象款商品只可能满足极少数消费者的需求，也不需要有多少流量和销量，库存数量不需要过高。

（4）活动款商品。从店铺参加活动的目的看，活动款商品的用途主要体现在库存清理、销量提升及品牌体验等方面。

3．访客分析

通过生意参谋的“访客分析”可以从地域、营销偏好、关键词等维度去分析访客的属性，访客分析如图7-14所示。针对地域，可以去优化直通车、超级推荐等推广工具的侧重地域；针对营销偏好，可以去优化活动形式，更好地给消费者带来优惠，提升客户体验；针对关键词，可以去优化标题和推广的侧重关键词。

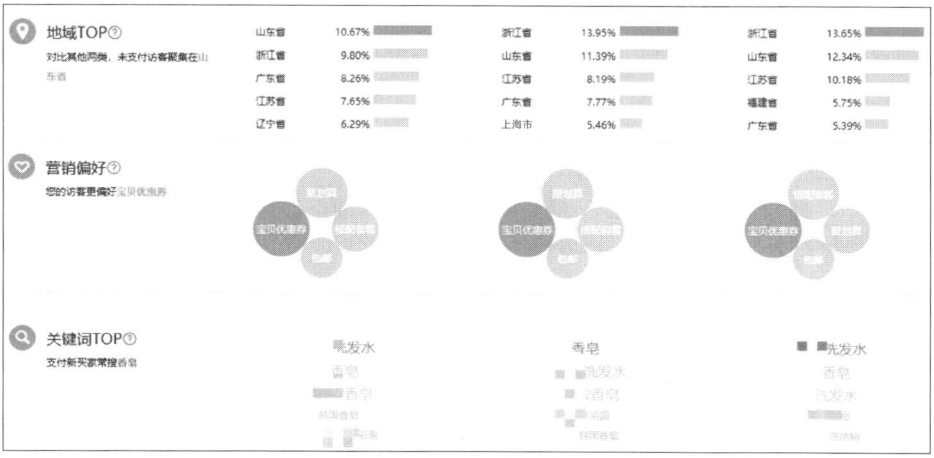

图7-14 访客分析

三、购买意向分析

> **课堂讨论**
>
> 你认为影响自己购买商品的因素有哪些？

购买意向是消费者选择某种商品的主观倾向，表示消费者愿意购买某种商品的可能性，是消费者进行购买行为前的一种消费心理表现。

一般来说，影响消费者购买意向的因素主要有以下3点。

（1）环境因素。环境因素具体指文化环境、社会环境和经济环境等外在的社会环境因素。环境因素会影响消费者的购买意向，如冬季雾霾严重时，防霾口罩的销量会比其他时段高很多。

（2）商品因素。商品因素主要包括商品的价格、质量、性能、款式、服务和购买便捷性等。消费者在网店购物时优先考虑的因素是商品的价格和质量，针对同等质量的商品，消费者更倾向于购买性价比高的商品。

（3）消费者个人及心理因素。消费者因自身的经济能力、兴趣习惯（如颜色偏好、品牌偏好）等不同，会产生不同的购买意向。另外，消费者的心理、情感和实际需求各不相同，导致其购买动机也不相同。

网店给消费者带来了便利，消费者在网店模式下消费行为也发生了很大的变化。因此，要想提高店铺销量，就要重视对消费者信息的收集，分析并总结消费者的消费规律，研究消费者在网店平台上发生购买行为的原因。

任务四 竞争数据分析

竞争数据也是影响卖家对市场进行判断并做出决策的重要因素，判断市场竞争情况最直观的依据主要有竞争品牌数据、竞争店铺数据、竞争单品数据。

一、竞争数据分析的目的

竞争数据分析是指商家通过科学的统计和分析方法，确定目标竞争对手，分析竞争对手的数据，并对发展目标、自身能力和当前战略等要素进行评价，从而做出决策。

竞争数据分析的目的主要有以下4个。

（1）了解整个行业的竞争格局，对整个行业目前的竞争激烈程度及未来走势进行分析和预判。

（2）在分析行业竞争格局的基础上，对竞争对手进行分层，锁定目标竞争对手。可以把竞争对手分为行业标杆和直接竞争对手，在运营上向行业标杆学习，而在能力上赶超直接竞争对手。

（3）对竞争对手的发展目标、拥有的资源、自身能力及当前战略进行分析。

（4）了解竞争商品的优势、流量渠道及营销方式，从而分析自己商品的优、缺点，并针对性地对其进行优化。

二、竞争品牌分析

商家在做竞争数据分析时，还需要分析市场中竞争品牌的实力，如品牌的竞争格局及单个品牌的市场表现。

1. 品牌搜索指数分析

在分析一个品牌时，首先会看这个品牌的搜索指数。搜索指数反映了一个品牌在市场上的知名度。百度指数是以百度海量的网民行为数据为基础的数据分享平台。百度指数能够告诉用户某个品牌关键词在百度中的搜索规模有多大、一段时间内的涨跌趋势、相关新闻舆论的变化、关注这些关键词的网民人群画像的分布区域及需求图谱，从而帮助商家优化营销方案。

下面以几个护肤品牌为例，通过对百度搜索指数进行分析可以发现，在这几个品牌中百雀羚长期居百度搜索指数第一名。图7-15所示为品牌搜索指数分析。另外，我们还可以看到在过去的30天内这些品牌动态的搜索变化情况，判断这些品牌的搜索情况是否稳定。在人群画像中还可以分析出搜索这些品牌的人群所在的省份，以此作为广告投放的依据。

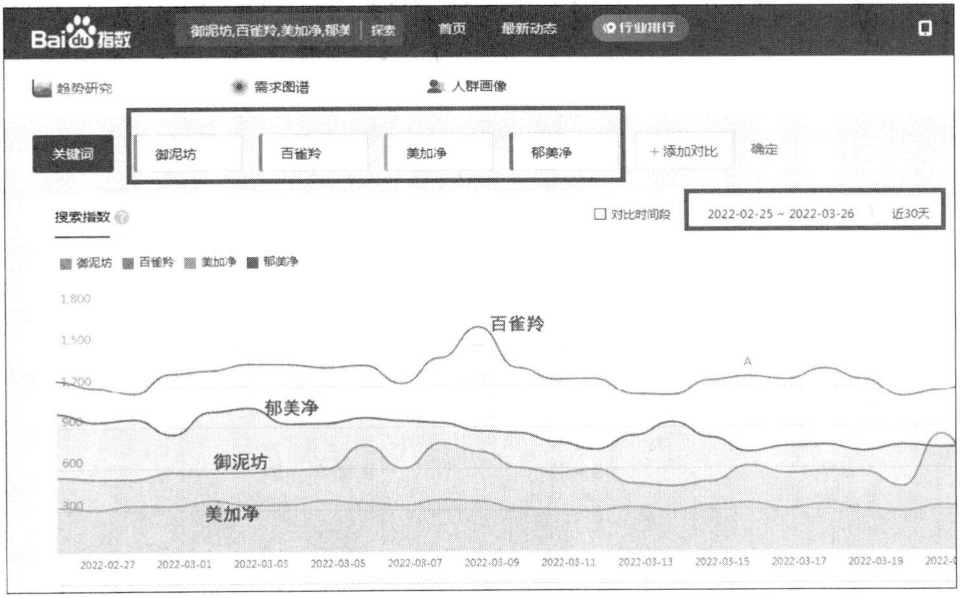

图7-15　品牌搜索指数分析

2. 品牌竞争格局分析

在分析品牌竞争格局时，品牌的动态排名数据也非常重要，可以据此分析过去一年中各品牌的销售排名情况，以及这些品牌是国外品牌还是国内品牌，进而做出运营决策。

下面以内衣品牌为例，分析内衣品牌的竞争格局。图7-16所示为2020年“双11”天猫内衣品牌TOP10排行榜。新兴国产品牌Ubras赶超近年来一直位居榜首的优衣库，登上了Top1的宝座。Uniqlo/优衣库位居第二，其余为Bananain/蕉内、芬腾、曼妮芬、Gukoo/果壳、Hodo/红豆、爱慕、浪莎、Gainreel/歌瑞尔等品牌。

图7-16　2020年“双11”天猫内衣品牌TOP10排行榜

Ubras的产品、定位、服务和营销受到内衣行业从业者们的重点关注，其产品的目标用户大多为“90后”“95后”年轻群体，品牌精准了解目标用户的需求，并通过互联网营销手段，在市场上抢占先机。

3. **品牌详情分析**

每个品牌都应关注自身及竞争对手在市场上的数据表现情况，包括客单价、支付转化率、访客数、收藏人数、加购人数、卖家数等，品牌详情分析如图7-17所示。访客数代表该品牌的引流能力；卖家数反映了该品牌线上分销的实力及分销商对该品牌的认可度；加购人数、收藏人数、支付转化率及客单价代表一个品牌的流量承接能力。

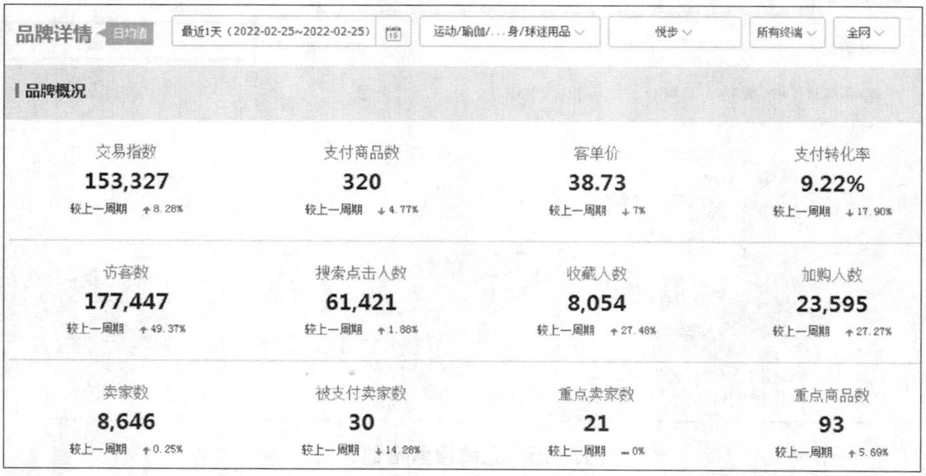

图7-17　品牌详情分析

三、竞争店铺分析

商家在正式开展运营之前，首先应找到和自己店铺商品风格相似的店铺作为竞争对手，对竞争店铺可从以下几个方面进行数据分析。

1. 购买流失分析

买家访问店铺但是没有购买，就被称为流失买家。可以分析那些访问了店铺，但是没有购买，离开店铺后购买了其他店铺中同类商品的客户的数据。通过分析这些数据，可以找到竞争店铺有哪些、分别是什么样的信誉等级、分布在哪些省份，并且可以对比自身店铺与竞争店铺在PC端及移动端的访客数、人均浏览量、支付金额、支付转化率及客单价，从商品规划、店铺视觉、客服水平及营销推广等方面去逐一分析，寻找原因，对症下药，缩小差距。

若想快速了解店铺的商品流失情况，在生意参谋的“竞争情报”页面中，流失金额、流失人数、流失竞店等重要指标要一目了然。图7-18所示为某店铺的流失分析。

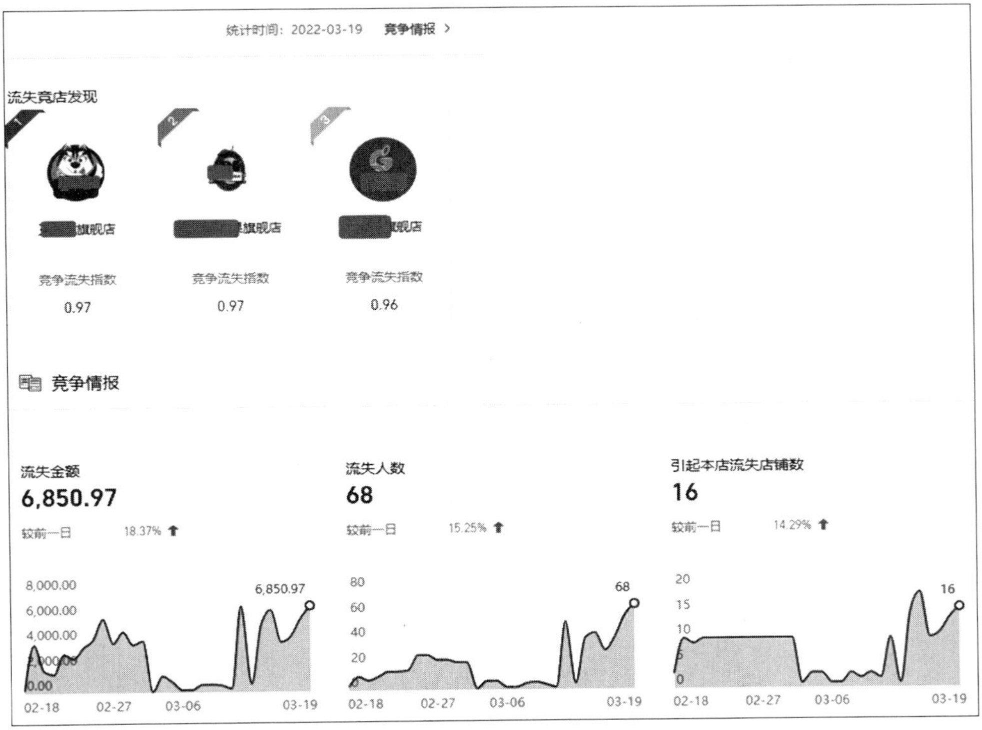

图7-18　某店铺的流失分析

2. 竞店入店来源构成

“竞店入店来源对比页面”提供竞店全部二级来源，从访客数、交易指数和流量指数多维度对比效果。竞店入店来源如图7-19所示，该店的淘宝客二级来源占比为27.21%，竞店占比较低；竞店的入店来源主要为淘宝站内其他和直接访问。

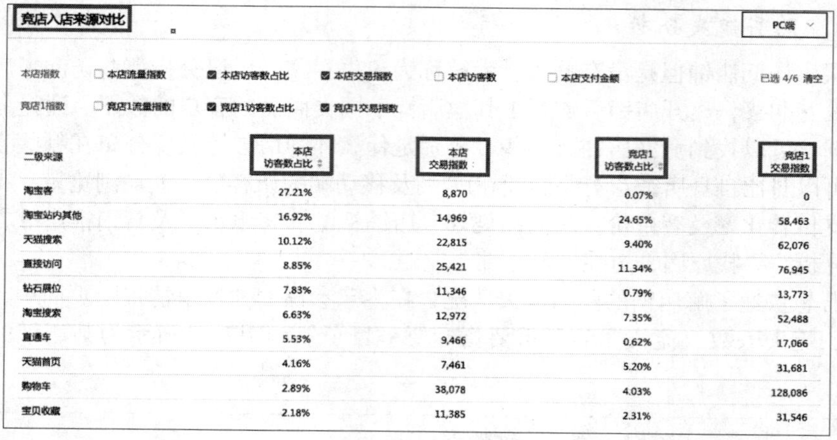

竞店入店来源对比　PC端

本店指数　□本店流量指数　☑本店访客数占比　☑本店交易指数　□本店访客数　□本店支付金额　已选 4/6 清空

竞店1指数　□竞店1流量指数　☑竞店1访客数占比　☑竞店1交易指数

二级来源	本店访客数占比	本店交易指数	竞店1访客数占比	竞店1交易指数
淘宝客	27.21%	8,870	0.07%	0
淘宝站内其他	16.92%	14,969	24.65%	58,463
天猫搜索	10.12%	22,815	9.40%	62,076
直接访问	8.85%	25,421	11.34%	76,945
钻石展位	7.83%	11,346	0.79%	13,773
淘宝搜索	6.63%	12,972	7.35%	52,488
直通车	5.53%	9,466	0.62%	17,066
天猫首页	4.16%	7,461	5.20%	31,681
购物车	2.89%	38,078	4.03%	128,086
宝贝收藏	2.18%	11,385	2.31%	31,546

图7-19　竞店入店来源

将竞店入店来源占比按从高到低依次排序，可直观、清晰地了解到竞店流量来源的主要构成，以及与自己店铺的差距是什么。

将竞店流量来源对应的访客数占比和自己店铺访客数的占比分别罗列出来做对比参考，可了解店铺流量分布及自然流量和推广流量占比是否健康。

3. 类目相似同层级对比

类目相似同层级对比是与自身店铺主营二级类目构成相似且支付金额处于同一交易层级的店铺进行比较，这样更具针对性，类目相似同层级对比如图7-20所示。店铺通过分析和对比类目相似且处于同一交易层级的店铺，可发现店铺的UV价值、销售额、收藏人数及加购人数都与对比店铺有一定的差距，这说明店铺自身的引流能力及客单价都比较低，需要进行有针对性的对比分析，找出原因。

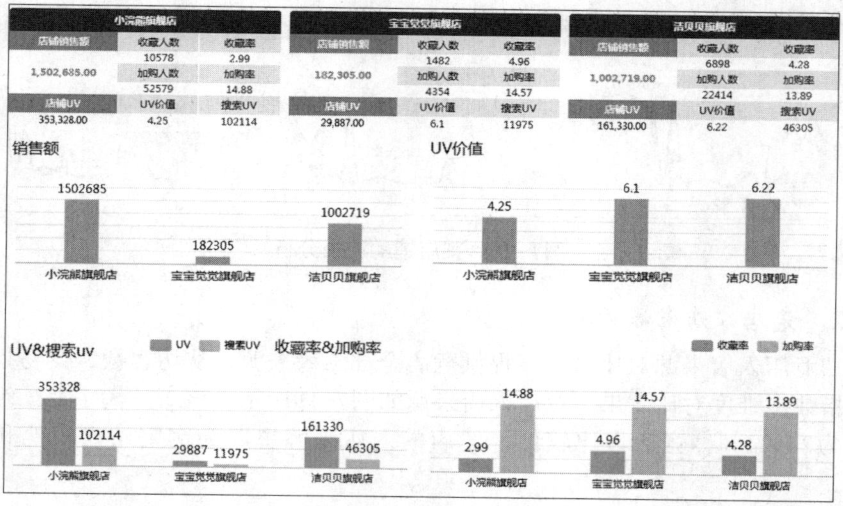

图7-20　类目相似同层级对比

四、竞争单品分析

买家进入网店购物时，更多的是通过单品搜索，这时店铺及品牌还没有接触到买家，买家对店铺的第一印象则是由单品产生的，所以从这个意义上来说，网店中的单品显得尤为重要。

可以通过“生意参谋”→“竞争”→“竞争商品”→“竞品分析”来查看竞争商品的关键指标对比，如流量指数、交易指数、搜索人气、收藏人气、加购人气等指数，以帮助商家来判断整体趋势。然后再分析自己店铺的单品每天的成交额、访客数、搜索人气、收藏人气、加购人气，再去对比竞品。图7-21所示为竞品分析。

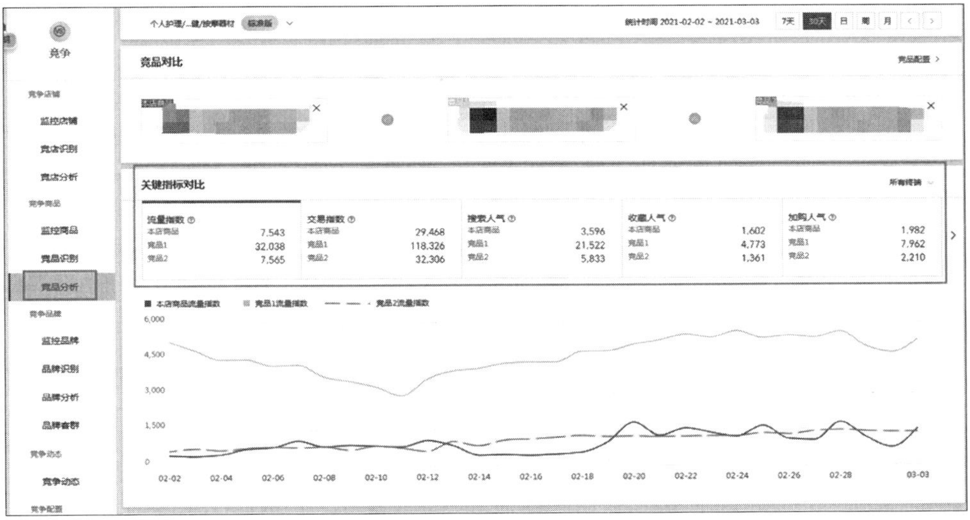

图7-21 竞品分析

商家可以使用生意参谋的“市场行情”工具来分析某一行业在某一段时间内销量排在前500名的热销单品，从而准确定位竞争产品。

知识拓展

电商市场流量红利日渐趋无，卖家却越来越多，竞争也越发激烈，时常出现一些不和谐的因素，如盗用、抄袭竞争店铺中的商品图片等。

目前，跨平台盗用其他网店的商品图片甚至照搬其他网店的页面信息和商品资质证书的现象并不鲜见，这会让买家产生混淆甚至上当受骗。“盗图抄店”行为很容易引发市场混淆，导致买家对商品的来源和经营者的属性发生误认。这类恶意不正当竞争行为，侵犯了原创商家的竞争权益，也会侵犯买家的知情权、选择权，严重阻碍了中小微商家品牌建设和打造热销款能力的提升，也严重打击了原创商家的创新积极性。

自家店铺精心设计、打造的热销款高低床，却被另一家电商平台网店全盘盗用，这是天猫某儿童家具旗舰店的遭遇。随后，该天猫店向盗图网店属地太原市市场监督管理局进行举报。事后查明，这家网店不但盗图抄店，还为提高销量和排名刷单3万多笔，涉嫌不正当竞争。太原市市场监督管理局对这家跨平台盗图网店处以105 000元的罚款。

盗图抄店既是典型的不正当竞争行为，也是典型的侵权、售假行为，已构成多重违法，甚至涉嫌犯罪。如果任其泛滥下去，不仅直接侵犯了品牌商家和消费者的合法权益，更会严重干扰正常的市场秩序。

2022年1月，国家发改委等九部门联合印发《关于推动平台经济规范健康持续发展的若干意见》，明确提出“制定出台禁止网络不正当竞争行为的规定”“加强全链条竞争监管执法”等意见和措施。

公平竞争是市场经济的核心，安全、稳定的营商环境则是公平竞争的保障。让“盗图抄店”者现出原形，有助于维护原创商家和消费者的合法权益，保护、鼓励市场创新，优化公平竞争环境和营商环境。

一个坚持诚信经营的网店可以赢得更多买家的好评，信用也会逐渐提升，可以培养更多的忠实客户。一个没有诚信、靠不正当竞争盈利的网店很难长期得到买家的信任，所以网店想要生存就必须坚持诚信经营。网店的商品图片与文字描述一定要与实物相符，而不能盗用其他店铺精美的图片和吸引人的商品描述，这是诚信经营最基本的要求。

知识巩固与技能训练

一、填空题

1. ____________是指通过观察、调查、统计等手段，以数据形式把移动网店运营的各方面情况反映出来，使运营者更加清楚目前店铺的运营情况，以便调整运营策略。

2. ____________是指店铺成交客户平均每次购买商品的金额，即平均交易金额。

3. 店铺动态评分包括____________、____________、____________3项评分，是衡量店铺运营是否顺利的标准之一。

4. ____________是指从数据库中的一组数据中提取出关于这些数据的特征式，这些特征式表达了该数据集的总体特征。

5. ____________的作用就是为店铺吸引流量。这类商品价位较低、利润较小，需要有市场热度才能达到吸引流量的效果。

二、选择题

1. 以下不属于店铺动态评分的是（　　）。

A. 描述相符　　B. 服务态度　　C. 物流服务　　D. 商品质量

2. （　　）是指店铺成交客户平均每次购买商品的金额，即平均交易金额。

A. 客单价　　B. 成交价　　C. 成交额　　D. 销售总额

3. （　　）是指成交客户数占店铺访问总人数的比重。

A. 点击率　　B. 转化率　　C. 复购率　　D. 跳失率

4. （　　）是指将数据库中的数据项映射到某个特定的类别。

A. 聚类分析法　　B. 关联规则法　　C. 分类分析法　　D. 特征分析法

5. 网店消费者的行为不包括（　　）。

A. 消费市场细分　　B. 商品定位

C. 访客分析　　D. 购买流失分析

三、思考题

1. 网店数据分析的作用有哪些？
2. 网店常用的数据分析方法有哪些？
3. 什么是客户画像？
4. 影响消费者购买意向的因素主要有哪些？
5. 竞争数据分析的目的是什么？

四、技能训练

打开生意参谋，单击“流量”下的“流量看板”，进入“流量看板”页面，可通过“流量总览”知道店铺的浏览量、访客数及其变化；通过跳失率、人均浏览量、平均停留时长了解访客质量的高低。图7-22所示为流量分析。流量看板是帮助卖家了解店铺整体流量规模及流量变化趋势的模板。

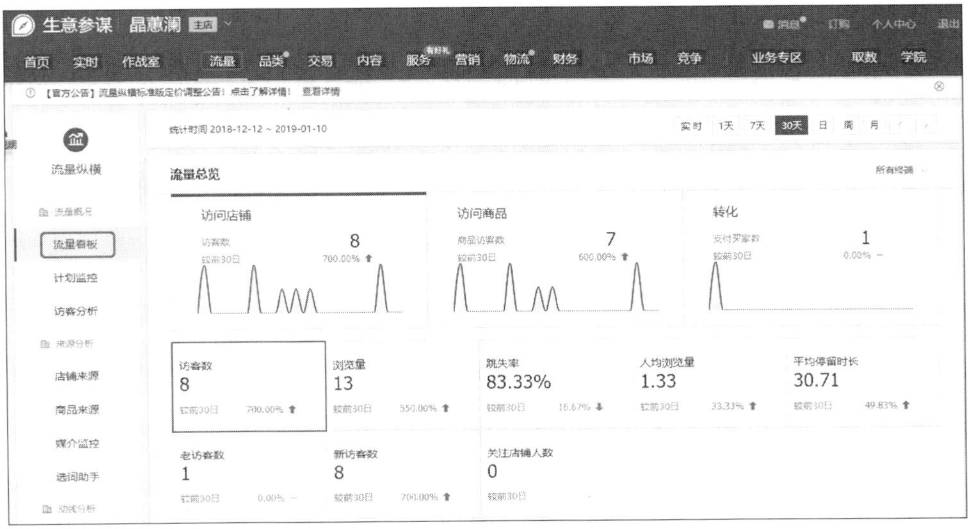

图7-22　流量分析

任务实训——使用生意参谋分析店铺数据

实训目标

掌握淘宝店铺数据分析工具生意参谋的使用，我们可通过具体的任务实训来加深对相关知识的理解。

实训要求

1．访客分析，分析店铺访客来访的时间规律、访客的淘气值分布、消费层级、性别、店铺新老访客分布。

2．实时直播分析，分析实时概况、实时来源、实时榜单、实时访客，包括访问时间、入店来源、被访页面、访客位置。

3．流量分析，分析全店的流量概况、流量地图、访客来访时段、地域等特征。

4．交易分析，分析店铺交易概况、交易构成，包括终端构成、类目构成、品牌构成、价格带构成。

实训练习

假如你是一个淘宝店主，在淘宝开设了一家百货店，使用生意参谋进行店铺数据分析，具体包括访客分析、实时直播分析、流量分析、交易分析。

实训分析

生意参谋提供淘宝中最全面的基础数据，非常适合中小卖家使用。当然，对数据分析要求更高的卖家，可以付费购买官方的数据分析软件，以获得更多的店铺数据。在实际执行过程中，卖家需要每天对各个指标的完成情况进行数据监控及持续跟进，来确保销售额目标的完成率。同时，卖家还要对市场中的竞争对手进行跟踪与监控，以调整运营策略。

项目八

跨境电商的运营

目前，我国对外贸易受市场需求、资源、劳动力成本等多方面因素的影响，对外贸易的综合成本不断攀升，而互联网的跨地域和低成本使跨境电商应需而生。以全球速卖通、Amazon为代表的跨境电商的迅速崛起，使我国对外贸易进入了新时代。与传统外贸相比，跨境电商可以有效地节约资源和降低对外贸易的综合成本。跨境电商平台拥有商品智能检索、商品信息公开、客户反馈公开、传播速度快、支付便捷等多方面的优势，为中小型企业进入国际市场开辟了捷径，也为本土知名品牌提供了提升国际知名度的良机。

【学习目标】

知识目标	☑ 熟悉跨境电商的定义 ☑ 理解跨境电商的特征 ☑ 掌握跨境电商的分类 ☑ 掌握跨境电商的主流平台
技能目标	☑ 掌握跨境电商的流程 ☑ 具备全球速卖通运营的能力
基本素养	☑ 具备外贸交易管理能力 ☑ 熟悉平台各项规则

【任务导入】

速卖通驱动品牌“出海”，跨境电商成为企业品牌升级新战场

如今各国的企业都追求品牌全球化，跨境电商已成为企业追求品牌全球化的重要渠道，越来越多的品牌选择将速卖通作为跨境业务的主要战场。

绫致时装Bestseller于1975年始建于丹麦，Bestseller设计和销售适合都市女性、男性、儿童及青少年的流行时装和饰品。其旗下的VERO MODA、ONLY、杰克琼斯、思莱德等品牌更是闻名全球。

绫致时装在2018年6月加入了速卖通，前期做了相当多的平台、货品探索与发展策略等筹备工作，2019年1月开始与平台深度合作，当年速卖通“双11”第1天成交额与上年同比整整超出95倍。为了备战2021年速卖通“双11”，绫致时装更加注重自身品牌宣传，货品结构与设计愈加和全球时尚服装设计理念同步，同时配合了各式各样的“双11”营销策略。

过去，品牌“出海”往往要跨越物理空间，克服市场环境差异和文化差异，而跨境电商所带来的信息对称克服了这种差异性，为品牌兴起提供了新机遇。

思考：

1. 绫致时装成功的原因是什么？
2. 绫致时装属于什么电商类型？

任务一 跨境电商认知

跨境电商搭建起一个自由、开放、通用、普惠的全球贸易平台。在这个平台上，亿万客户可以方便地购买来自全球各地的商品，中小型企业可以把商品卖到全球各地，真正实现全球连接、全球联动。

跨境电商认知

一、跨境电商的定义

从狭义上看，跨境电商是指分属不同关境的交易主体通过电子商务的手段将传统进出口贸易中的展示、洽谈、成交环节电子化，并通过跨境物流送达商品、完成交易的一种国际商业活动。

从广义上看，跨境电商的统计对象以跨境移动电子商务中心商品交易部分（不含服务部分）为主，它既包含跨境电商交易中的跨境零售，又包含跨境电商交易中的B2B部分，还包括通过互联网渠道线上进行交易洽谈，促成线下成交的部分。它与传统外贸的交易流程存在较大区别。

随着电子商务的发展，电子商务平台已经超越了传统意义上的市场范围，不再受到时间、空间等因素的影响和限制，全球性的跨境电商平台正在形成。对企业经营管理者来说，全球化交易平台使企业的国际贸易业务得到进一步拓展；对个体客户来说，通过全球化交易平台可以进行跨境交易，极大地满足了客户对国际消费市场的需求，大大促进了跨境电商平台的发展。

我国跨境电商行业有以下4个特征。

（1）跨境电商交易规模持续扩大，在我国进出口贸易中所占的比例越来越高。

（2）跨境电商以出口业务为主，出口跨境电商有望延续快速发展态势。

（3）跨境电商以B2B业务为主，B2C跨境电商模式逐渐兴起且有扩大的趋势。

（4）国家政策对跨境电商的扶持力度大幅增加。

知识拓展

2011年之后,我国跨境电商业务一直保持高速发展态势,年增长率在20%以上，已成为增速最快、潜力最大、影响最广的新型贸易方式，中国跨境电商5年增长近10倍。2022年《政府工作报告》中提出“加快发展外贸新业态、新模式，充分发挥跨境电商作用”，这是跨境电商连续9年出现在《政府工作报告》中。国家层面的高度重视，正在推动我国跨境电商不断扩容，跨境电商的发展迈上新台阶。

在传统贸易方式持续受到新型冠状肺炎疫情冲击的背景下，跨境电商作为外贸发展的新业态，发挥了保订单、保市场、保份额的重要作用。海关总署发布的统计数据显示，2021年中国跨境电商进出口1.98万亿元，增长15%，其中出口1.44万亿元，增长24.5%。

从“野蛮生长”到“精耕细作”，中国“出海”产品正在迎来新变局。中国“出海”产品的创新性和附加值在日益提升。过去，许多中国“出海”产品只有价格上的优势。但是，现在在某跨境电商平台上，智能电器、办公用品、有特色的服装和家居用品等具有差异化、技术含量和设计感的产品，很多都来自中国。

我国的出口贸易几乎填满了全球所有已知领域的产品，尤其是中国的电子产品。无数中国企业卖家和个人卖家通过跨境电商平台把上亿商品行销境外，服务了全球超过220个国家和地区的消费者。在国外社交网站上，越来越多的境外买家在“晒单”，分享自己在跨境电商平台中买到的物美价廉的中国商品。

我们有幸生活在国家科创和智造水平蒸蒸日上的时期，得以为全球消费者创造更美好的生活体验。我们坚信，将有越来越多的中国品牌在世界舞台崭露头角，中国品牌全球化的黄金时代即将到来。

二、跨境电商的分类

随着跨境电商市场的高速发展，跨境电商平台数量呈增长趋势，涉及跨境电商的新模式也层出不穷。跨境电商可以从不同维度分成不同的类别。

1. 按商品流向分

按商品流向，跨境电商可以分为进口跨境电商和出口跨境电商。

（1）进口跨境电商。进口跨境电商是指境外商家将商品直销给境内客户，一般是境内客户访问境外商家的购物网站选择商品，然后下单，最后由境外商家发国际快递将商品寄给境内客户。

（2）出口跨境电商。出口跨境电商是指境内商家将商品直销给境外客户，一般是境外客户访问境内商家的网站，然后下单购买并完成支付，最后由境内商家通过国际物流发货给境外客户。

2. 按交易对象分

按交易对象，跨境电商可以分为B2B型跨境电商和B2C型跨境电商。

（1）B2B型跨境电商。B2B型跨境电商即企业与境外企业之间通过互联网进行产品、服务及信息交换的电子商务活动。

（2）B2C型跨境电商。B2C型跨境电商即企业直接面对境外客户，以销售个人消费品为主，物流方面主要采用航空小包、邮寄、快递等方式。其报关主体是邮政或快递公司。

3. 按销售经营模式分

按销售经营模式，跨境电商可以分为纯平台、自营+平台、自营。

（1）纯平台。纯平台企业仅提供平台，不涉足采购和配送等领域。

（2）自营+平台。自营+平台企业一方面自营部分商品赚差价，另一方面作为平台提供方收取佣金。

（3）自营。自营企业则完全自营赚差价，往往涉足采购和配送等领域。

4. 按业务专业性分

按业务专业性，跨境电商可以分为综合型跨境电商和垂直型跨境电商。

（1）综合型跨境电商。综合型跨境电商的业务比较多元化，其客户流量及商家的商品数量巨大。

（2）垂直型跨境电商。垂直型跨境电商的业务比较专业化，它专注核心品类的深耕细作。

三、跨境电商的主流平台

常见的跨境电商平台包括全球速卖通、Wish跨境电商、Amazon跨境电商等。

1. 全球速卖通

全球速卖通于2010年4月正式上线，是阿里巴巴集团旗下唯一面向全球市场的在线交易平台，被广大商家称为“国际版淘宝”。全球速卖通面向境外客户，通过支付宝国际账户进行担保交易，并使用国际快递发货。

全球速卖通卖家App是阿里巴巴为全球速卖通的卖家量身打造的一款实用的手机应用程序，能够让卖家方便、快捷、有效地管理自己的店铺。图8-1所示为全球速卖通首页。全球速卖通致力于服务全球中小创业者，能够快速连接全球超过200个国家和地区的客户，为全球客户带去一种崭新的生活方式。

2. Wish跨境电商

Wish是一款移动端购物App。它使用优化算法以大规模获取数据，有助于商家快速了解如何为每个客户提供相关商品，让客户在移动端便捷购物的同时享受购物的乐趣。Wish移动端App如图8-2所示。

图8-1　全球速卖通首页

图8-2　Wish移动端App

Wish平台的移动客户端和其他跨境电商平台的移动客户端相比，具有自身的独特之处。

（1）个性化定制。Wish平台的移动客户端首页有按钮可以设置偏好，平台可以根据个人设置提供个性化展示。

（2）客户需求的碎片化。大部分客户不是因为特定的需求才到Wish平台寻找商品的，而是被兴趣引导才到该平台浏览商品的。

（3）时间的不确定性。Wish平台移动客户端的客户随时随地都可能打开手机浏览感兴趣的商品信息。

（4）客户端屏幕界面。Wish平台移动客户端的屏幕界面适合放置简洁、清晰的商品图片，其文字排版应适应客户采用手机屏幕阅读，不适合放置太复杂的商品介绍。

（5）冲动的购买决策。Wish平台的移动客户端因为浏览时间和地点的限制，不方便客户比价和长时间考虑，所以整个购买决策的过程相对较短。

3．Amazon跨境电商

Amazon的中文名称为亚马逊，是美国的一家电子商务公司。Amazon成立于1995年，最初是自营在线书籍销售业务，现在已发展成为全类目、平台化的电子商务网站。目前，Amazon平台所销售的商品一部分为自营商品，一部分由第三方卖家提供。图8-3所示为移动端Amazon平台首页。

Amazon平台的运营定位是纳入第三方卖家商品，使平台的商品库更丰富，同时必须确保Amazon平台统一的品牌形象。所以，平台没有给卖家店铺过多自定义的选项，卖家上传的商品也必须符合Amazon平台统一的形象要求。

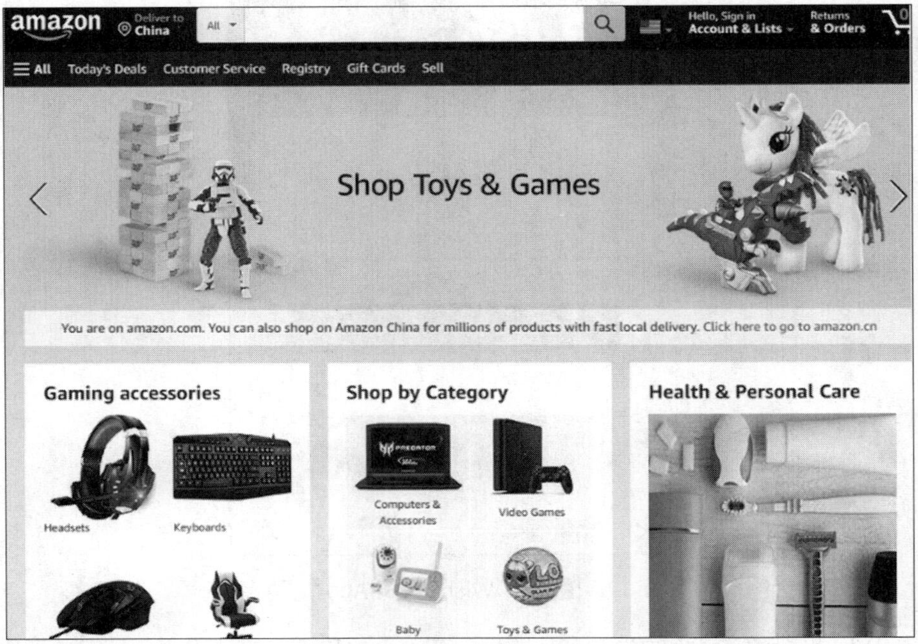

图8-3　移动端Amazon平台首页

专家指导

各大跨境电商平台对卖家的要求不尽相同，部分平台只接受企业卖家，不接受个人卖家或者对个人卖家的要求很严格，个人卖家在进入该平台之前必须首先考虑这一因素。同时，各大跨境电商平台的收费方式也有着显著的差异，主要有年费、交易佣金、服务费等收费模式。

任务二　跨境电商的进出口流程

跨境电商出口的流程如图8-4所示。厂家或商家将商品通过跨境电商企业（纯平台企业或自营企业）进行线上展示，在商品被选购下单并完成支付后，跨境电商企业将商品交付给境内物流企业进行投递；商品经过海关通关商检后，最终经由境外物流企业送达消费者手中，从而完成整个跨境电商交易过程。在实际操作中，有的跨境电商企业直接与第三方综合服务平台合作，让第三方综合服务平台代办物流、通关商检等一系列环节的手续；也有的跨境电商企业通过设置境外仓等方法简化跨境电商部分环节的操作。

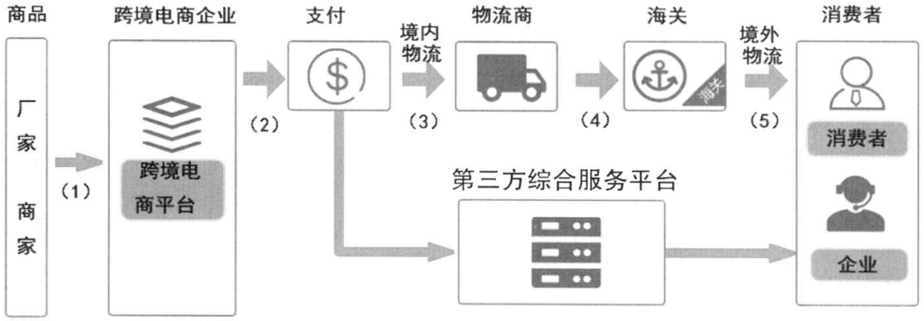

图8-4　跨境电商出口的流程

跨境电商进口的流程除方向与出口流程相反外，其他内容基本相同。图8-5所示为跨境电商进口的流程。

可见，跨境电商兼具一般电子商务和传统国际贸易的双重特性，其贸易流程比一般电子商务的贸易流程要复杂得多，涉及国际运输、进出口通关、国际支付与结算等多重环节，也比传统国际贸易更需要考虑国际展示和运营的电子商务特性。跨境电商企业在国际贸易领域发挥着越来越重要的作用。

图8-5　跨境电商进口的流程

任务三 全球速卖通的运营

全球速卖通作为中国最大的出口B2C电商平台，于2010年成立，发展至今已经超过10年，覆盖了全球220个国家和地区，主要交易市场为俄罗斯、美国、西班牙、巴西、法国等国家和地区，已开通18个语言站点，境外成交买家数突破1.5亿个，开放的22个行业囊括日常消费类目，支持51个国家和地区的当地支付方式。平台卖家从最初的支持个人入驻，发展到现在的必须是企业才可以入驻。

全球速卖通的运营

一、速卖通入驻要求

全球速卖通主要针对的是境外市场，向境外出售中国的很多特色产品，这也让很多国内企业不需要很高的成本就可以将自己生产的产品进行出口销售。跟淘宝一样，全球速卖通也是通过支付宝进行担保交易的，但是淘宝使用的是国内版本的支付宝，而速卖通使用的是国际版本的支付宝。

全球速卖通入驻有以下要求。

（1）个体工商户或企业均可开店，必须通过企业支付宝账号或企业法定代表人支付宝账号在速卖通完成企业身份认证，所以企业或企业法定代表人应先在支付宝上进行注册。平台目前有基础销售计划和标准销售计划供商家选择，个体工商户商家在入驻初期仅可选择基础销售计划。

（2）卖家必须拥有或代理一个品牌进行经营，并可根据品牌资质，选择是经营品牌官方店、专卖店还是专营店，具体以商品发布页面为准。

（3）卖家需要缴纳技术服务年费，各经营大类技术服务年费不同，可以在官网查看资费标准。经营到自然年年底，拥有良好的服务质量及不断壮大经营规模的优质店铺都将有机会获得年费返还奖励。

二、速卖通账号注册

速卖通的买家以个人消费者为主，其定位是外贸零售网站。注册速卖通账号前，卖家要准备好以下资料。

（1）个体户或企业营业执照，这是必须要有的，否则无法开店。

（2）法定代表人身份证，身份证上的姓名要与营业执照上法定代表人的姓名一致。

（3）联系方式，即手机号和邮箱，要求该手机号和邮箱没有注册过速卖通账号。

（4）企业支付宝，主要用于认证及绑定收款。

（5）品牌证明，速卖通绝大部分产品都需要卖家有品牌商标或授权证明才可销售。

上述资料准备好之后，就可以根据以下流程去注册开店了。

（1）进入全球速卖通商家门户网站，单击右上角的“注册”按钮，如图8-6所示。

图8-6　单击“注册”按钮

（2）进入注册账号页面，选择公司注册地所在国家，填写电子邮箱、手机号码，设置密码等，勾选底部的复选框，然后单击“下一步”按钮，如图8-7所示。

图8-7　注册账号

（3）进行验证，进入自己的邮箱找到验证码，如图8-8所示。

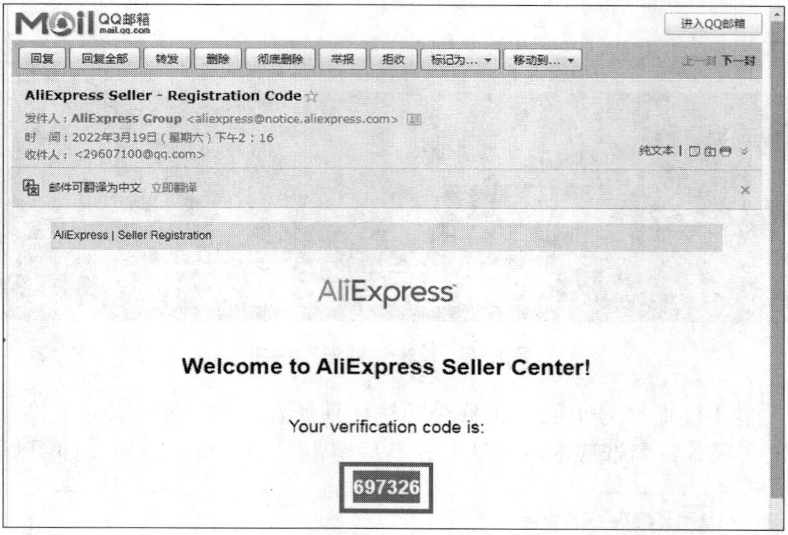

图8-8　找到验证码

（4）通过邮箱验证后，再进行实名认证，选择认证方式，如图8-9所示。

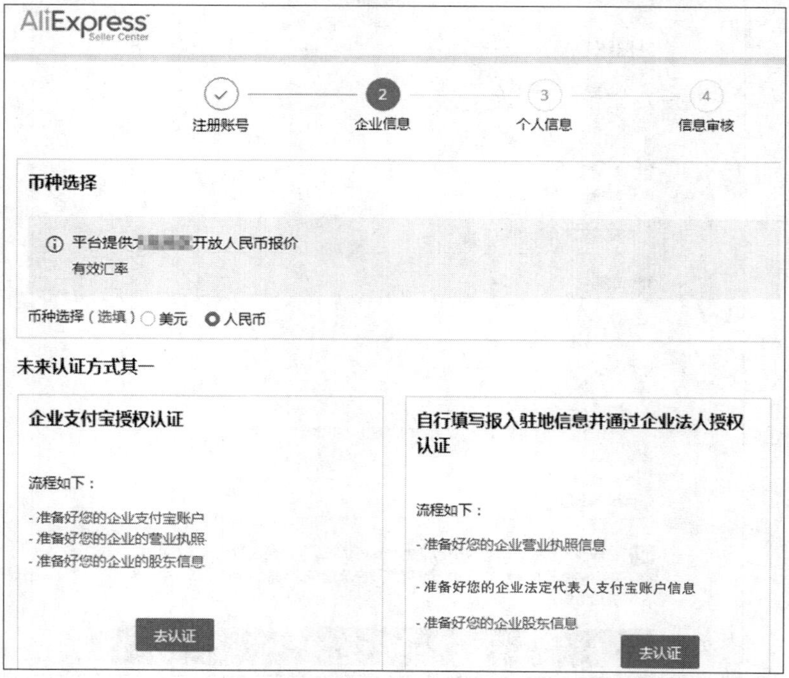

图8-9　选择认证方式

（5）扫码登录自己的支付宝账号，如图8-10所示。

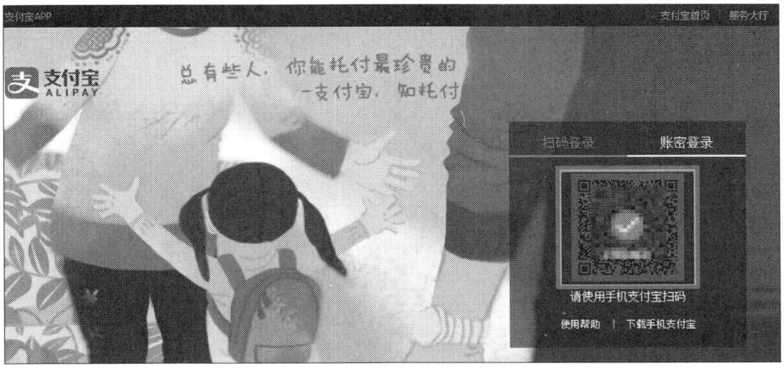

图8-10　扫码登录支付宝

（6）进入服务授权页面，单击"授权"按钮，如图8-11所示。授权成功后，填写个人信息，提交审核，审核成功后即可完成开店。

图8-11　单击"授权"按钮

三、速卖通选品

速卖通选品可以通过站内选品和站外选品两种方式进行。其中，站内选品是指通过速卖通平台来辅助卖家选品；站外选品是指通过参考相似平台或借助第三方数据分析工具来帮助卖家选品。

1．站内选品

站内选品是指根据速卖通平台的情况，结合一定的数据分析及自身情况来选择要经营的行业及具体类目下的产品。速卖通平台为卖家提供了一些行业在某个时间段内的平台流行趋势，卖家可以参考其中的产品进行选品。

（1）首页类目推荐。图8-12所示为平台首页“时尚女装”，目前在平台上流行的类目产品，如时尚女装、下装、女士内衣等，卖家应关注这里的商品信息。

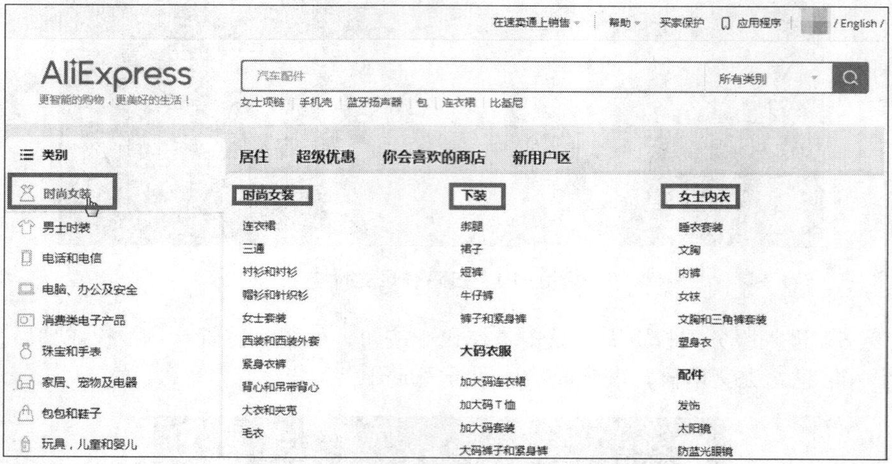

图8-12　平台首页“时尚女装”

（2）选择热销商品。卖家可以从首页中选择不同的类目，按照商品的“订单”进行排序，热销商品排在前面。这些热销商品可以作为选品的参考，如图8-13所示。

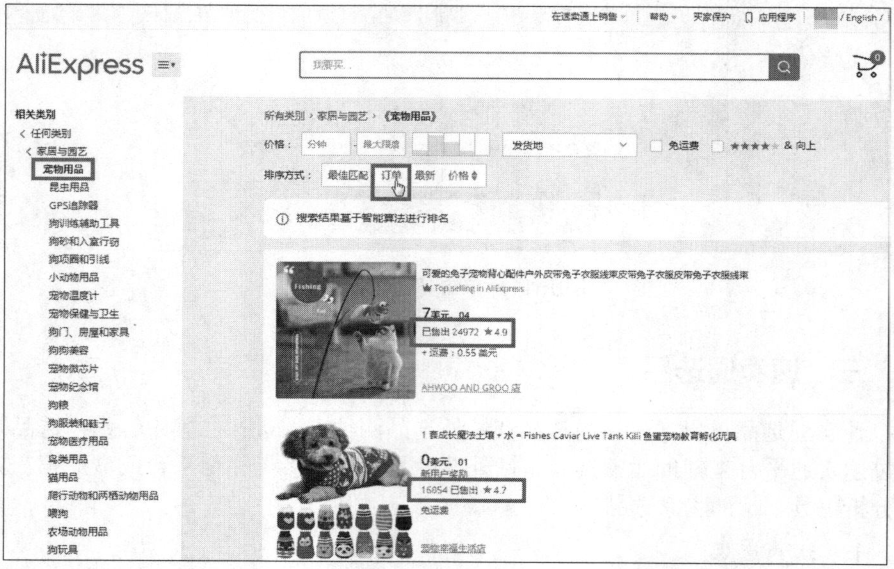

图8-13　选择热销商品

2. 站外选品

除了参考速卖通站内的一些资源来进行选品之外，卖家还可以将站外资源作为选品参考，如借鉴敦煌网、1688批发市场等同行业类似跨境电商平台上的热销产品，或者参考一些小语种网站上的产品来辅助选品，如参考eBay平台上的产品。卖家可以通过WatchCount和WatchedItem两个工具查看eBay平台上某类产品的销量情况，并将其作为自己选品的参考。

世界上许多国家都有自己本土的电商平台，卖家要将产品深入销往某一个国家时，这些平台也可以供卖家参考。

四、速卖通平台活动

平台活动是指由平台组织、卖家参与的主题营销活动，以促进销售为主要目的。通常在活动期间买家流量和下单数量会显著升高，参加活动的卖家在活动期间订单量会激增。在短期内订单量大幅上涨通常称为“爆单”。平台作为活动组织方会对参与的卖家和商品有一定的要求，符合要求的卖家可以自主选择报名，在有大量卖家报名的情况下平台会筛选出部分卖家参与。下面介绍速卖通平台的主要大促活动。

1. “3.28”周年庆大促

每年的3月28日速卖通都要举行周年庆大型促销活动，活动力度堪比“双11”活动。2022年全球速卖通“3.28”周年庆大促重点打造“跨店满减”活动，当买家在已配置跨店满减优惠营销策略的同一卖家店铺或跨店铺交易时，若符合满减规则和条件，即可享受满减的优惠权益，上不封顶。报名“跨店满减”活动就有机会进入大促会场，速卖通开机屏、导购全链路资源曝光，巨大的流量资源和消费者凑单行为带来的店铺、商品曝光增量将为商家带来高额回报。

2. “双11”大促

“双11”大促已经从“中国网购狂欢节”走向“世界网购狂欢节”，在“双11”期间速卖通面向全球买家进行大促活动。图8-14所示为速卖通“双11”大促。

图8-14 速卖通“双11”大促

2021年全球速卖通“双11”大促于11月11日北京时间16:00（美国西部时间11月11日零点）正式开始，经过为期48小时的全球狂欢，已经顺利落下帷幕。据统计，共有2.09亿件商品参与了“双11”促销。这次“双11”大促被速卖通称为“史上市场投入力度最高、精细化运营程度最深的‘双11’”。速卖通将通过品牌广告、社交玩法等方式实现市场社交的全生态联动，通过“星合计划”、联盟渠道、厂商等整合域外超级流量，实现超过10亿用户的触达，在站内升级场景化导购，在站外实现全媒体广泛触达。

3. Super Deals

Super Deals是速卖通历史最悠久、效果最显著的折扣频道，旨在打造速卖通平台独一无二的天天特价频道，是全球速卖通推出的推广品牌。它占据着全球速卖通平台的首页推广位，免费推广“高质量标准、超低出售价”的产品。目前活动主要针对有销量、高折扣的促销产品进行招商。这里将会是平台最具性价比产品的集合，也是推广自身品牌的最佳展台。Super Deals适用于推广新品和打造热销款的活动。图8-15所示为Super Deals首页。

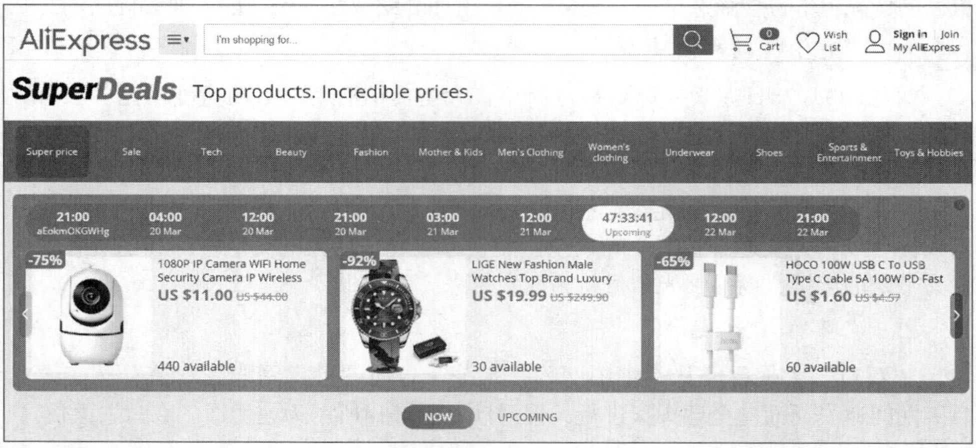

图8-15 Super Deals首页

4. 全球试用活动

速卖通的全球试用活动能为商家带来极大的流量，且报名参加全球试用活动也不会影响商家参加其他活动，所以商家应积极参加全球试用活动。

5. 行业主题性活动

行业主题性活动即速卖通根据不同行业的特性，推出的专属于行业的主题营销活动。该活动适合于推新品的日常行业促销，需要按照主题商品报名。卖家通过这项活动结合买家对商品的购买需求，可发现行业的潜力新品类，推进行业的发展。

6. 行业大促

在促销当日，全网流量引入活动页面，给商品带来高曝光。而专门为买家购买提供的行业专属优惠券，将吸引更多买家进行购买。

另外，速卖通还有不定期的平台活动，如新年换新季活动、情人节大促活动等。不同的活动平台都有不同的要求，在速卖通开店的商家，可以随时关注活动公告，及时报名参加平台活动。

专家指导

在速卖通平台上开店，一定要提前了解各个活动的要求，然后尽量优化店铺，使其满足对应的条件，从而占据先机，引爆销量。

五、速卖通卖家大促计划

平台大促对卖家来说是最佳销售期，要抓住大促机会，实现店铺跨越式增长，卖家需要从以下4个方面着手。

1. 对全店商品清晰分层

大促中，对店铺引流款商品和主推款商品的选择很重要。引流款商品多为店铺内有竞争力的热销款商品，可以此热销款商品的超低价去吸引买家进店，通常以此热销款商品报名参加大促活动或主会场5折精品活动。

主推款商品是店铺主推的应季商品，折扣在30%左右，需要有竞争力、有差异性且价格吸引人，能够将引流款商品引入的流量更好地在店内转化。

引流款商品和主推款商品数量有限，仍有部分买家在店铺内浏览其他商品。所以，除了引流款商品和主推款商品外，卖家还需要通过店铺整体传递给买家强烈的促销感受，通过店铺内其他商品的促销来刺激买家，可以对店铺内其他商品设置小折扣，也可以通过全店打折来实现。

2. 商品信息优化很重要

促销信息、商品卖点等信息要体现在商品标题中，商品关键属性要填写完整。大促中，有很多活动是通过系统抓取的方式来提取全店商品，并将其展示到相关页面的，所以完善商品标题和关键属性信息非常重要。

商品信息的优化还需要关注单个商品页面的产能，店铺内的商品必须做好关联销售和交叉推荐，将访问商品详情页面的流量尽可能转化成订单。

3. 挖掘老客户，提高交易额

维护老客户的成本远低于开发新客户的成本，每个店铺都应该做好老客户维护工作。每次大促活动都是唤回老客户的最好时机，将店铺优惠信息结合平台的优惠政策提前通知老客户，甚至给老客户提供额外的优惠，都可以很有效地挖掘老客户价值。

4. 配合大促信息做好店铺装修

大促期间装修店铺是至关重要的一个环节，店铺装修不仅能将店铺想要传达的利益点全部都表达出来，还对店铺的整体风格更能做好展示。店铺装修在确定店铺大促主题时可以结合平台大促主题做装修创意，也可以结合商品品类做装修创意。

店铺大促装修重点是突出优惠信息并营造促销氛围，只有店铺中优惠内容丰富、画面有气氛，才能刺激消费者在大促活动中下单购买。

知识巩固与技能训练

一、填空题

1. 按____________，跨境电商可以分为出口跨境电商和进口跨境电商。

2. 按____________，跨境电商可以分为B2B型跨境电商和B2C型跨境电商。

3. ____________是阿里巴巴旗下唯一面向全球市场的在线交易平台，被广大商家称为“国际版淘宝”。

4. ____________跨境电商是指分属不同关境的交易主体，通过移动电子商务的手段将传统进出口贸易中的展示、洽谈和成交环节电子化，并通过跨境物流送达商品，完成交易的一种国际商业活动。

5. ____________是指由平台组织、卖家参与的主题营销活动，以促进销售为主要目的。

二、选择题

1. 下列选项中不属于跨境电商平台的是（　　）。

A. 全球速卖通　　B. 拼多多

C. Wish跨境电商　　D. Amazon跨境电商

2. 按（　　），跨境电商可以分为纯平台、自营+平台、自营。

A. 销售经营模式　　B. 交易对象

C. 业务专业性　　D. 商品流向

3. 下列关于Wish跨境电商平台的说法，不正确的是（　　）。

A. 平台可以根据个人设置提供个性化展示

B. 客户随时随地都可能打开手机浏览感兴趣的商品信息

C. 客户是因为特定的需求才到Wish平台寻找商品的

D. Wish使用优化算法以大规模获取数据

4. 下列关于速卖通入驻要求的说法，不正确的是（　　）。

A. 个体工商户或企业均可开店

B. 个体工商户商家在入驻初期仅可选择基础销售计划

C. 卖家需缴纳技术服务年费

D. 不同类商品的技术服务年费都是统一的

5. 下列关于速卖通选品的说法，不正确的是（　　）。

A. 速卖通平台选品可以通过站内选品和站外选品两种方式进行

B. 站内选品是指通过速卖通平台来辅助卖家选品

C. 卖家可以利用站外资源作为选品参考

D. 不能在批发市场选品

三、思考题

1. 什么是跨境电商？我国跨境电商行业有哪些特征？
2. 跨境电商可以如何分类？
3. 跨境电商出口的流程是怎样的？
4. 速卖通常见的平台活动有哪些？
5. 速卖通卖家需要从哪些方面做好大促计划？

四、技能训练

每一期的平台活动都会在速卖通卖家后台“营销活动”板块下的“平台活动”中进行展示和招商，报名参加平台活动如图8-16所示。卖家可以选取自己店铺内符合活动招商条件的商品自主申请报名参加，一旦入选，该申报商品就会出现在活动的推广页面中，获得大量流量。

（1）前期准备工作的第一步是选品。

（2）商品选择好之后，要不断提高商品的信息质量。

（3）确认所选择商品的货源稳定、供应链完善、不会出现断货风险，同时确保所选商品的质量是优质的。

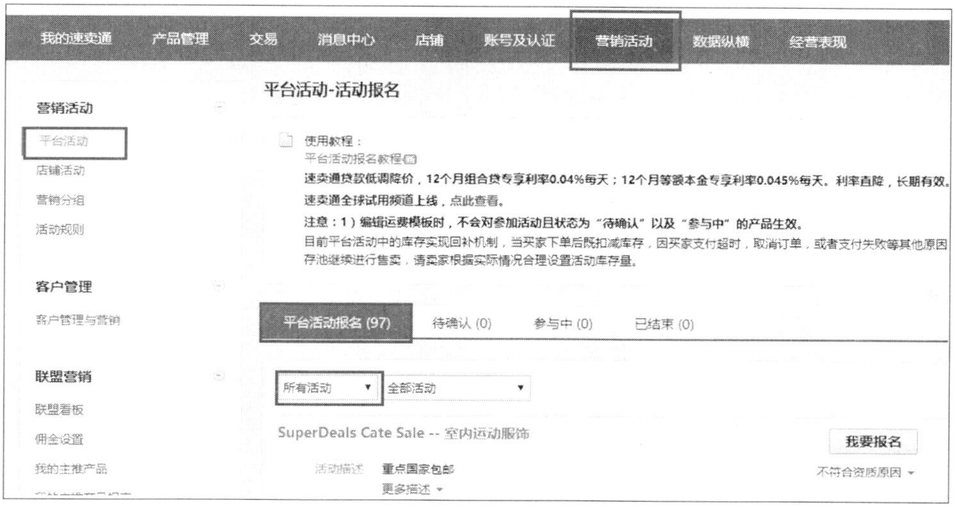

图8-16　报名参加平台活动

任务实训——参加全球速卖通的促销活动

实训目标

掌握全球速卖通的促销活动，卖家通过具体的任务实训来加深对跨境电商相关知识的理解。

实训要求

1. 注册申请全球速卖通卖家。

2. 参与全球速卖通热卖活动，包括Super Deals、团购活动、不定期平台活动等。

3. 参加平台大促活动，包括“双11”大促、全场五折活动、行业主题性活动、主题馆活动、优质店铺推广活动等。

实训练习

全球速卖通平台能够让卖家直接面对全球终端客户，让其学习速卖通的注册开通和促销活动应如何参加。

实训分析

平台活动一旦报名成功就无法退出，直至活动结束，所以在报名参加活动时要谨慎选择。每次大促活动都是速卖通平台花费大量资源引进巨额流量，所以活动效果超出其他所有的营销手段。大促的海量流量能带来店铺及单品排名的快速攀升。与淘宝、天猫不同，速卖通大促活动中产生的所有销量，都会计入商品销量，并参与商品搜索排名计分，可实现大促活动后全店铺商品自然搜索排名和类目排名的飞跃式提升。

项目九

其他平台网店的运营

网上开店平台除了淘宝外，还有很多其他电商平台也发展得很不错，如抖音小店、拼多多、京东商城等。本项目主要讲解抖音小店的运营、拼多多网店的运营、京东网店的运营。

【学习目标】

知识目标	☑ 熟悉抖音小店的定义 ☑ 熟悉抖音小店商品带货变现 ☑ 熟悉拼多多的开店优势 ☑ 熟悉拼多多企业入驻与个人入驻的区别
技能目标	☑ 掌握抖音小店的运营 ☑ 掌握拼多多网店的运营 ☑ 掌握京东网店的运营
基本素养	☑ 具备不同网店的选择能力 ☑ 熟练掌握网店的运营管理

【任务导入】

太平鸟女装抖音电商变现

2020 年下半年起，太平鸟女装进驻抖音电商，正式设立专门团队运营抖音小店。针对抖音用户所呈现的互动高、决策快的特点，太平鸟女装以每天长时间自播为切入点，配合流量投放，寻找精准目标人群，同时着力提升直播内容。

在数据层面，太平鸟女装关注流量、转化、沉淀数据的变化，根据数据表现不断优化直播间策略，最终获得品牌总销售额的快速成长。

在内容产出方面，无论是短视频还是直播，太平鸟女装都始终紧跟用户需求，在抖音内容趋势与品牌调性中寻找结合点，从而高效产出优质的内容，使品牌准确触达目标人群。

在短视频创意方面，太平鸟女装将品牌诉求与流行内容相结合，灵活运用穿搭、变装、人像摄影、探店等诸多流行主题拍摄短视频，为账号持续积累粉丝。

思考：

1. 怎样做好抖音变现？
2. 太平鸟女装是如何做好短视频和直播内容的？

任务一 抖音小店的运营

抖音小店是抖音内部的电商变现工具，可以在抖音内部完成交易，降低跳失率，帮助短视频直播创作者拓宽内容变现渠道，提升流量价值。

一、抖音小店的定义

抖音小店是商家的店铺运营阵地，主要实现商品管理、交易履约、售前售后服务等。通过将抖音账号与抖音小店进行一对一的绑定，商家可以实现对抖音电商经营的高效整合管理，消费者在购物过程中也能有更加完整的一站式体验。

开通抖音小店的作用如下。

（1）一站式经营。开通抖音小店后，商家可以通过内容、数据、服务全方位的抖音小店产品，实现商品交易、店铺管理、售前售后履约、第三方服务市场合作等功能。

（2）多渠道拓展。开通抖音小店后，商家可以在抖音、今日头条、西瓜视频、抖音火山版等渠道进行商品分享，实现一家小店多条售卖渠道。

（3）促进商品销售。抖音小店商家可实现在平台的持续经营，可通过商家自播促进商品的销售。

（4）提高效率。抖音小店连同第三方服务市场，可助力商家在商品管理、订单管理、营销管理、客服等全经营链路实现效率的提高。

专家指导

直播和短视频将商品信息融入到真实、生动的内容场景中，这种商品的内容化大大提升了商品信息的丰富度，使商品卖点和品牌故事得到更充分的展示，从而最大限度地激发用户的消费兴趣，并在同一场景下实现产销合一的营销目的。

二、抖音小店商品带货变现

抖音小店和淘宝店铺性质相同，都可以卖货。商家通过运营店铺，可以实现最基础的商品上架售卖功能，消费者进入店铺后可以浏览商品、加入购物车、下单购买并完成商品交付。图9-1所示为开通抖音小店带货。

消费者进入店铺后，可以看到店铺最新活动的海报和可领取的优惠券。在商品集合页面，消费者能够看到店铺所有商品的橱窗图，通过点击橱窗图进入商品详情页，消费者可以看到商品的详细介绍，获取商品具体的卖点描述信息。

图9-1　开通抖音小店带货

三、抖音小店的开通

开通抖音小店的具体操作步骤如下。

（1）进入抖音首页，选择底部的“我”，单击右上角的按钮，在菜单中选择“创作者服务中心”，如图9-2所示。

（2）在图9-3所示的界面中单击“开通小店”图标。

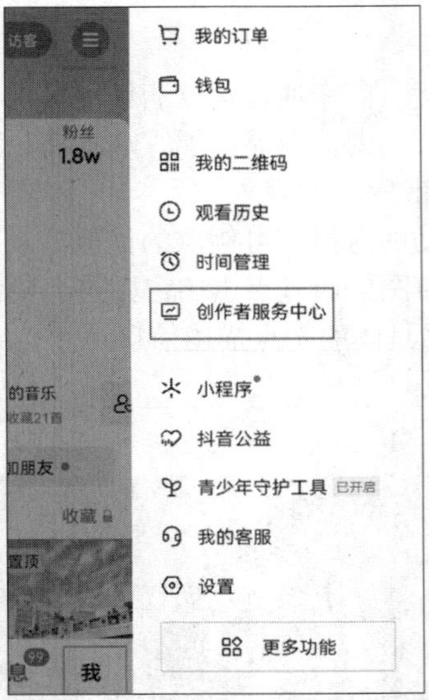

图9-2　选择“创作者服务中心”

图9-3　单击“开通小店”

（3）进入抖店页面，单击“立即入驻”按钮，如图9-4所示。

（4）进入“小店简介”页面，在底部单击“立即开通”按钮，如图9-5所示。

图9-4　单击“立即入驻”按钮

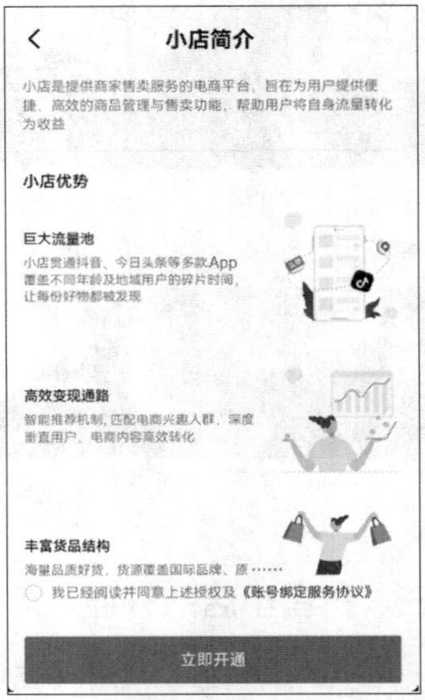

图9-5　单击“立即开通”按钮

（5）进入“选择认证类型”界面，单击“个体工商户”后的“立即认证”按钮，如图9-6所示，填写信息，通过审核后即可开通成功，如图9-7所示。

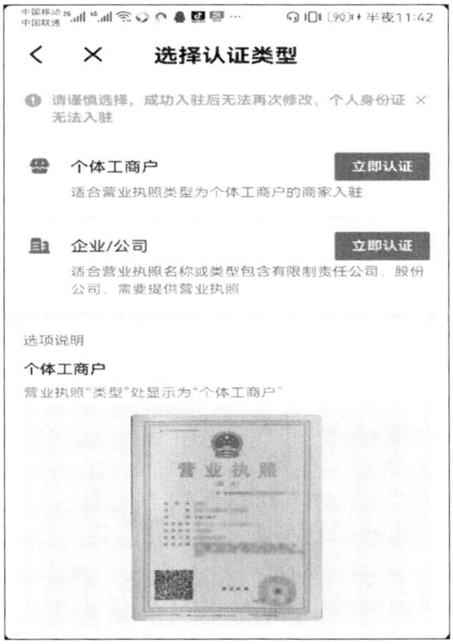

图9-6　“选择认证类型”界面

图9-7　填写信息

四、带货权限的开通

达人带货功能是指主播可以在自己的视频和主页中分享商品信息，开通此功能后，抖音主页中会增加“商品橱窗”功能，达人主播可以在橱窗里添加需要分享的商品，若用户对商品感兴趣则可以通过商品橱窗来了解详情及购买。

在抖音开通达人带货功能的具体操作步骤如下。

（1）选择抖音首页底部的“我”，单击右上角的☰按钮，如图9-8所示。

（2）进入设置页面，单击“创作者服务中心”，如图9-9所示。

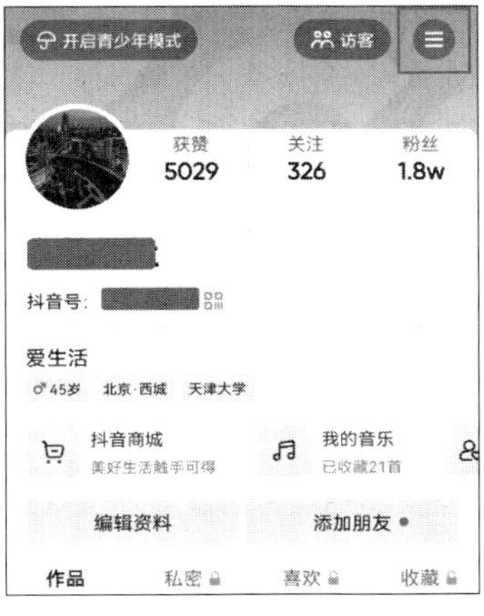

图9-8　单击右上角的☰按钮

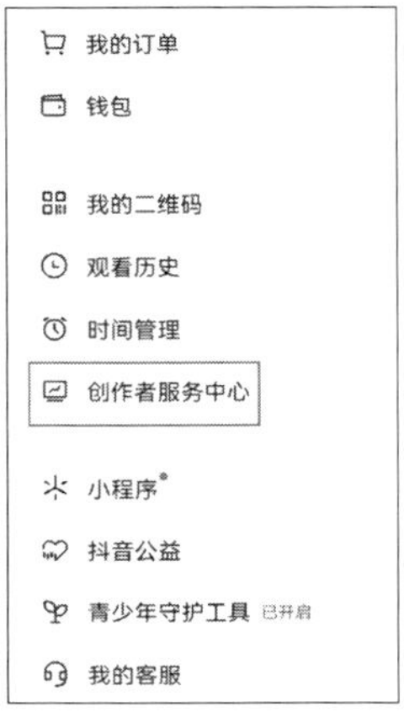

图9-9　单击“创作者服务中心”

（3）进入图9-10所示的页面，单击“商品橱窗”。

（4）进入“商品橱窗”页面，单击“成为带货达人”，如图9-11所示。

图9-10　单击“商品橱窗”

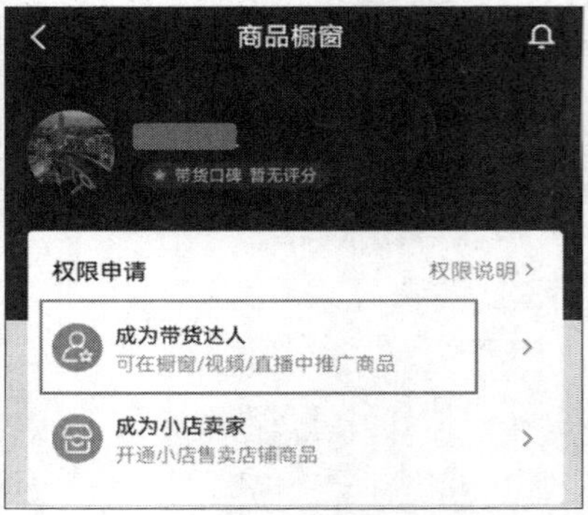

图9-11　单击“成为带货达人”

（5）进入“成为带货达人”页面，单击“带货权限申请”按钮，进入“带货权限申请”页面，如果符合申请要求，单击“立即申请”按钮，如图9-12所示。

图9-12　单击“立即申请”按钮

知识拓展

达人在通过分享商品带货的过程中，必须遵守以下关于虚假宣传条款的相关规定。平台所禁止的虚假宣传包括达人对所分享商品信息及各项参数进行虚假或夸大描述，对商品效果过度承诺，或进行效果性宣传，或发布虚假活动信息，或恶意贬低第三方或第三方产品等可能导致用户对产品或服务的真实情况产生误解的行为。若达人涉及以下违规情形，抖音平台有权通过合法有效的途径单方面判定用户违规性质及适用的处理标准，并对该用户做出进一步处罚。

虚假宣传违规情形包括但不限于以下内容。

小实验展现：使用小实验展现商品效果，但实验本身与所分享商品的效果并无直接因果关系的情形。

吹嘘夸大：非特殊化妆品宣传其有特殊化妆品功效、普通食品宣传其有医疗保健功效等进行效果性保证或承诺、以违背常识、夸张演绎的形式演示商品效果。

假冒伪劣：无客观依据进行专利、荣誉、研发团队、销量相关宣传，或无授权却借具有名人效应人物的音频、形象或名义进行商品宣传。

宣传信息与实际不符：所宣传的商品各项参数信息与实际情况不符。

夸张对比：以使用产品前后的对比效果为宣传点，明示或暗示商品效果，混淆用户感知，传达不实的产品效果信息。

虚假活动信息：利用口播、视频字幕、购物车等，发布分享关注领奖品、粉丝免费送等活动信息，但活动信息与实际情况不符。

违规宣传用语：在分享商品的过程中，宣传养生、保健或医疗等相关专业领域的信息。

极限词：在口播、视频字幕、购物车或视频标题中有“国家级”“最高级”“最佳”“全国第一”“绝无仅有”“顶级”等《广告法》中的禁用词汇。

虚构原价、优惠价、政府定价：以任何理由虚构原价和降价原因，使用“全网最低价”“政府定价”“极品价”等用户无法做出比较及参考的价格表述进行宣传。

不公正性：通过贬低其中一方夸赞另一方，以达到宣传商品的目的。

其他法律法规、平台规定禁止出现的“虚假宣传内容”。

任务二　拼多多网店的运营

随着电商的发展，越来越多的人选择电商创业。有的卖家看到拼多多发展得越来越好，也想在拼多多上开一家店铺。入驻拼多多平台的第一步，也是最基础的工作，就是开店并发布商品，接着就可以进行后台管理了。

一、拼多多的开店优势

拼多多的客户增长速度非常快，因为拼多多除了具有能吸引客户的价格外，还具有以下优势。

1. 重在拼团和实惠多多

拼多多重在拼团和实惠多多，能让更多客户获得并分享实惠。从拼多多本身的字意来理解，其有“拼”团和实惠“多多”两层意思，即鼓励客户“拼团”分享，享受更多优惠。

拼多多的拼团活动使用裂变方式，促使参与者自发传播拼团信息。在限定的时间内，邀请参与拼团的人越多，价格越低。拼团的发起人和参与者可以通过微信转发完成交易。这种促销方法让客户有机会低价甚至免费获得商品，可以激发客户的积极性，让客户自发传播拼团信息。

2. 依靠微信获得巨大的社交流量

与手机淘宝相比，拼多多的主要优势在于依靠微信获得了巨大的社交流量。同时，拼多多的交易入口非常多，客户可以通过 App、公众号及小程序等多个渠道进入拼多多购物。

客户在拼多多购物时，可以直接使用微信快速下单支付，还可以通过微信、拼小圈、朋友圈、QQ 好友等分享“拼团”，通过微信分享拼团如图9-13所示。这种点对点的触达方式，将客户筛查信息和选择商品的门槛降低了。

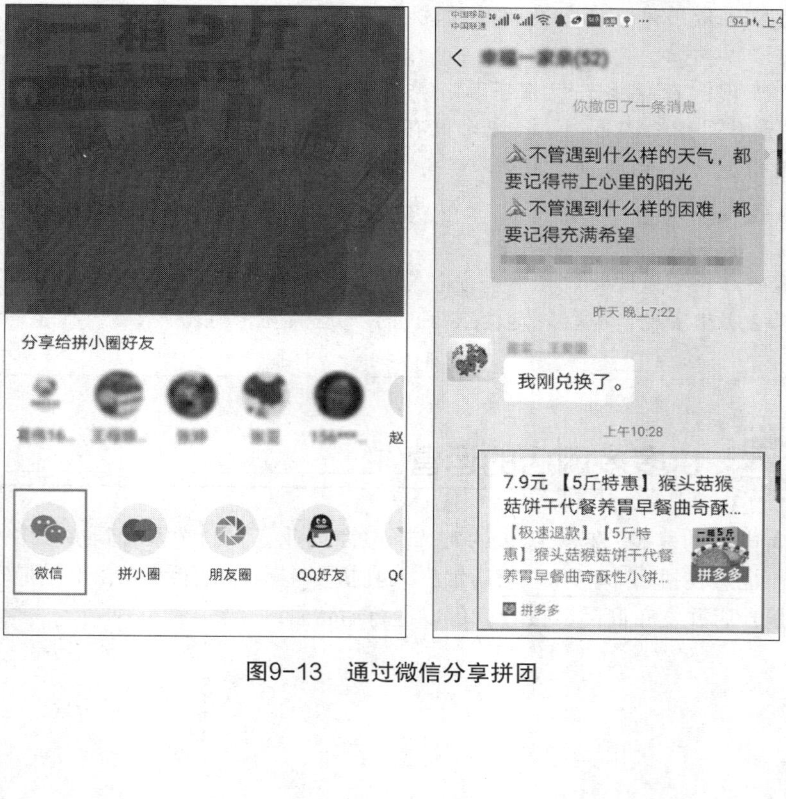

图9-13　通过微信分享拼团

3. 砍价活动推广裂变

砍价活动是一种非常实用的裂变营销工具，可以达到较好的传播效果，尤其是将其投放到微信群后，宣传规模将呈指数级增长，引流效果会大幅度增强。

二、拼多多企业入驻与个人入驻的区别

在拼多多平台开店，会有两个选择：个人入驻和企业入驻。个人店适合个人和个体工商户，个人只要提供个人身份证即可，而个体工商户还需要提供个体工商户营业执照；企业店适合企业，企业提供营业执照等资料即可，选择店铺类型页面如图9-14所示。

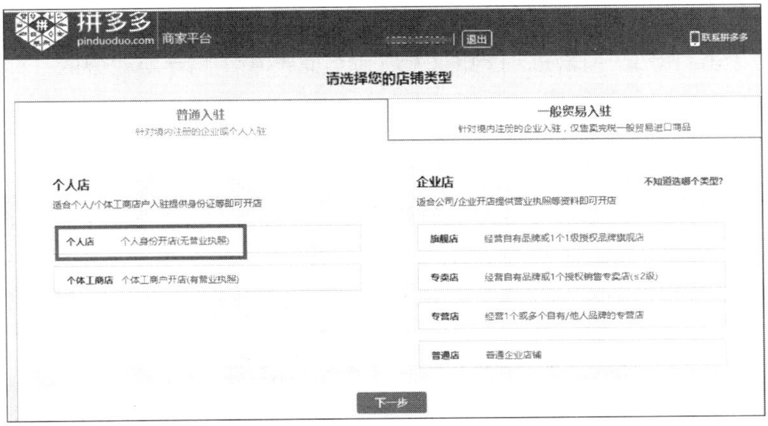

图9-14　选择店铺类型页面

1. 个人店

个人店的开店主体主要为个人和个体工商户，需要提供入驻资质证明和相关证件，如个人身份证、个体工商户营业执照。

2. 企业店

企业店的开店主体要提供企业法定代表人的身份证。身份证照片的具体要求基本上与个人店开店主体的身份证照片的具体要求相同，但企业法定代表人的身份证不受国籍限制。除此以外，企业店的开店主体还需要提供一些必要的资质证明文件，具体包括企业营业执照、商标注册证、授权书等。

三、发布商品

在拼多多商家后台发布商品的具体操作步骤如下。

（1）进入拼多多商家后台登录页面，用户可选择“扫码登录”或“账户登录”，这里选择“账户登录”，输入账户名/手机号和密码，如图9-15所示。

发布商品

图9-15　输入账户名/手机号和密码

（2）单击“登录”按钮，打开商家后台页面，在左侧导航栏中的“商品管理”下单击“发布新商品”链接，如图9-16所示。

专家指导

商家必须考虑自己能否卖出低价的产品，能否盈利。产品成本、工资成本和物流成本都是商家需要考虑的因素。同时，商家只有迎合平台的偏好，才能成为受平台欢迎的商家。

图9-16　单击“发布新商品”链接

（3）进入“发布新商品”页面，商家可以在搜索框中输入关键词快速搜索分类，也可以在下方手动设置分类；设置完成后，单击“确认发布该类商品”按钮。图9-17所示为选择分类。

图9-17　选择分类

（4）进入“基本信息”页面，设置商品的基本信息，包括商品标题、商品轮播图、商品属性、商品详情等。图9-18所示为设置商品的基本信息。

图9-18　设置商品的基本信息

（5）填写商品规格与库存，包括商品规格、价格及库存、商品参考价，如图9-19 所示。

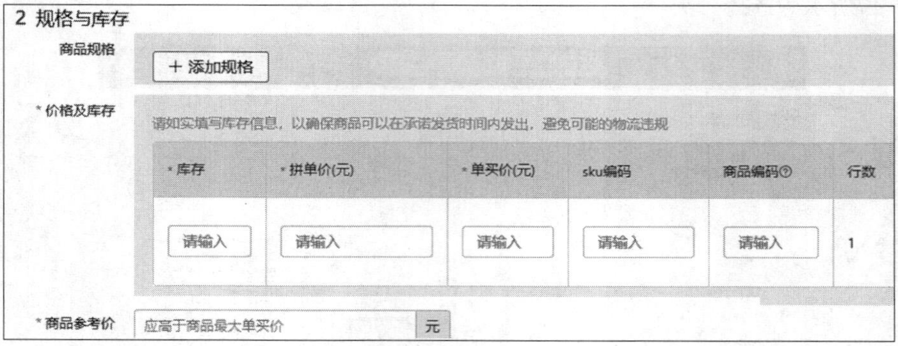

图9-19　填写商品规格与库存

（6）填写服务与承诺，包括运费模板和承诺，填写完成后单击“提交并上架”按钮，如图9-20所示。

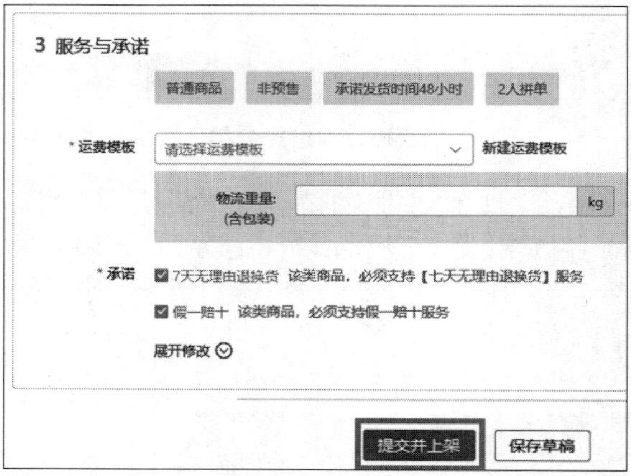

图9-20　填写服务与承诺

四、商品管理

拼多多商家后台可用于管理商品，商家可以对商品信息进行修改，也可以下架商品，还可以对商品进行推荐。商品管理的具体操作步骤如下。

商品管理

（1）在“商品列表”页面中可以创建商品，通过上架审核的商品也会出现在“商品列表”页面中。商家可以在“商品列表”页面中执行上下架商品、编辑商品和分享激活等操作。选择“商品列表”页面右侧的“分享商品”选项，出现“分享商品”提示框，可通过分享链接、分享二维码、分享海报3种方式将商品分享到微信群、QQ 群或微博等平台。图9-21所示为“分享商品”提示框。

图9-21　“分享商品”提示框

（2）店铺每天可以使用一次“商品体检”功能，使用该功能后系统会详细展示店铺的问题商品情况，商家可以根据体检结果和平台规则，在系统的引导下处理这些问题，从而增加店铺的流量，提高转化率、活动报名成功率，以及获得客户好评。“商品体检”页面如图9-22所示。

图9-22　“商品体检”页面

9 Chapter

（3）“商品素材”页面主要展示商品各级标准的素材，包括图文素材、主图投放、素材工具等，同时可以展示相关的示例图，图文素材如图9-23所示。

图9-23　图文素材

（4）为了帮助商家的新品获得销量，精准培养“热销品”，拼多多发起了“橱窗新品计划”，指导商家把握平台规则，加强新品自运营，享受平台给新品的专属流量权益。要从海量新品中培养潜力新品，商家只需要通过“新品作战室”完成新品任务，自主选择符合条件的新品成为“橱窗新品”。“橱窗新品”页面如图9-24所示。

图9-24　“橱窗新品”页面

五、发货管理

商家可通过“发货管理”模块处理日常发货和退货等业务，“发货中心”页面如图9-25所示。商家可以在该页面中进行“批量导入”“单条导入”“在线下单”“拼多多打单”“无物流批量导入”“无物流单条导入”等操作，查看批量发货记录。

开通“24 小时发货”服务后，商家承诺发货时间将设为 24 小时内，在商品搜索页和详情页会展示“24 小时发货”标签，这将大大提高订单转化率，提升商品流量和物流满意度。

客户完成付款后，商家应尽快发货。经大量数据验证，绝大多数商家可以做到在 72 小时内发货，一方面是为了提高服务质量，另一方面是为了满足客户的购物心理需求，营造良好的购物环境。

专家指导

需要注意的是，若成团后24小时内商家未发货，需赔付客户至少3元的平台优惠券。

图9-25　“发货中心”页面

Chapter 9

六、设置售后管理操作

商家通过拼多多商家后台的“售后管理”功能可以处理一些售后问题。选择“售后管理”模块下的“售后工作台”选项，在弹出的“售后工作台”页面中包括“退款/售后”“售后小助手”“售后设置”等功能，如图9-26所示。例如，在各平台大促活动后，很多商家都会遇到售后退款问题，此时商家可以借助“售后小助手”工具来快速、高效地处理售后退款业务。

设置售后管理操作

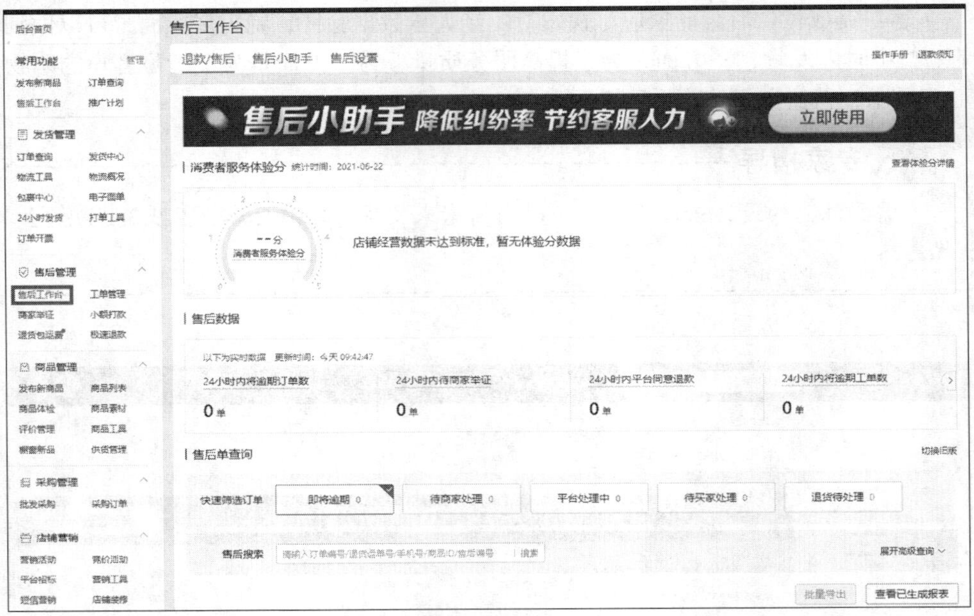

图9-26 “售后工作台”页面

设置售后管理操作的具体操作步骤如下。

（1）进入“售后设置”页面，管理售后联系方式和退货地址。商家添加售后联系方式后，客户在订单页拨打此电话即可快速联系到商家，“售后设置”页面如图9-27所示。

（2）“工单管理”选项主要用于查询相应时间段内的工单状态，如图9-28所示。

（3）“小额打款”选项主要是为了方便商家给客户退运费、补差价等一些小金额的转账操作，可以有效地减少店铺的售后纠纷，提高店铺服务质量，并有效提高店铺销量，“小额打款”页面如图9-29所示。商家可以在后台查询相应订单号发起打款，填写打款的类型、金额、原因及给客户的留言，一般打款成功后会即时到账。

图9-27　“售后设置”页面

图9-28　“工单管理”页面

9 Chapter

图9-29 “小额打款”页面

（4）退货时的运费问题在拼多多售后处理中很常见。为此，拼多多推出了“退货包运费”服务，以减少关于运费的纠纷，同时还可以增加店铺搜索权重，“退货包运费”服务如图9-30所示。

图9-30 “退货包运费”服务

（5）图9-31所示为开通“退货包运费”功能的店铺，开通该功能的店铺还可以享有“退货包运费”商品标签，该标签同时显示在商品详情页、下单页、订单详情页和售后单各个页面中，可以有效增加转化率，提升客户黏性。

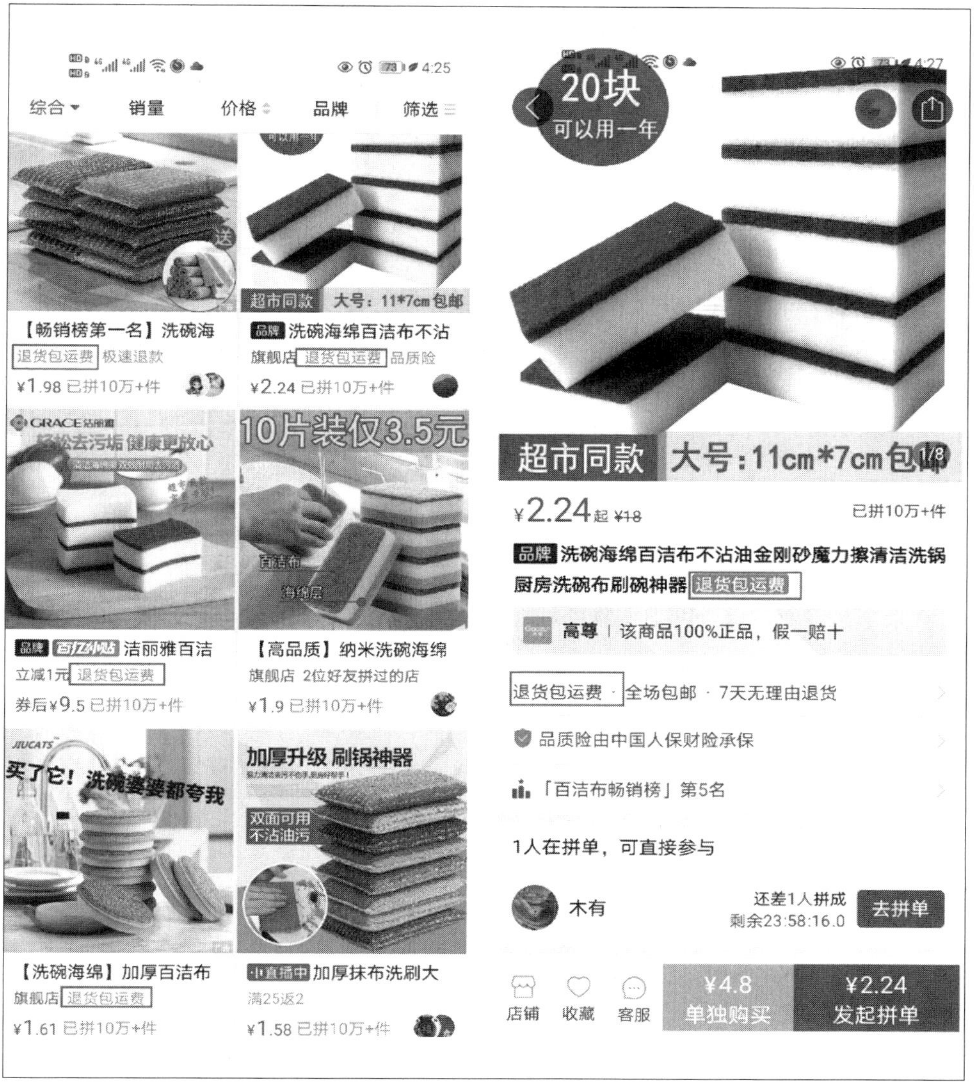

图9-31　开通“退货包运费”功能的店铺

（6）图9-32所示为“极速退款”服务，该服务也是平台为提升客户体验而推出的售后服务，主要针对非虚拟类目、订单金额小于300元的商品。客户在订单确认6小时内申请退款，且商家还未发货，即可执行极速退款操作。

图9-32 “极速退款”服务

任务三 京东网店的运营

京东是专业的综合网上购物商城，在线销售数万个品牌，也是为第三方商家提供的交易平台。

课堂讨论

（1）京东网店与拼多多网店的入驻要求有什么区别？

（2）假如你准备开网店，你是选择在抖音开店还是在京东开店呢？

一、京东平台介绍

京东是我国在电商领域受消费者欢迎和具有影响力的电子商务网站之一。京东零售已完成全品类覆盖，是集电脑数码、家电、图书、生鲜等商品销售于一体的综合网络零售商，也是全球几千家超亿元品牌和数十万个第三方商家入驻的平台。

京东开放平台是为商家提供从入驻到商品销售、售后服务、仓储配送等一系列服务的开放式平台。

商家入驻京东需要提供：三证合一营业执照复印件（需确保未列入异常经营名单，销售的商品属于经营范围）、一般纳税人资格证复印件、银行开户许可证复印件、法定代表人身份证的正反面复印件。

京东入驻费用包括保证金和平台服务费，一般根据产品类别支付费用。

京东入驻优势如下。

（1）物流是京东的一大特色。目前，京东有第二天到达的服务，也就是说，消费者下单后，京东会根据收货地址安排最近的仓库发货，以确保货物在第二天交付给消费者，这对消费者非常有吸引力。

（2）京东以正品、优质为经营理念，口碑良好。

（3）店铺平均用户多，京东用户超过2亿，但商家数量少。这意味着京东平台上店铺之间的竞争会比其他平台小得多。

二、入驻京东的步骤

商家入驻京东的具体操作步骤如下。

（1）进入“京东招商”页面，选择要入驻的商家类型，单击“京喜合作”后的“立即入驻”按钮，如图9-33所示。

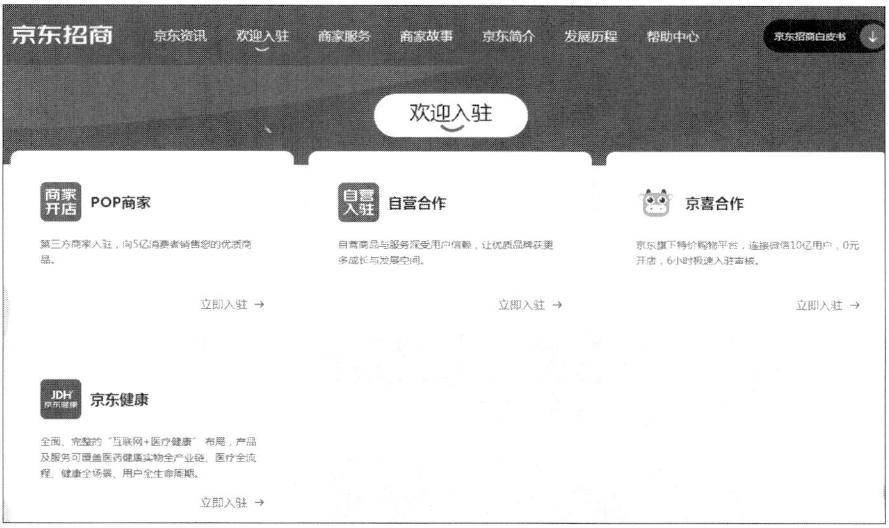

图9-33　单击“立即入驻”按钮

（2）进入“京喜商家快速入驻零成本”页面，单击“免费入驻”按钮，如图9-34所示。

图9-34　单击“免费入驻”按钮

（3）进入“企业账号注册”页面，首先验证手机号码，手机号码验证成功后，填写用户名和密码信息，勾选底部的复选框，然后单击“注册账号并开店”按钮，如图9-35所示。

图9-35　“企业账号注册”页面

（4）页面提示开店成功，如图9-36所示。进入京麦商家中心后台管理页面，可以在“店铺管理”“商品管理”“营销中心”“订单管理”“配送管理”“售后客服”等模块中进行操作，京麦商家中心后台管理页面如图9-37所示。

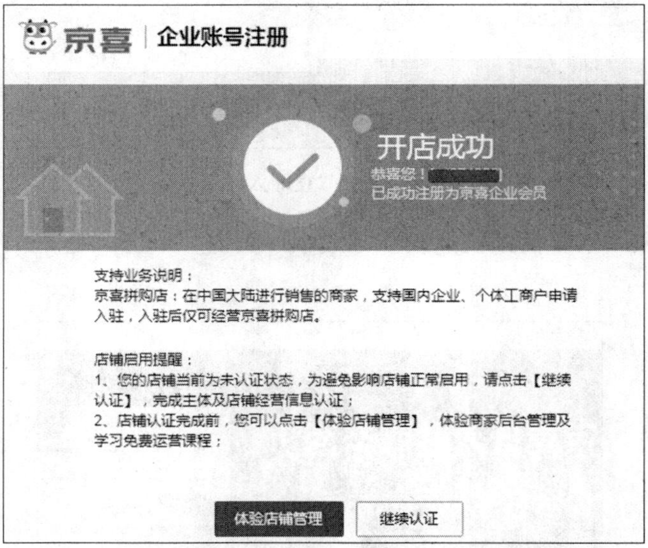

图9-36　提示开店成功

图9-37　京麦商家中心后台管理页面

三、京东店铺管理

如何在日常运营中对自己的京东网店进行管理呢？这里主要介绍商品发布、在售商品管理和设置店铺上新。

1. 商品发布

（1）在京麦商家中心后台管理页面中选择“商品管理”→“添加新商品”，如图9-38所示。

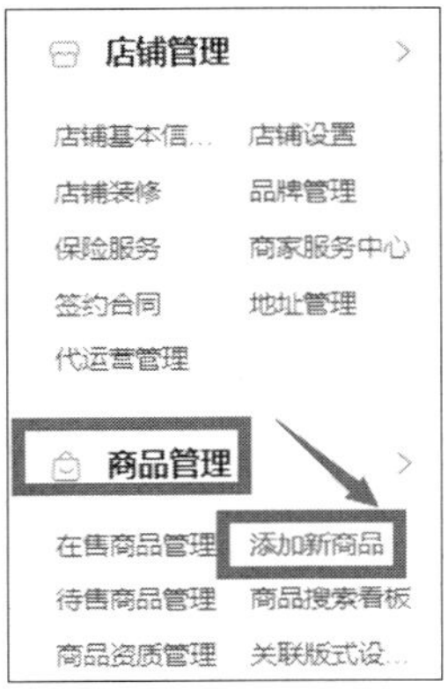

图9-38　添加新商品

（2）在“添加新商品”页面选择类目。例如，选择“箱包皮具>精品男包>双肩包”，确认无误后，单击“下一步，填写商品信息”按钮，进入“商品发布”页面。图9-39所示为选择类目。

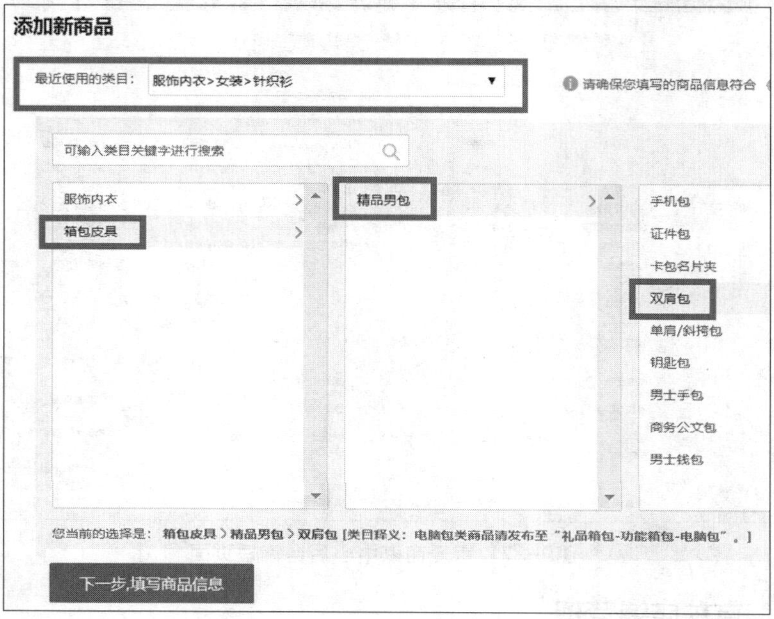

图9-39　选择类目

（3）在“商品发布”页面填写商品基本信息、设置规格描述、售后物流及其他，如图9-40所示。应根据商品实际情况填写，商品信息越详细越好。

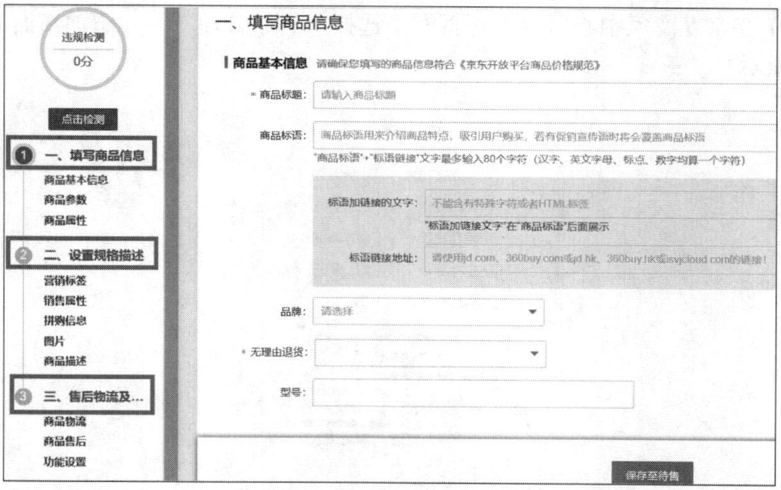

图9-40　填写商品基本信息

① 商品标题：一般是品牌词+核心关键词+长尾词，最多输入50个字。

② 商品标语：商品副标题，如当商品参加了促销时，添加促销级别的宣传语；同时，也可以在商品标语中创建活动落地页，让用户通过商品标题进入活动页，形成流量闭环。

③ 无理由退货：可设置7天无理由退货（拆封后不支持）等。

2. 在售商品管理

在售商品管理属于网店平台的基础数据服务，用于进行与在售商品有关的操作。在售商品管理中，可以进行修改商品、下架商品、类目迁移、主图管理等操作，在售商品管理如图9-41所示。

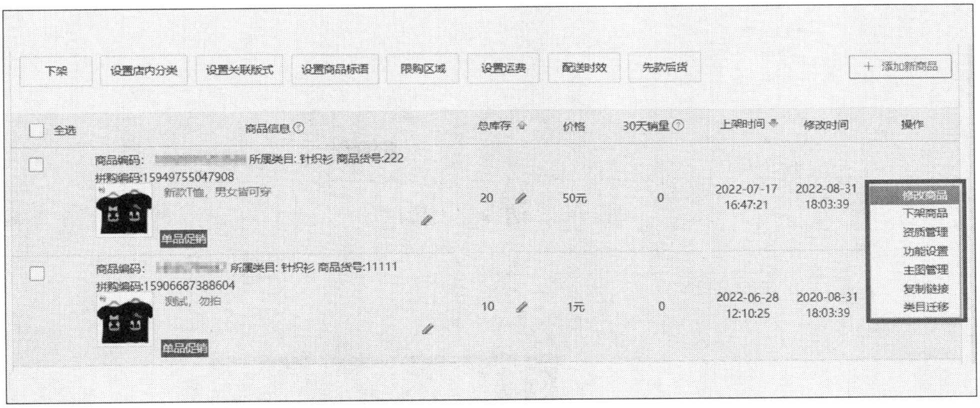

图9-41　在售商品管理

3. 设置店铺上新

在网上开店，想要长期经营下去，不能只靠原有商品去维持，因为客户都是需要新鲜感的。商家只有定期推陈出新，才能持续吸引客户。设置店铺上新的具体操作步骤如下。

（1）选择“京东·营销中心”→“场景营销”→“上新Tab”，如图9-42所示。

（2）单击左侧的“上新公告”，即可出现编辑区，在公告模块中单击“设置”对模块进行设置，如图9-43所示。

（3）可根据店铺特点设置上新周期或自定义上新公告的内容，如图9-44所示。设置完成后，单击“保存”按钮即可。

图9-42 选择“上新Tab”

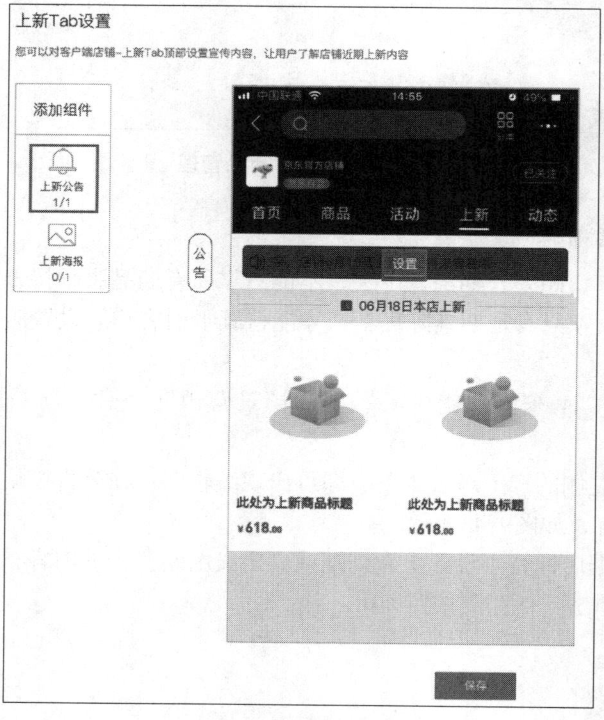

图9-43 上新公告编辑区

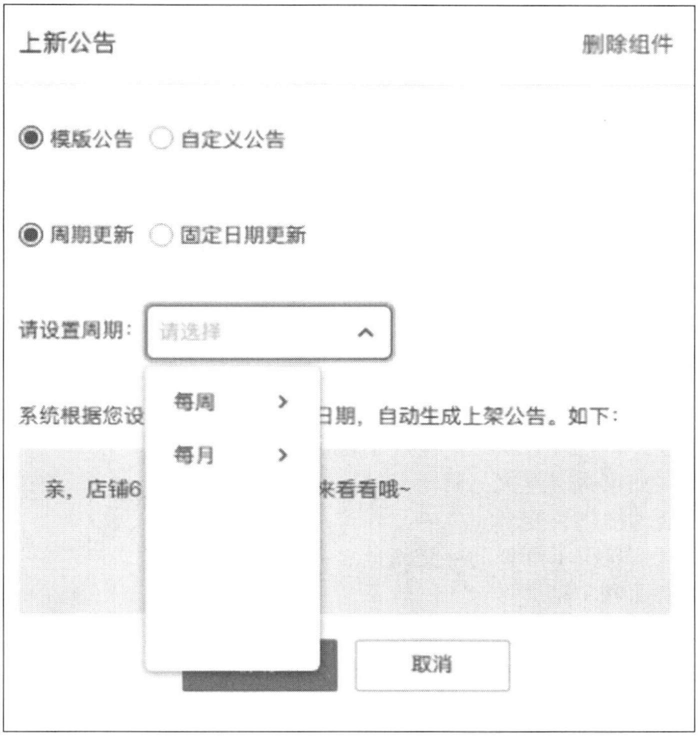

图9-44　设置上新周期

知识巩固与技能训练

一、填空题

1. 抖音小店是商家的店铺运营阵地，主要实现商品管理、交易履约、售前售后服务等。通过将____________与____________进行一对一的绑定，商家可以实现对抖音电商经营的高效整合管理，消费者在购物过程中也能有更加完整的一站式体验。

2. 商家在____________不仅可以直播带货，还可以申请加入精选联盟，邀请平台达人帮助带货。

3. 与手机淘宝相比，拼多多的主要优势在于依靠____________获得了巨大的社交流量。

4. 在拼多多平台开店时，会有两个选择，一个是________________，另一个是____________。

5. 开通____________服务后，商家承诺发货时间将设为 24 小时。

二、选择题

1. 下列关于抖音小店的说法，不正确的是（　　）。

A. 抖音小店是抖音内部的电商变现工具

B. 抖音账号不能与抖音小店进行一对一的绑定

C. 开通抖音小店后可以多渠道推广

D. 开通抖音小店可以促进商品销售

2. 达人在通过分享商品带货的过程中，下列说法中正确的是（　　）。

A. 非特殊化妆品宣传其有特殊化妆品功效

B. 宣传养生、保健或医疗等相关专业领域信息

C. 通过贬低其中一方夸赞另一方，以达到宣传商品的目的

D. 抖音平台有权对违规用户进行处罚

3. 下列选项中不属于拼多多开店优势的是（　　）。

A. 拼多多商家都属于大品牌

B. 砍价活动推广裂变

C. 依靠微信获得了巨大的社交流量

D. 重在拼团和实惠多多

4. “极速退款”是平台为提升客户体验而推出的售后服务，主要针对非虚拟类目、订单金额小于300元的商品。客户在订单确认（　　）小时内申请退款，且商家还未发货，即可执行极速退款操作。

A. 24　　B. 10　　C. 6　　D. 48

5. 下列关于京东开店的说法，不正确的是（　　）。

A. 京东商家入驻需提供三证合一营业执照复印件

B. 京东入驻费用包括保证金和平台服务费

C. 京东店铺平均用户少

D. 京东以正品、优质为经营理念

三、思考题

1. 什么是抖音小店？

2. 抖音小店中的商品如何通过带货变现？

3. 拼多多的开店优势有哪些？

4. 拼多多企业入驻与个人入驻的区别是什么？

5. 京东平台的优势有哪些？

四、技能训练——拼多多店铺设置“24小时发货”

进入拼多多后台管理页面，在“发货管理”下单击“24小时发货”，进入“24小时发货”页面，如图9-45所示，单击“低至0.01元/单，立即开通”按钮即可。开通“24小时发货”后，在商品详情页显示“24小时发货”标签，如图9-46所示。

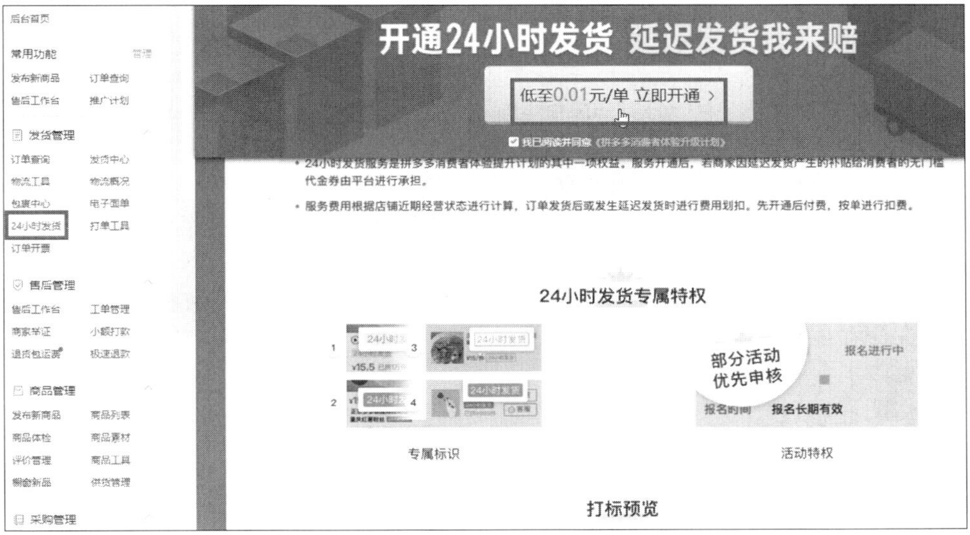

图9-45　“24小时发货”页面

图9-46　显示“24小时发货”标签

任务实训——拼多多开店推广流程

实训目标

掌握拼多多的开店流程，包括申请入驻、商品的发布、商品的后台管理、引流推广，通过具体的任务实训来加深对相关知识的理解。

实训要求

1. 打开拼多多官方网站，单击导航栏中的“商家入驻”链接，根据提示操作一步步入驻拼多多，并开通认证。

2. 开店成功后，在拼多多商家后台发布商品，填写商品详细情况。

3. 在拼多多管理后台进行商品的标题栏管理、发货管理、售后管理、商品管理。

4. 进行拼多多店铺引流推广，可利用拼多多小程序、拉人关注券、关注店铺券、评价有礼等。

实训练习

假如你想在拼多多开店，首先入驻开通拼多多店铺，然后发布商品，填写商品详细信息，上传商品图片，接着进行商品的后台管理和店铺的引流推广。

实训分析

入驻拼多多平台后，第一步是进行认证。只有认证成功，才能发布商品。发布商品是增加店铺曝光率、吸引流量、促进店铺交易额增长的前提。发布商品时，一定要选择一个好的标题，好的标题可以带来更大的曝光率，切中目标用户，提高点击率。改进商品属性和描述，可以增加搜索时的权重，获得更准确的流量。

拼多多的卖家一定要了解拼多多平台的规则，以免违规被处罚。新手开店，如果不知道怎么操作，可以关注“拼多多”首页的“多多大学”，从中学习店铺开设与管理技巧和平台规则。